# Reconstruye
# tu vida

# Reconstruye tu vida

## El camino a la felicidad sin límites

## T.D. Jakes

**ATRIA** BOOKS

New York   London   Toronto   Sydney

**ATRIA** BOOKS
A Division of Simon & Schuster, Inc.
1230 Avenue of the Americas
New York, NY 10020

Primera edición en rústica de Atria Books, mayo 2008

**ATRIA** BOOKS y su colofón son sellos editoriales registrados
de Simon & Schuster, Inc.

Para obtener información respecto a descuentos especiales en ventas al
por mayor, diríjase a Simon & Schuster Special Sales al 1-800-456-6798
o a la siguiente dirección electrónica: business@simonandschuster.com.

Impreso en los Estados Unidos de América

10   9   8   7   6   5   4   3   2   1

ISBN-13: 978-1-4165-8406-3
ISBN-10:     1-4165-8406-4

Dedico este libro a los muchos hermanos y hermanas que sobrevivieron las horribles tragedias de los huracanes Rita y Katrina. Si alguien tiene la voluntad de reconstruir su vida, son ustedes. Ruego que disfruten ilimitadamente de la vida y que vean realizados todos sus sueños. Sepan que si bien muchos de nosotros no hemos sido desarraigados por una auténtica tormenta de agua y viento lo hemos sido, no obstante, por tempestades que no venían del mar. Por tanto, permítanme extender esta dedicatoria para incluir a todos los sobrevivientes que se atrevieron, con una gran tenacidad, a reconstruir su vida. Quiero alentarlos a no ceder nunca, a no rendirse nunca y, por el amor de Dios, a no fatigarse nunca. Creo que lo mejor aún está por venir.

# Índice

# Prefacio del
# Dr. Phil McGraw

Desde nuestros humildes orígenes hasta nuestras raíces en Dallas y la profunda y constante fe que rige nuestras vidas, creo que tengo algunas experiencias vitales en común con el obispo T. D. Jakes. Ambos hemos sido bendecidos más allá de lo que esperábamos. Sin embargo, creo que él convendría conmigo en que nuestra mayor bendición compartida es que a ambos se nos ha dado la tremenda oportunidad, a través de nuestras respectivas plataformas, de llegar a enseñar e inspirar a otros a desafiar y vencer sus limitaciones, al tiempo que se esfuerzan por cumplir los más elevados objetivos posibles en esta tierra.

El obispo Jakes, ciertamente, es un magnífico ejemplo para todos nosotros. Este pastor, autor, artista, empresario y filántropo comenzó su ministerio en 1979 con sólo diez personas en su congregación de Virginia Occidental. En la actualidad, dirige la Casa del Alfarero (*the Potter's House*) en Dallas, una de las megaiglesias de más rápido crecimiento en toda la nación, con más de treinta mil miembros. Sin embargo, ésa es sólo la sede de un movimiento espiritual que ahora se extiende por todo el mundo. Mediante sus transmisiones televisivas y su obra misionera, él es el guía espiritual de millones de personas en todo el planeta. No obstante, tal como lo hizo antes en Virginia Occidental, él sigue lidiando con la gente justo en la coyuntura de la vida en que se encuentran, llevándoles un mensaje auténtico y verosímil del poder de la fe y la esperanza.

Con este libro, el obispo Jakes articula ese mensaje inspirador al proporcionar instrumentos en extremo útiles, así como orientación práctica para ayudar a personas de carne y hueso, en el mundo real, a trasponer cualquier barrera que puedan encontrar en su intento por alcanzar mayores logros —y una vida más plena, próspera y auténtica en lo posible.

El obispo Jakes cree, como yo, que las bendiciones que nos han sido concedidas a cada uno de nosotros deben ser aceptadas y reconocidas y —sobre todo— sustentadas con esfuerzo arduo y determinación, de manera que nos mantengamos en continuo crecimiento y preparándonos como dignos receptores de recompensas aun mayores.

Es una verdad innegable, dentro de un año tu vida será mejor o será peor, pero no será la misma. No importa dónde cada uno de nosotros comience en la escala socioeconómica, todos tenemos la posibilidad de tener vidas prósperas y plenas si asumimos la responsabilidad de nuestro propio éxito. El obispo Jakes y yo nos esforzamos por vivir a la altura de ese mensaje y enseñarlo. Te alentamos a mantenerte en el camino y a rechazar las limitaciones —ya sean impuestas por otros o aquellas que tú mismo te impones.

En el título de este libro y a través de sus páginas, el obispo Jakes te exhorta a enfrentarte y a superar los obstáculos que se te presenten, a aprender de tus propios errores, a utilizar tus dones y a hacer continuamente ajustes a fin de que siempre te encuentres en camino a servir a los fines más elevados.

El obispo Jakes y yo convenimos en que la medida de tu

éxito no se calcula por las posesiones materiales que adquieras, sino por la calidad de vida que lleves y las personas que ayudes e inspires a lo largo del camino. El obispo sirve de modelo y guía de esta filosofía y, con este libro, ilumina la senda y, al mismo tiempo, enciende el fuego en tu interior.

# I PARTE

# El cielo es el límite

# INTRODUCCIÓN

Cuando yo era muchacho, si alguien me hubiera preguntado lo que quería ser cuando fuera grande, probablemente habría respondido, con una tímida sonrisa, que «bombero» o «actor». Nunca me pasó por la mente convertirme en empresario con media docena de diversos negocios, mucho menos predicador y pastor de una iglesia de más de treinta mil miembros. Aparecer en la cubierta de la revista *Time* y reunirme con presidentes, primeros ministros, actores premiados por la Academia y atletas profesionales célebres, también estaba completamente fuera de mi imaginación.

Mi padre, fundador de una empresa de conserjería grande y próspera, esperaba que yo me hiciera cargo de su compañía. Mi madre, empresaria por derecho propio, probablemente pensaba que llegaría a convertirme en cantante o dramaturgo. Ninguno de nosotros previó mi vocación de pastor de miles de personas en todo el mundo —desde África a Asia, de Nueva Inglaterra a Nueva Zelanda— ni la posibilidad de que publicara libros o participara en proyectos fílmicos para la gran pantalla.

Mi vida ha cambiado constantemente según he ido respondiendo a los acontecimientos, personas y oportunidades. He sido divinamente bendecido por mi Creador. También he hecho intentos deliberados de crecer, de ponerme en situación de recibir y de reconstruir mi vida para recibir aun más.

He fracasado y lo he intentado de nuevo, muchas veces, antes de avanzar significativamente hacia mis metas. Mis errores fueron también mis mejores lecciones. He adquirido experiencia y no permito que mis errores pasados me aten y me amordacen. He rechazado las fronteras impuestas por mi propia mente respecto a cuán lejos podía llegar y he encontrado las claves para vivir una vida sin límites.

Muchos de nosotros atribuimos el éxito o el fracaso al destino o a alguna fuerza externa. Creemos que tenemos que estar en el lugar preciso a la hora precisa para ser exitosos, algo muy semejante a ganarse la lotería. Pero el éxito es una consecuencia directa de nuestro anhelo de una vida más abundante y de empeñarnos arduamente en lograrla, como si vadeáramos a través de charcos de lodo hacia el mar prometedor.

Creo que somos llamados por Dios a ser los mejores mayordomos de todos los dones, talentos y oportunidades que se nos confían en esta vida. El resultado es una auténtica prosperidad y un éxito real.

Mi más profunda comprensión de la verdadera prosperidad se deriva de la obra filantrópica de cavar un pozo para proporcionarle agua a una aldea en Kenya. Mi equipo del ministerio y yo fuimos en viaje de misión a ver a las personas que habíamos decidido servir. Nos escapamos del laberinto de concreto de nuestra vida urbana y nos adentramos en el abismo económico de África Oriental. Viajamos en helicóptero sobre el calcinado suelo de la ciudad de Nairobi hasta las tierras baldías del campo, fuera del alcance de la electricidad y las instalaciones sanitarias, donde incluso necesidades tan básicas como el agua potable eran un lujo. En un acto de aprecio y de celebración, una mujer de la localidad, que se había beneficiado del trabajo que acabábamos de realizar allí, nos invitó a su casa.

De piel color castaño oscuro, profundos ojos negros y cabello negro como ala de cuervo, esta mujer, a quien llamaré Jahi, desplegó el donaire majestuoso de una reina y la humilde hospitalidad de una amable anfitriona. Su rostro mostraba las huellas de haber vivido sin protegerse en un clima donde la intensa luz solar curte la piel. Su cuerpo compacto parecía bastante fuerte, probablemente de cargar leña durante varias millas hasta su casa. Conminado a determinar su edad, supuse que podía tener alrededor de sesenta años.

Me quedé sorprendido por el hecho de que esta mujer, que era más bien pequeña de estatura, había construido su casa con sus propias manos, y, pese a ser rudimentaria y humilde, parecía sentirse tan orgullosa de ella como yo lo estoy de mi casa que tiene muchas comodidades. Me invitó a pasar con un ademán como si entrara en una gran mansión — no importaba que ella no tuviera ni un timbre en la puerta y ni siquiera una puerta real, sólo un paño tejido como una colgadura que dejaba pasar la brisa.

Me contó cómo había construido la casa con ramas secas que recogía en los llanos de las inmediaciones y con estiércol de vaca, que usó como argamasa para rellenar los agujeros y junturas de las paredes. El estiércol de vaca le servía de cohesión a todas las casas de la aldea. Yo detecté un tenue olor a tierra, probablemente lo que quedaba del hedor del estiércol, ahora seco. Las vacas son la fuente de materia prima para muchos de los artículos de primera necesidad de la gente que vive aquí. Me senté en su cama hecha del cuero de una vaca. Los pisos de tierra estaban perfectamente barridos y limpios, en los que podía verse la débil marca de la escoba; y me brindó una leche que se había fermentado y convertido en una especie de yogurt, que no identificaba como Danon.

Más que estos detalles, recuerdo su sensación de paz interior, cómo ella presumía de la capacidad proveedora de Dios. Sonreía vivazmente —mostrando unos dientes a los que, sin duda, jamás había tocado un dentista— mientras reconocía de cuánta prosperidad había disfrutado. ¿Habría estado escuchando la última grabación de Tony Robbins? ¿O poseía riquezas que ningún contador podía medir y que la tranquilizaban de una manera que yo ignoraba en absoluto?

Algunos se sorprenden de que me sentara cómodamente en una casa hecha de excremento de vaca y pusiera los pies en un piso de tierra. Muchos sólo me conocen por los rumores que han oído de mis éxitos. Ven mi vida como alguien que alcanza a ver las últimas escenas de una película, sin haber visto el comienzo.

La chocita de Jahi no difiere mucho de las casas de algunos de mis viejos parientes —para quienes la esclavitud era un recuerdo fresco— en las que barrían y rastrillaban sus patios del mismo modo que la mujer kenyana lo hacía con su piso.

Me acuerdo de entrar en sus casas pasando por encima de unas gradas desvencijadas debajo de las cuales se almacenaban conservas enlatadas. Recuerdo los huecos de las paredes rellenos de papel periódico que bloqueaban el paso del viento y hasta el de la luz del sol. Tampoco teníamos instalaciones sanitarias dentro. Íbamos hasta el arroyo en busca de agua y hasta una caseta exterior que hacía las funciones de baño. Conozco la humillante sensación de esa experiencia en carne propia.

Y no termina aquí. Sé también lo que significa que me

embarguen el auto, que mis hijos tomen leche del WIC\*, jugar a la gallinita ciega con mis chicos a través de la casa a oscuras cuando nos han cortado la electricidad por falta de pago. Sé lo que es recibir como una bendición lo que otra persona descarta y arreglármelas sin nada en absoluto.

Mi visita a Jahi, en un mundo donde una cabra es un lujo, me obligó a reflexionar sobre mi propia definición de éxito y prosperidad. Entendí más que nunca que la prosperidad es más que las baratijas que usamos como iconos de la realización y de la dignidad personal en nuestra cultura.

— La prosperidad se edifica sobre el progreso, y el progreso se mide desde nuestro punto de partida. Muchas veces en nuestra cultura suponemos que todos competimos en pie de igualdad; pero eso simplemente no es cierto.

Al marcharnos de la casa de Jahi, en el preciso momento en que nuestro helicóptero ascendió en el aire, comenzó a caer una finísima lluvia. Palmear, bailar y sonreír fue la respuesta de la gente de la aldea que se quedaban en tierra. Nuestro piloto nos explicó que la lluvia era una señal de prosperidad y una gran bendición. Sonreía para mis adentros pensando cuán a menudo en mi mundo la lluvia es vista como una inconveniencia, algo que le impide a la gente viajar.

Con demasiada frecuencia el término *prosperidad* significa nada más que un estado evasivo de satisfacción temporal y de karma positivo. Ciertos extremistas de la comunidad religiosa enseñan que la fe es sólo un asunto de pesos y centavos y citan las Escrituras que prometen grandes riquezas. No ponen ningún énfasis en la importancia de un plan prác-

---

\* Sigla de *Women, Infants and Children*, un programa especial de nutrición suplementaria para mujeres, infantes y niños. (N. del T.)

tico, pragmático, de una fe combinada con la ética del trabajo, la educación y el poder económico.

Algunos entre nosotros manipulan la Escritura para amoldarla a sus propios objetivos y lograr ganancias personales. Otros enseñan la piedad y el ascetismo y promueven la idea de que la pobreza debe ostentarse como un blasón de superioridad, que de alguna manera es más admirable poder escasamente alimentar a tus hijos que el ser rico. Esto era y es aún la norma en algunas comunidades eclesiásticas.

Mi madre decía que ella había estudiado junto a una lámpara de queroseno, leyendo las tareas de clase al pie de una cama que compartía con cinco o seis niños, los cuales caminaban millas cada mañana para asistir a la escuela. Si uno escucha las anécdotas de sus contemporáneos, oiría que cada uno se empeña en superar al otro en contar lo pobre que eran.

Me crié en Virginia Occidental, el segundo estado más pobre de la nación. He subido a las lomas y he conocido a gente pobre que era tan arrogante como los vecinos de otros sitios que poseían un Lexus de último modelo. He predicado en iglesias donde no consideraban a los hombres que usaban corbatas, en tanto acogían cálidamente a los que vestían overoles. Y he predicado en congregaciones donde se hacía lo contrario. Sin embargo, la actitud verdaderamente sana se encuentra de alguna manera entre estos extremos.

*Reconstruye tu vida: El camino a la felicidad sin límites* se propone darte las herramientas para ayudarte a ser exitoso y próspero.

El éxito significa buenas notas si eres un estudiante; es cerrar un trato si eres un alto ejecutivo; es la compra de una casa si eres una madre soltera que ahora paga alquiler. Podría ser un Mercedes estacionado frente a tu condominio o un borrico para ir hasta un mercado al aire libre.

Espero también facilitarte algunas herramientas para enfrentarte a personas —y abundan en nuestra sociedad— que desprecian tu éxito. Estados Unidos es una de las naciones más ricas del mundo y, no obstante, muchos de sus habitantes desdeñan a los ricos. Algunos hasta desdeñan a los pobres. Se consideran de clase media y se sienten con derecho a mirar con altanería tanto a quien suponen que es una madre que vive del Bienestar Social como a la dama que lleva un vestido de diseñador y que vive lujosamente. Ninguna de las dos actitudes es justificable.

Dios bendice a Su pueblo —a todos nosotros. La fe es la sustancia de cualquier cosa por la que esperamos. Lo importante es que enseñemos que la fe está conectada con las buenas obras y la responsabilidad. Por el contrario, cuando enseñamos que la fe es todo lo que necesitamos, estamos enseñando una creencia en la magia. ¿No es hora para ti de orientar tu esperanza hacia la realización de tus sueños en lugar de esperar que tus sueños se realicen solos? ¡Al examinar las diversas zonas de tu vida, si estás en disposición de reconstruirla, entonces ciertamente el cielo es el límite!

## uno
# El valor de enfrentar y confrontar tu propia indiferencia

---

Y conocerán la verdad, y la verdad los hará libres.

—*Juan 8:32 (NVI)*

Dentro de muy poco tiempo habré estado en la Tierra medio siglo. Ya he comenzado a celebrar este acontecimiento. Tantos recuerdos. Cuando este tema surgió recientemente en una conversación, un amigo me preguntó: «¿qué palabras de sabiduría has adquirido? ¿Qué harías de otra manera y qué les dirías a los que creen que tienen una sola oportunidad y se sienten impotentes para enmendar lo que puede percibirse como resultados mediocres?

Me quedé pensando antes de responder y luego le dije, «No hay nada peor que llegar al final de tu vida y preguntarte qué podría haber sucedido o que no debió suceder». Los tristes recuerdos de oportunidades perdidas han amargado a muchas personas por el resto de sus vidas. Con frecuencia no es tanto la fatiga del competidor olímpico lo que más lo debilita, como el sentimiento de que si hubiera aspirado a más, o se hubiera esforzado más, podría haber estado sosteniendo la copa de oro de la victoria en lugar de la botella de agua de la derrota.

A ninguno de nosotros nos gusta sentir remordimientos. Queremos vivir a plenitud, espiritual, económica e incluso racionalmente. Sin embargo, con frecuencia nos transamos por menos de lo que la vida nos ofrece. Adormecidos por un sentimiento de apática conformidad, aceptamos como limitaciones algunas situaciones que podrían superarse. ¿Estás cansado de vivir de sueldo en sueldo? ¿Sientes como si estuvieras trabado en un empleo cuando deseas tener una carrera? ¿Te quedas en suspenso mientras esperas que aprueben la transacción de una tarjeta de crédito? ¿Te impacientas con tus allegados al sentir que no son capaces de entender quién eres realmente? Nadie excepto tú sabe en qué medida tus éxitos públicos enmascaran tus fracasos privados. ¿Aspiras a sacar más de la próxima fase de la vida de lo que has obtenido hasta ahora?

La mayoría de nosotros no quiere vagar sin un objetivo, tomando la vida como viene. Queremos asumir las riendas de nuestro destino y fijar metas que podríamos alcanzar progresivamente, conforme con un plan. Sin embargo hay cosas en nuestras vidas que nos limitan.

Tú sólo puedes corregir lo que estés dispuesto a confrontar. Ahora bien, tengo que reconocer que la confrontación no es siempre algo que yo disfruto. Pero he aprendido a lo largo de los años a decir lo que tiene que decirse y a enfrentar lo que tiene que enfrentarse.

Muchos eligen vivir en un perpetuo estado de negar lo evidente en lugar de hacer el esfuerzo necesario para confrontar los problemas, las debilidades y las inconsecuencias en sí mismos y en los demás.

¿Tienes el valor de enfrentar al enemigo tenebroso y silenciosamente siniestro que puede estar acechando dentro de ti? ¿Tienes el valor de confrontarte? No te preocupes, yo estoy aquí contigo. Con el fin de restaurar y de no ocultar nada, examinemos de corazón a corazón algunos problemas que pueden estar impidiéndote alcanzar tus metas y vivir tu vida a plenitud. Las cosas pueden cambiar de la manera que quieres si estás dispuesto a escuchar la verdad.

## Detén la locura

Tal vez estés familiarizado con el proceso conocido como intervención, usado con frecuencia en casos de abuso de bebidas alcohólicas y drogas, así como para adicciones a conductas nocivas. La intervención es una valiosa herramienta para ayudar a la persona que tiene una conducta destructiva a ver sus patrones de comportamiento y sus efectos en los que le rodean. En tanto un individuo rehusará admitir el problema y resistirá la asistencia de amigos y familiares que intenten ayudarlo individualmente, la intervención reúne todo el círculo de personas que tienen una relación afectiva con el adicto, a menudo valiéndose del elemento sorpresivo. Rodeado por aquellos que mejor la conocen, la persona se ve obligada a reflexionar sobre su adicción o su conducta compulsiva y a examinar su vida, acaso enfrentando la verdad sobre ella misma por primera vez. Mientras cada persona presente comparte lo que ve y siente respecto al deterioro de sus relaciones, al adicto le resulta imposible negar la existencia del problema. Aquí está la gente que lo quiere más, todos ellos compartiendo observaciones, preocupaciones y soluciones para el problema que se ha apoderado de su vida.

Las intervenciones pueden ser extremadamente efectivas en ayudar a los adictos a aceptar la ayuda que necesitan. Cuando se llevan a cabo en un espíritu de amor y de aliento, la intervención puede salvar la vida del adicto y revivir en él un mundo de oportunidades lleno de salud y bienestar. Es sencillamente sorprendente cómo el amor puede imponerse a las obsesiones, adicciones y adversidades. El amor puede ser un recurso tremendamente disuasorio de la conducta destructiva; le da al individuo el apoyo que necesita para cambiar su vida. Aunque la Biblia dice que el amor es fuerte como la muerte, es ciertamente más fuerte que las deudas, el divorcio, la depresión o cualquier obstáculo.

Esta intervención no consistirá en un grupo normal de individuos lacrimosos y emocionados. Tú probablemente no eres adicto a las drogas, y no llevas un estilo de vida destructivo, pero ha habido una erosión en el desarrollo y la realización de tu vida. ¡Hoy estamos llevando a cabo una intervención para sacarte de ese atolladero!

¿Quiénes nos acompañan? Podríamos ciertamente contar con el testimonio de tu cónyuge o de un socio; ellos han presenciado las consecuencias de tu apatía. Tus hijos podrían hablar también. Tal vez tu mejor amigo. Tus hermanos y hermanas. Tus padres. Tus compañeros de trabajo. Tu pastor. Tu apatía ha afectado a cada uno de ellos, embotando tu talento y tus aspiraciones y ocultándoles lo mejor de ti mismo. Muchas personas en tu círculo inmediato pueden darse cuenta de que vives tu vida de una manera que está muy por debajo de tus posibilidades y de tu carácter. Pregúntales a aquellas personas de tu círculo íntimo lo que han notado y presenciado en tu vida.

Por ahora, imagínate que acabas de llegar a casa del trabajo y, al entrar, te encuentras inesperadamente, sentados alrededor de la mesa, a los amigos a quienes les importas lo suficiente para venir a esta intervención a sacar tu vida del triste ámbito de lo ordinario y hacerla entrar en la esfera espectacular de pensar en posibilidades extraordinarias. Supuestamente para apoyarte, pero más precisamente, como hemos de ver, para silenciosamente facultarte. Estos amigos te están confrontando. ¿Estás preparado?

## El soñador distante

La frente de Sonia se perla de gotas de sudor mientras abre la boca para hablar. Tú conoces a Sonia. Ella es la soñadora que siempre estuvo cerca de ti en los primeros años. Ella es como la voz del sistema de navegación de tu auto, la que solía orientar tus decisiones. Últimamente, ha estado callada, silenciosa, mientras tú hacías un giro equivocado tras otro, retrasando tus llegadas y afectando tu avance. Pero ahora, con un cierto nerviosismo, odiando el haber sido elegida para romper el hielo, con la garganta reseca y la voz quebrada, ella comienza el proceso:

«Es tan penoso ver cómo te has ido transando cada vez por menos en tu vida, trabajando en un empleo que está por debajo de tus talentos y capacidades, aceptando los papeles que otros te asignan, abandonando los impulsos creativos que alguna vez alimentaron tus aspiraciones. Soy la parte de ti que anhela que seas todo eso para lo que fuiste creado, el soñador que hay dentro de ti que le gusta mirar hacia adelante y aspirar a lo máximo.

«Recuerdo los grandes planes que teníamos al principio. Sabíamos que habría obstáculos, pero éramos jóvenes y teníamos la mirada puesta en las estrellas. Íbamos a llegar más allá de donde habías llegado, a tener una existencia más plena, más rica, más liberada. Tenías tanta imaginación y la visión de por dónde íbamos a ir y cómo íbamos a llegar. Podía imaginarte desarrollándote, llegando y obteniendo una vida llena de satisfacción, alegría y regocijo».

¡Es obvio para los otros que aguardan su turno para hablar que los muros de tu defensa son tan altos y formidables como las murallas de Jericó! Sonia lo sabe también. Pero con una fuerza que sólo nos asiste cuando finalmente compartimos la verdad, ella revela sus preocupaciones. Ahora se da cuenta de que debe haberte dicho esto hace años en lugar de dejar, calladamente, que perdieras el rumbo.

«¿Sabes cuán difícil ha sido para mí? Quiero decir, yo te quiero, y odio ver que tu vida se hace cada vez más difícil y que tu capacidad de ver la cima que alguna vez fue tu destino y tu motivación parece desaparecer en la diaria neblina de trabajar, vivir y luego trabajar aún más». Mirándote a los ojos por primera vez, ella prosigue: «Observo cómo tus circunstancias se hacen cada vez más difíciles y más denso el aire que exhalan tus pulmones. Cunden los desencantos, seguidos por pérdidas y realidades que amenazaron tus esperanzas de experimentar alguna vez una vida diferente y mejor que te permitiría ser quien realmente eres y vivir a la altura de los dones que Dios te dio. Los que se encontraban a tu alrededor no te alentaron. Yo intenté acercarme para alentarte y apoyarte, pero me echaste a un lado, quedándote cada vez más distante y aislado.

«En lugar de luchar para mantener vivo en tu interior el fuego que te animaba, dejaste que la leña se apagara al hacerte adicto a una vida sin sueños, sin esperanza». Casi jadeante ella prosigue, «Después de todo lo que hice por ti. Te acompañé en los tiempos difíciles. ¿No te acuerdas? Estuve allí cuando la vida era mala. ¿Te olvidaste de todo eso? Me encerraste en el sótano de tu alma y me sometiste a una dieta de hambre. Todo lo que oigo de ti son quejas acerca de la persona con quien "no podías contar" y que no era justa contigo. Pero conmigo sí podías contar». Sonia Soñadora continúa.

«¡O habrías podido contar conmigo si me hubieras dejado! Con el tiempo te fuiste volviendo cínico y negativo, sutilmente amargado e internamente iracundo, siempre a la búsqueda de alguien a quién culpar: a tus padres, a la falta de oportunidades, a tu familia. La gente no lo sabe porque eres magistral encubriendo tus verdaderos sentimientos. Sé que ésta no es la vida que soñaste cuando eras más joven. Éste no es el amor, la casa y la carrera que querías. Sé mejor que nadie cómo soñabas tener más que esto. Te proponías ser un gran triunfador. Santo Dios, posees dones que ni siquiera conoces y que nunca has usado. Esta persona mediocre no eres tú, y oye lo que hoy tengo que decirte: ¡es indigna de ti y de aquello para lo que fuiste creado. ¡Las respuestas que buscas, tu fuerza, están en tus sueños!»

Acercándose a ti con una mano cálida y ahora con el rostro humedecido, Sonia te toca cariñosamente en el hombro y dice, «Te necesito —no, todos te necesitamos». Los otros que están sentados a la mesa hacen un gesto de asentimiento, al tiempo que se escucha el sonido que hacen algunos al respirar profundamente. Sonia Soñadora termina su alegato con estas últimas palabras: «En lugar de estar plenamente receptivo a las posibilidades del futuro, la realización de los sueños que Dios ha plantado como semillas en tu corazón, te has resignado a una existencia sin sueños, a un lugar árido de indiferencia donde nada puede crecer.

«No puedes continuar por este camino que te está matando. Lucha por los sueños que fueron una vez una parte tan vital de tu vida. No abandones la esperanza. Supera los límites que otras personas, la religión organizada y muchas otras fuerzas pueden haberte impuesto. Como una mariposa que sale de su crisálida, debes descartar la cáscara inútil que sigues dejando prendida de tus sueños. Sé que no es demasiado tarde. Puedes usar todo lo que has experimentado para impulsar tu vuelo. ¡Vamos, es tiempo de echar a volar!»

## El amante indiferente

Cada persona mira a su alrededor, preguntándose quién será el próximo en hablar. A. Amante alza la voz y dice, «Quiero decirte algo». A. Amante ha sido amoroso, optimista, romántico. El dador. «Tú sabes también como yo que el amor da y la lujuria quita. Tú has reemplazado el amor por la lujuria; tú recibes, pero has dejado de dar. Últimamente mis intentos de llegar a tu corazón se han visto frustrados por el remordimiento y saboteados por los malos recuerdos. Estos recuerdos son los que utilizas para justificar el ser esquivo, lujurioso y egoísta en que te has convertido. La única razón que convengo en hablar hoy aquí es que deseo volver a quererte como antes».

Todos los que están sentados a la mesa escuchan mientras él habla. Cada uno escucha sus palabras, que reflejan el verdadero sustrato de los problemas que todos ellos tienen contigo. Todos saben que el verdadero amor ha estado ausente de tu vida por algún tiempo. Saben que has estado fingiendo los sentimientos que solían ser genuinos. A. Amante se aclara la garganta y dice, «nuestra relación ha llegado a ser tan tirante que ni siquiera sé por donde comenzar. Si piensas en mí como tu corazón, tu pasión o tu amor, soy la parte de ti que anhela amar y ser amada, estar en una sana y dinámica relación con otra persona cariñosa. Al igual que nuestra amiga Sonia Soñadora, arrancamos con fuerza y éramos inseparables.

«Compartimos el cuento de hadas de encontrar ese

alguien singular que nos entendería, que nos vería como realmente somos y que nos amaría incondicionalmente. Creímos haber encontrado esa alma gemela una o dos veces. Estuve a tu lado a lo largo de esas primeras tiernas, almibaradas y dolorosas relaciones. Creímos estar enamorados y tal vez lo estábamos, pero por varias razones, las relaciones no funcionaron y tú seguiste solo otra vez.

«Y luego, con el paso del tiempo, tú me fuiste alejando cada vez más. Mientras te hacías más viejo y seguías batallando en tu búsqueda o mirabas como se estancaba lo que alguna vez fue una relación singular, me cansé. Y en lugar de ver lo que realmente vales, comenzaste a venderte por mucho menos de lo que vales. La falta de amor propio te alejó de mí. Lo que yo podía haber arreglado, tú lo ocultabas. El ansia de poder, de dinero e incluso de sexo te ha desprovisto de pasión. Solías realmente estar allí, en el momento, presente en la conversación. Eras receptivo y cálido, generoso y sincero. Ahora estás preocupado por quién tiene el mejor puesto o quién puede llevarte dónde tú estás tratando de llegar.

«Mírate ahora. Te veo fingiendo interés, distraído por lo que careces. Has dejado de dar y, en consecuencia, has dejado de recibir. No puedes sembrar indiferencia y cosechar afecto. Olvídate de las relaciones que salieron mal o que tuvieron problemas. No pierdas de vista a la persona amorosa que te proponías ser. Dejaste de acariciar la idea del amor. Tu ser auténtico está camuflado por un ser que no tiene sentimientos. ¿Sabes que vivir dentro de ti es como estar atrapado dentro de un maniquí?

«Has aceptado la seguridad y la predictibilidad del *status quo* por encima de lo que tú y yo sabemos que anhelas profundamente en tu corazón: pasión, espontaneidad, deseo e intimidad —¡no me busques la lengua para hablar del momento en que dejaste de anhelar la intimidad! Todo eso se fue por la borda. Para tener intimidad con alguien te preparas como si fuera el 31 de octubre. ¡Te disfrazas para Halloween! Empiezas la relación como una noche de treta o trato. Ni las tretas ni el trato son lo que habrían sido si tú hubieras tocado a la puerta con franqueza y espontaneidad. Es por eso que te siguen engañando. Por ese grueso disfraz que llevas para protegerte el corazón. ¡Ese disfraz te ha aprisionado! ¡Despójate de todas esas ridículas máscaras y sé tú mismo!»

Una risita nerviosa se deja oír en la habitación y luego el silencio se impone de nuevo mientras él continúa: «Las relaciones que sí tienes parecen insípidas y frustrantes. No te comunicas. No te atreves a soñar con un romance. Estás cansado y te has vuelto cínico respecto a los motivos ulteriores de todo el mundo y del modo en que finalmente te traicionan. Estás furioso en tu corazón porque anhelas amar. Culpas al otro género de ser tan indiferente, tan inconstante e indigno de confianza, tan inasequible.

«Pero escucha. Si te mantienes rechazando el auténtico amor y conformándote con tu apático estilo de vida de relaciones de una sola noche y de rechazo a los que pudieran amarte, entonces nunca llegarás a conocer la intensidad del placer para el cual fuiste creado. Y yo ni siquiera estoy hablando aquí de expresiones sexuales, aunque ambos sabemos que desempeñan un papel.

«Mereces amar y ser amado y enfrentar los temores y las desilusiones que te atormentan para poder seguir adelante. Es hora de amar audaz y apasionadamente, de devolverle el romance a tu vida, de volver a soñar, como Sonia ya te ha dicho, y esperar a que llegue a tu vida una buena persona que pueda amarte por quien tú eres».

Ése es el momento en que hablas. Ya has soportado lo

suficiente esta intervención confrontacional sin sentido. Molesto y avergonzado, respondes, «¡No soy adicto a nada! Estoy en control de mí mismo y de mis circunstancias. Hice correctamente todo lo que tenía que hacer sin la ayuda de ninguno de ustedes. Me siento contento conmigo mismo. No soy adicto a ninguno de ustedes ni a nada más.»

A. Amante y Sonia Soñadora hablando al unísono dicen: «¡Sí eres adicto! ¡Eres adicto a la apatía!»

A. Amante prosigue: «Dejaste de ocuparte de los demás. Dejaste de soñar y de creer».

Sonia Soñadora dice tristemente: «estás atrapado por la indiferencia. Ninguna auténtica pasión arde dentro de ti... no como solía ser...», suspira. «Ya no más».

## Gerardo el gerente

Una nueva voz entra en la conversación. «Tu adicción a la apatía ha afectado todo. Ha afectado tu empresa: ¡tus finanzas se han ido al demonio! ¡Y ni siquiera me refiero a tu crédito!» Hierve de ira mientras dice. «Simplemente dejas que las cosas pasen. Has dejado de manejar tus asuntos. No enfrentas los problemas y así no van a mejorar. Van a empeorar».

Gerardo mantuvo la calma mientras pudo. Parecía enfadado, casi beligerante. Todo el mundo en la mesa lo miraba, sorprendido. Sonia Soñadora palmeó a Gerardo en el hombro e intentó calmarlo. Él está enojado porque tú no le permitiste confrontarte acerca de esa apática actitud que ha arruinado tus oportunidades empresariales, estropeado tu crédito y arruinado las oportunidades que tenías de avanzar económicamente. Gerardo es un devorador de números, tú conoces el tipo —un sabelotodo en computadoras. No es tierno como A. A. ni diplomático como Sonia. Gerardo es un tipo que maneja hechos y cifras.

Él prosigue: «te estás poniendo viejo, y si sigues gastando así...» Gerardo sacude la cabeza y agrega, «estoy en tu vida para garantizar que cuando llegues a viejo tengas una jubilación. Estoy en tu vida para asegurar que no sigas despilfarrando el dinero en compras emotivas. Te veo comprar lo que te gusta para batallar luego por lo que necesitas. Honestamente, eso me enferma. Quise poner tus finanzas en orden para que pudieras pagar la educación de tus hijos o tener dinero para invertir en una casa o en ese lugarcito para vacacionar que viste en las Bahamas. Si hubieras seguido mi plan, te sorprendería cuánto más tendrías hoy. Si hace veinte años hubieras invertido el precio de una merienda al día, ¡ahora serías rico!

«Pero no es demasiado tarde. Es por eso que estoy aquí hoy. Tienes que frenar esa apatía. ¡Parece que has cogido un virus derrochador o acaso una gripe financiera!

«Tal vez es por eso que tú y A. Amante no congenian. Yo noto cuando tu vida amorosa no anda bien, la compensas con gastos excesivos. O tal vez es porque a ti y a Sonia Soñadora no les van bien las cosas. Pareces no tener ninguna capacidad de aplazar la gratificación. Si sólo esperaras, podrías tener una mejor vida y realizar tus sueños. Por carecer de los sueños de que Sonia te habló, gastas. Cuando las cosas no te van bien con A. Amante, dejas de administrar tu negocio y gastas demasiado de tu tiempo, y que decir de tu dinero, en cosas que no son de valor. ¡Tus decisiones son todas apresuradas! Te afectan a ti y a mí.

«Cuando me invitaron a esta reunión, fui el primero en venir. Llegué temprano». Toma su maletín y comienza a lanzar facturas sin pagar sobre la mesa. «Ésta ha ido a dar a una agencia de cobranzas ¡y es una factura de cuarenta y dos dólares! Ahora se le ha sumado un recargo de treinta y cinco dólares. ¡Eso es ridículo! Tanto tú como yo sabemos que podías haber pagado esto. ¡Pero no estás administrando tu negocio!»

Gerardo te mira y ruge, «Apuesto que ni siquiera sabes tu calificación de crédito. ¿Cómo puedes corregir tu situacion si no tratas de salir de esta rutina? Lo que intento decirte es simple. Si entierras la cabeza en la arena e ignoras las cosas que tienes el poder de cambiar, ¡no puedes culpar a nadie cuando no te salgan bien!»

Gerardo inhala profundamente y se sosiega un poco. «Estoy aquí hoy porque tú me importas. Estoy aquí hoy porque creo en tus sueños. Pero sobre todo, estoy aquí para intentar sacarte de ese letargo de apatía en que te has ido hundiendo y para que retomes el control de tu vida. Escucha, sé que tienes fe y sé que crees en Dios. Pero Dios ayuda a los que se ayudan a sí mismos. O tal vez debo decir que la fe sin obras no sirve de nada. No puedes simplemente *orar* por un negocio. Tienes que *hacer* algo. ¿No dice la Biblia que un hombre bienaventurado es aquel que "todo lo que *hace* prosperará"?

«Escucha, Dios no puede bendecir lo que no hagas. No te han enseñado bien. La prosperidad no viene sólo de dar una ofrenda. Es bueno ser un dador. Pero también debes ser un pensador, un planificador y un trabajador». Gerardo suspira, mira a su alrededor y luego agrega, «No pretendo que te hagas rico. Sólo quiero que tengas una vida mejor y más positiva con los dones y oportunidades que Dios te ha dado. No sé si tienes algún deseo de luchar por esto. Pero no es demasiado tarde para cambiar este desastre que hay a tu alrededor». Mira hacia los estados de cuenta, avisos de servicios desconectados, préstamos estudiantiles y avisos de ejecuciones hipotecarias que colman la mesa. «Si luchas puedes vencer esta destructiva adicción de indiferencia apática».

## El creyente cegado

Antes de que puedas recobrar el aliento y dejar que las palabras de Gerardo penetren en tu interior, Crista interviene. «Yo soy tu yo espiritual, el que media con Dios y busca Su verdad en todas las zonas de tu vida. Tu adicción a la apatía te ha consumido espiritualmente al buscar llenar de objetos materiales —ropas caras, autos nuevos y otros juguetes— el lugar en el que sólo Dios puede habitar. Pero ambos sabemos que hay algo mucho más profundo y satisfactorio que tú ansías: el regocijo que proviene de realizar el plan de Dios. El ser consciente de las muchas bendiciones que Él diariamente pone en tu camino.

«Pero tú no esperas mucho de Dios debido a tus dolorosas heridas pasadas; la vida parece tan injusta. Estás desilusionado con los pastores y las iglesias que parecen hipócritas y concentradas en juzgarte. Idolatras lo material con la esperanza de que llenará el vacío espiritual. Dios irrumpe y quiere que sueñes, que reconstruyas tu vida como Zaqueo, el cobrador de impuestos que se subió al sicómoro para ver al Salvador. Pero tú, insensible, cansado y exhausto, prefieres fingir en lugar de entablar una verdadera relación con tu Creador, el único que puede consolarte, restaurarte, inspirarte y motivarte a alcanzar tus metas.

«Si realmente quieres superar tu adicción a la mediocridad, tu recuperación debe ser espiritual. No conlleva necesariamente ir a la iglesia. Eso es bueno, pero sin una relación personal con Dios, el asistir a la iglesia es un esfuerzo vano. Concéntrate en lo que tu alma anhela y en aquello de lo que está sedienta: una profunda relación con Dios».

Crista te mira directamente a los ojos y te lanza sus preguntas como si fuesen balas: «¿Quieres tener una vida llena de significado? ¿Quieres experimentar una paz que sobrepasa todo conocimiento y una vida que desborde alegría que tenga sentido? Entonces es hora de luchar para recobrar tu vida, para reavivar el hambre de santidad que hay en tu vida y buscar el destino que Dios te tiene reservado. Renuncia a las sobras de comida de los cerdos y regresa a la casa del Padre, que está esperando descender hasta el camino para salir a tu encuentro.

«Dios te guiará, pero sólo tú puedes dar el primer paso en ese viaje extraordinario que se llama el resto de tu vida. ¿No estás cansado del lodo en el que has estado hundiéndote? Hasta ahora puedes haber despilfarrado tus recursos, pero Dios se complace en dotar a Sus hijos de lo que necesitan cuando confían en Él. Ha llegado el momento. He estado orando por ti. He estado orando por ti mientras conduces al trabajo. He estado orando por tu mente, en medio del barullo de las exigencias diarias. He estado orando por tus inestabilidades, infidelidades e inseguridades. Dios dijo, "vuelve a Mí y yo volveré a ti". Dios está debajo de las distracciones en tu vida. Pero Él te ama aunque tú te equivoques y lo ignores. ¿Puedes imaginar cómo te sentirías si realmente te reúnes con Dios otra vez?»

El grupo se apiña a tu alrededor y sus integrantes se toman de las manos. Crista levanta la voz, luego Gerardo, seguido por A. Amante y Sonia Soñadora. Cada uno de ellos hace una oración por ti. Le piden a Dios orientación y asistencia para ayudarte a curar tu adicción a la apatía y que vuelvas a tener el control de tu vida.

Atribulado y perturbado como estás por la confrontación a la que te han sometido, sabes que algo tienes que hacer. Algo tiene que cambiar en tu vida. Ya no puedes seguir aguantando tus emociones por más tiempo. Y mientras sus voces se apagan, tú musitas, «Estoy listo».

## Repetir *vs.* recrear

Estos personajes existen dentro de todos nosotros. Yo he tenido que enfrentarlos en mi propia vida. Estos personajes son las voces de la razón que con frecuencia amordazamos en lugar de oír. Pero si ellos pudieran intervenir y confrontarnos con amor, todos seríamos mejores personas. Hay más vida en tu vida. Tú podrías sentirte mucho más realizado si te llenaras de coraje para hacer algunos pequeños ajustes y reconstruyeras algunas partes que has tenido tristemente abandonadas.

¿Alguna vez de niño jugaste béisbol o kickbol y tuviste una segunda oportunidad cuando lo hiciste mal? A todos nos gustaría tener una segunda oportunidad para los muchos errores y deslices que hemos cometido. Desafortunadamente, no la tenemos. Debemos vivir con las consecuencias de nuestros errores. Pero no sigamos viviendo sin preguntarnos lo que podemos aprender y cómo podemos crecer a partir de ellos.

No puedes tener una segunda oportunidad, pero sí puedes reconstruir tu vida. No conlleva cirugía plástica, una dieta radical y un nuevo ropero, ¡aunque cuando lo hayas hecho, podrías sentirte inspirado a hacer estas tres cosas! No, el tipo de reconstrucción que describo en las páginas que siguen conlleva liberarte de las trabas de tu adicción a la apatía y aceptar las herramientas necesarias para rehacer una vida llena de libertad y enriquecimiento.

Si esto te hace sentir egoísta, date cuenta de cuántas otras vidas se verán afectadas por tu bienestar. Una de las razones claves por las cuales una intervención suele resultar con frecuencia exitosa es que hace cobrar conciencia de cómo tu conducta lastima a los que se encuentran a tu alrededor. Cuando no te concentras en lo que de verdad importa porque te permites estar distraído y sólo buscas el placer de sentirte bien, estás lastimando a los que se encuentran cerca de ti.

Si sabes que ha llegado el momento y estás más que preparado para emprender un cambio importante en tu vida, tu recuperación ha comenzado. Tu deseo de cambiar sólo servirá para alentar tu esfuerzo de reconstruir tu vida y convertirte en quien te propones ser.

Si estás insatisfecho con tu vida, si anhelas mucho más y sientes el deseo de correr algunos riesgos y emprender algunos cambios, pero esos impulsos se ven contenidos y bloqueados por tus desilusiones pasadas, por la seguridad del *status quo* que representa tu estilo de vida actual y por la incertidumbre de tu futuro, te encuentras en la cerca. Estás flirteando con la tragedia de una vida perdida y lamentada. Sal de la cerca y entra en el camino de la recuperación mediante la reconstrucción de tu vida.

Si estás tan profundamente apegado a tu adicción a la apatía y a la mediocridad que no ves lo que te estás haciendo a ti mismo, temeroso de esperanzarte, dedicado a trabajar de manera que no tienes ningún momento para pensar y reflexionar en lo que tu vida significa y hacia donde se encamina, es hora de parar. No temas querer más e ir en pos de ese más. Los vientos de cambio soplan en tu camino.

Puedes tener una vida mejor. La pregunta es: ¿estás dispuesto a luchar por ella? Al igual que un alcohólico que se libra de las fauces de su adicción, ¿estás dispuesto a combatir el impulso a transarte por menos y emprender la ardua tarea que exige la reconstrucción de tu vida? Si la respuesta es sí, pasa la página.

## dos
# Golpear el aire: Enfréntate al fracaso con los ojos abiertos

---

Yo de esta manera corro, no como a la ventura; de esta manera peleo, no como quien golpea el aire.

—*1 de Corintios 9:26 (VRV)*

De muchas maneras el ímpetu para este libro comenzó hace varias décadas en una bronca en el patio de la escuela. Nunca he olvidado la inapreciable lección de vida que aprendí de un bravucón llamado Harold. Yo estaba en tercer grado en ese tiempo y él estaba en cuarto. Un día después de clases tuvimos unas palabras acerca de algo —¡lo simpático es que ni siquiera me acuerdo acerca de qué! Pero si recuerdo como si fuera ayer el impacto de su puño regordete en mi cabeza, ¡que me dejó totalmente aturdido!

Habíamos intercambiado palabras después que sonó la campana, pero esperamos casi a llegar a casa para pelearnos.

Nos golpeamos y rodamos por el suelo, balanceando los puños como púgiles profesionales. Sin embargo, ¡sólo uno de nosotros conectaba sus golpes! Ojalá yo pudiera decir que él no ganó, o incluso que la pelea fue tan reñida que no estoy seguro de quién ganó (intenté guardar las apariencias al llegar a casa pretendiendo que había sido una pelea reñida). ¡Pero supe por la mirada que me echó mi hermano que yo había recibido una indisputada «paliza»!

El problema principal fue que peleé con los ojos cerrados. Si sólo hubiera podido abrir los ojos un poco más a menudo, podría haber peleado mejor. Harold me dejó tan mal que cuando mi padre llegó a casa esa noche se puso de rodillas y me dio mi primera lección de autodefensa. Papá, que era mi superhéroe en esa época, tuvo que mostrarme el error de mi postura y de mi técnica. Luego de observarme por un momento, se rió entre dientes y me dijo: «Hijo, tu gran error es que mueves los brazos como un molino de viento; y ¡tu mayor error es que cierras los ojos como si no quisieras ver a alguien patearte el trasero!»

## La pelea de tu vida

Ahora que soy grande, tengo que admitir que Harold, el Goliat del patio de mi escuela, realmente me derrotó de lo lindo. Fue el primero de muchos combates amargos y difíciles, no necesariamente con mis puños, pero sí con mi mente, mi corazón y mi espíritu. De esa primera pelea aprendí un principio fundamental que debe ser nuestro punto de partida si hemos de reconstruir nuestra vida en medio de las batallas siempre mutantes de la existencia, si vamos a trascender los límites de nuestros fracasos pasados, debemos procurar aprender de nuestras derrotas.

Aunque yo asimilé una lección de defensa propia en

aquel momento, no fue hasta años después, cuando leí el versículo con que encabezo este capítulo, que el bombillo del entendimiento se encendió en mi cabeza permitiéndome comprender lo que realmente había sucedido. Dirigiéndose a la iglesia de Corinto, el viejo y sabio apóstol Pablo escribió un mensaje del cual tú y yo podemos aprender respecto a cómo reconstruir nuestras vidas para la victoria que Dios nos tiene reservada.

No podemos vencer lo que no somos capaces
de ver ni de confrontar.

¡Una pelea estilo avestruz con la cabeza enterrada en la arena es sumamente ineficaz! Cuando «golpeamos el aire», como dice Pablo, lanzamos golpes inútiles y consumimos energía sin lograr ningún cambio. ¡Golpear el aire no es como golpear al adversario! Debieras haber visto la fuerza con la cual yo golpeé el aire en mi pelea con Harold. Si sólo uno de esos golpes lo hubiera alcanzado, lo habría dejado fuera de combate al instante. ¡En cambio yo salí con la boca hinchada como una globo!

No, debemos ser estratégicos y prudentes. Nuestros golpes deben dar en el blanco. Debemos luchar estratégicamente para alcanzar las recompensas que anhelamos disfrutar. Debemos invertir nuestra energía en conectarnos directamente con nuestros objetivos. Con frecuencia alguna gente bien intencionada me dice, «mereces el éxito: trabajas tan duro». Entiendo lo que quieren decir. Me están comparando con gente que no hace nada y no espera nada. Pero es un error creer que trabajar duro siempre produce grandes resultados.

El empeño no significa necesariamente que uno es eficaz.

Desafortunadamente, en el esfuerzo de criar hijos que no sean perezosos, nuestros padres nos enseñaron que el trabajo arduo es igual a una vida mejor. La mayoría de nuestros padres y abuelos pasaron sus vidas realizando duras tareas durante la era industrial del siglo veinte cuando la productividad se centraba en los esfuerzos y las energías, no en estrategias y estructuras. ¿Podría ser posible que nuestros padres nos prepararan para un mundo que dejaría de existir con ellos? ¿Podría nuestra era tecnológica del siglo veintiuno exigir que construyamos nuestras vidas con una nueva manera de pensar? Nos hemos limitado inadvertidamente al aferrarnos a los ideales de mamá y a la ética del trabajo de papá?

El estancamiento es el peligro del pensamiento tradicional. La sabiduría de nuestros mayores podría haber sido extraordinaria para la época en que oíamos sus consejos. Pero una reevaluación progresiva y continua evitará el escollo de aplicar una ideología anticuada que nos lleva a esforzarnos, pero que no produce los resultados deseados.

Para sobrevivir en la era altamente tecnificada y postindustrial a la que tú y yo pertenecemos, tenemos que actualizar nuestra filosofía personal. Nuestros padres y sus antepasados echaron un firme cimiento, por el cual yo les estoy eternamente agradecido. Pero es peligroso intentar hacerle adiciones a una casa que fue construida para un clima muy diferente del actual. No obstante, de manera inconsciente, solemos quedarnos con la estructura heredada y no nos adentramos en el pensamiento progresista contemporáneo que aumentará nuestra eficacia.

## Cuando trabajar duro es apenas trabajar

Conozco a muchas personas que trabajan como mulos pero ven muy pocos resultados. Inconscientemente, se limitan a sí mismos al imponerse creencias que perpetúan el agotamiento de recursos sin jamás aumentar la productividad. He estado cerca de amigos que estaban mucho más ocupados que yo, pero que eran mucho menos productivos. Sus teléfonos celulares interrumpen nuestro almuerzo. Van conduciendo por la carretera al tiempo que le imparten instrucciones a su audífono inalámbrico y parecen más ocupados que la torre de control del aeropuerto O'Hare de Chicago. Son gente bien intencionada, que hacen lo que creen que es necesario para lograr sus aspiraciones.

En efecto, la mayoría de ellos desempeña una variedad de papeles en un intento por abarcar múltiples tareas e incrementar su productividad. Estos propietarios de pequeños negocios pueden ser en realidad el jefe de cocina y el lavaplatos. Este pastor puede estar dirigiendo el coro, recogiendo a sus miembros y dándoles consejos a los adolescentes de un barrio deprimido. Esta madre trabajadora puede estar a cargo de la recaudación de fondos de la Asociación de Padres y Maestros, al tiempo que solicita nuevas cuentas para su empleador y hace una cita para que le limpien la alfombra. Estas personas confeccionan impresionantes listas de trabajo de proporciones hercúleas, corren de un lugar a otro y de responsabilidad a responsabilidad sólo para marcar el próximo asunto. Se sienten descorazonados de ver tan sólo el mínimo y decreciente impacto de sus muchos esfuerzos. ¿Qué le diríamos al estudiante que se empeña en estudiar, que disciplina su conducta, pero le sigue costando trabajo aprobar el examen? ¡Algo anda mal con sus hábitos de estudio!

¿Puedes establecer la relación? ¿Te sientes como si estuvieras corriendo en la estera mecánica de una actividad en otra, de tarea en tarea, de deber en deber? ¿Estás en constante movimiento sólo para quedarte, en el mejor de los casos, en el mismo lugar? ¿Te han encajonado en lo que tú crees que «debe ser» para lograr el éxito?

Lamentablemente, ¡muchísimos de nuestros intentos de vivir exitosamente pueden ser semejantes a mi patético intento de pelear con Harold! He aquí el problema: *yo estaba en la pelea, pero no tenía ningún objetivo.* Yo estaba allí sudando y maldiciendo y gritando y agitando los brazos, mientras él me pegaba en los ojos y en la boca. ¡Cuanto más furioso me ponía tanto más desorientado estaba en mi empeño de contraatacar!

Asimismo, la vida puede darte una paliza y las circunstancias pueden no dejarte levantar cabeza aunque te empeñes con valor y denuedo en mantenerte en la lucha. Yo estaba lo suficientemente enojado para ganar. Yo era lo suficientemente grande y fuerte para ganar. Pero no importa cuán comprometido estaba con mi causa, mis esfuerzos tenían una deficiente orientación. ¿Hay zonas en tu vida donde tú luchas de la misma manera en que yo peleé ese día? ¿Podría estar tu agenda repleta de golpes inútiles que no se conectan con nada substancial? ¿Has cerrado los ojos para aprender de tus errores pasados en lugar de repetirlos?

Periódicamente, todos nos enfrentamos a estas fases de la vida que son difíciles de sobrevivir. Con frecuencia son provocadas por circunstancias que parecen escapar a nuestro control. Una simple enfermedad puede trascender las consultas al médico para entablar una batalla de voluntad y de fe —por no mencionar la economía— que resulta difícil de soportar para cualquiera. Un breve tiempo de desempleo no es necesariamente una gran contienda, sino tan sólo una situación temporal a la que todo el mundo se enfrenta en algún momento. Pero si esta fase temporal se convierte en un sabático de tres años sin salario, puede ser la batalla que ponga a prueba el alma y agote las reservas económicas, dejando a nuestras familias desconcertadas, nuestros matrimonios extenuados y nuestra confianza destruida. Cualquiera de estas calamidades y otras incontables puede dejarte en extremo tenso y desolado.

Nuestros mayores pesares y nuestras luchas más intensas provienen de los lugares que alguna vez nos produjeron alegría. No hay nada tan hermoso como una linda boda, ni nada tan traumático como un matrimonio amargado. Cuantas veces he visto a una madre llorar de gozo cuando le ponen en su regazo a su bebé recién nacido. Ella no puede imaginar que esas lágrimas de júbilo pueden, en diecisiete años, convertirse en una amarga frustración cuando despierte para descubrir que su niñito ha tomado las llaves de su auto sin permiso y ha vuelto a desaparecer.

Al igual que un bebé que se desarrolla de etapa en etapa, la vida tiene un modo de presentarnos cambios inesperados. En un momento dado, un empleo es una bendición maravillosa, y unos años más tarde usted se encuentra ante una junta de arbitraje con un problema grave que nunca vio venir. ¡Uno no tiene que vivir mucho tiempo para saber que incluso una extraordinaria relación, empresarial o personal, suele presentar desafíos que rápidamente pueden convertirse en un conflicto que se asemeja a la batalla del Armagedón! He visto a niños que alguna vez fueron confidentes y aliados confiables, volverse contra sus propios padres y tratar de destruirlos. He conocido a amantes que no podían respirar sin dejar de oírse mutuamente el palpitar del corazón, y que más tarde abominan el sonido de la voz del otro.

Hasta un amigo íntimo puede convertirse en un enemigo formidable.

## Prepárate para el cambio

Podemos no ver que lo dulce se torna amargo hasta que el gusto nos inunda la boca y tenemos los ojos llenos de lágrimas por el dolor de la transformación. Lo único cierto de la vida es que cambiará. Estamos obligados a prepararnos para el cambio en nuestras vidas queramos o no, dándonos cuenta de que la mejor de las situaciones puede cambiar en un segundo y convertirse en la peor crisis que hayamos enfrentado jamás. De manera que muchas de las tribulaciones de la vida se derivan del momento inesperado del golpe que nos coge desprevenidos.

Aunque todos nosotros enfrentamos estas pruebas, parece que algunas personas tienen una secreta ventaja que les permite evitar las vicisitudes de la vida. Sus contraataques son rápidos y precisos, logrando más en un solo golpe que lo que hace otro en veinte amagos. Esta gente parece zafarse de todo lo que les lastra e impide su progreso. No está exenta de pesadumbres y quebraderos de cabeza, aunque a menudo parece que disfruta de alguna dispensa que le permite sortear los problemas con la celeridad de un viajero del club ejecutivo en un aeropuerto.

Sí, todas las personas luchamos todos los días. Sin embargo, algunas personas se enfrentan a los obstáculos mejor que otras y son, por tanto, capaces de salir airosos de la batalla que amenaza con hacer estallar sus meticulosos planes.

No importa cuan creyente, cuán económicamente responsable, cuán políticamente correcto seas, o cuán amigable puedas ser con los demás, inevitablemente te encontrarás de vez en cuando enfrentado a momentos que te amenazan como un ataque terrorista. Estas luchas privadas nos acosan y nos dejan con una angustia secreta que perdura como la comida picante en un sistema digestivo que careciera de vesícula biliar. Estos asuntos problemáticos se estancan en nosotros, rehúsan ser digeridos según penetran en nuestras emociones, estriñendo nuestra creatividad y distrayendo nuestras energías sin ningún propósito. Muchos de nosotros hemos creído el mito de que tener una actitud optimista o una filosofía piadosa nos exceptúa de alguna manera de esos retos. Pero, amigo mío, sencillamente no es así.

Sin embargo, la buena nueva es que podemos convertir las tormentas de oposición en viento que impulse nuestras alas. Podemos utilizar esas experiencias que nos empujan contra la pared para derribar barreras y expandir nuestro campo de acción. Podemos avanzar más allá de los límites de nuestros errores pasados, transformando la necedad en sabiduría, la frustración en combustible y la negativa a enfrentar lo evidente en el detonador de un cambio explosivo. Los fracasos del pasado pueden convertirse en las cicatrices de la batalla que te curten el cuero y te hacen más resistente y más resuelto a avanzar, si tan sólo dejas que se curen esas heridas sensibles del pesar y la desilusión.

¿Cómo podemos hacer esta transformación? ¿Cómo podemos orientarnos estratégicamente a fin de llevar a cabo las acciones más efectivas y avanzar hacia una felicidad sin límites? ¿Qué podemos hacer para cambiar nuestras vidas?

El proceso empieza con la comprensión de cuan persistentes y tenaces debemos ser a fin de prevalecer sobre la adversidad que confrontamos. El campeón cuenta con la ventaja que le da su propia mentalidad. Es su renuncia a aceptar lo promedio o lo ordinario, lo que lo sitúa en un lugar de distinción sin precedentes. Es verdad, existe una disciplina y un adiestramiento que siempre coloca al gladiador como el triunfador que se propone ser. Una vez que él ha sido programado para triunfar, terminará por elevarse para dar lo mejor de sí porque ha sido adiestrado para ganar, condicionado para prevalecer y llamado a ser un conquistador. Lo han preparado para que sea un ganador, e incluso si pierde todo, cuenta con ese don brumoso y aparentemente indefinible de caer de pie con zapatos de seda. ¡Tú sabes, esa gente que puede convertir un desperdicio en un manjar!

## El corredor asustado

En la misma carta a los Corintios que mencionaba antes, Pablo usa una metáfora sobre los atletas que se entrenan para una carrera, disciplinando sus cuerpo con el fin de alcanzar una corona, que en esa época era una simple guirnalda de laurel para el vencedor.

> ¿No saben que en una carrera todos los corredores compiten, pero sólo uno obtiene el premio? Corran, pues, de tal modo que lo obtengan. Todos los deportistas se entrenan con mucha disciplina. Ellos lo hacen para obtener un premio que se echa a perder; nosotros, en cambio, por uno que dura para siempre. Así que yo no corro como quien no tiene meta; no lucho como quien da golpes al aire. Más bien, golpeo mi cuerpo y lo domino, no sea que, después de haber predicado a otros, yo mismo quede descalificado.
>
> 1 de Corintios 9:24–27 (NVI)

¿Cuánto más, pregunta él, debemos entrenarnos y disciplinarnos para alcanzar lo más importante? Pablo sabe que el éxito —ya sea espiritual, físico o económico— es deliberado.

Nadie atraviesa una tenue línea en las Olimpíadas y dice, «¡Caramba! ¿Cómo he hecho esto?»

Los corredores exitosos se entrenan con diligencia, controlan cuidadosamente su dieta y se despiertan cada mañana para hacer carreras cortas con sólo el sol naciente como testigo. Estos ganadores se adiestran para el día de la competencia, y cuando ésta llega, no hay duda de que el júbilo resulta embriagador, viendo que lo que se proponían conseguir se ha logrado. Competir en la carrera, no digamos ganar, es un sentimiento en extremo gratificante que está precedido por años de preparación que pueden haber comenzado cuando el atleta era niño.

Recuerdo una vez que conversaba con Deion Sanders, el famoso esquinero de la Liga Nacional de Fútbol y jardinero de una de las ligas mayores de béisbol, cuya versatilidad como atleta profesional lo mantuvo activo por más de una década. Era un corredor excepcionalmente diestro cuyas fuertes piernas y zancada veloz lo prepararon para una impresionante carrera en los deportes profesionales. Él ayudo a dos diferentes equipos de la LNF a alcanzar la victoria del Super Bowl y lo eligieron Jugador Defensa del año en 1994. Uno de esos equipos, los Cowboys de Dallas, le dieron el contrato más lucrativo que un defensa hubiera firmado jamás en esa época.

Deion era tan intimidante en el terreno de béisbol como lo era en el campo de fútbol americano. (¡De hecho, él es el único hombre que ha jugado tanto en el Super Bowl como en la Serie Mundial!). Con frecuencia sus piernas lo llevaron al campo de los Rojos de Cincinnati, donde jugó cuatro temporadas (1994-95, 1997, 2001). Fue durante uno de sus muchos períodos con los Rojos que él y yo cimentamos nuestra amistad. Un día en que compartía algo de su historia conmigo, Deion mencionó que comenzó a correr de niño porque vivía cerca de un cementerio. Dijo que de muchacho lo asustaban las lápidas y la sensación mórbida que le inspiraba el camposanto. Para evitar esta perturbadora sensación, corría tan rápido como podía cuando pasaba por el cementerio camino a su casa. Allí, sin nadie en las gradas que lo alentara, descubrió que tenía excelentes piernas para correr. Aunque esta actividad no formaba parte de un riguroso programa de entrenamiento, lo ayudó a prepararse para la carrera de su vida.

Si bien esta temprana experiencia podría haber sido accidental, Deion no tenía duda de que el desarrollo de su habilidad había sido definitivamente deliberada. Muchas veces puede parecer que descubrimos casualmente nuestros talentos, pero cultivar ese talento hasta alcanzar el fin esperado siempre se hace a propósito. Lo que comenzó para Deion como una carrera por miedo al cementerio se desarrolló sin temor en el gimnasio, en la pista y finalmente en los principales estadios del país. Mientras firmaba contratos multimillonarios por su pericia, ganaba docenas de premios y se retiraba a una lujosísima mansión y a ejercer una carrera de analista de deportes, podía decir que descubrió casualmente su don a través de la experiencia del cementerio. Si bien el camposanto puede haberle revelado lo que ya él tenía en su interior, fue el esfuerzo duro y disciplinado lo que le llevó a la plenitud de sus posibilidades y lo lanzó como un atleta de marca mundial. ¡Hay un largo trayecto entre el niñito que le sale huyendo a un fantasma y el hombre sudoroso que llega a la meta! En lo que media entre esos dos puntos, su éxito fue intencional.

## Gradientes del éxito

Obviamente, gran parte de la intencionalidad respecto a la realización de tus posibilidades radica en la educación. Sin embargo, debo advertirte que descubrir un don es algo más que obtener un grado académico. Si bien esto varía de un campo a otro, muchos expertos calculan que más del 50 por ciento de las personas terminan trabajando en áreas diferentes a aquella de la que alguna vez se graduaron. La educación te brinda información sobre una tema y un diploma con frecuencia se basa en el número de materias que tenemos que vencer para obtenerlo. Muchas veces en cuanto obtenemos un diploma descubrimos que no nos gusta trabajar en el área en que nos gustaba estudiar. Tal vez deberíamos tener estudiantes que pasaran un año trabajando como aprendices en el campo en el cual quieren graduarse a fin de que esto les ayude a decidir lo que realmente quieren hacer.

Tal sistema de aprendizaje refleja uno de los fundamentos de perseverar para triunfar: la mayor parte de la energía de nuestra vida la gastamos en pruebas de ensayo y error. Pensaba que quería hacer esto el resto de mi vida, pero ahora no quiero. Ella creía que quería casarse con él, ¡pero ahora se da cuenta, con conciencia de culpa, que cometió un gran error! Hasta la gente más brillante y más inteligente toma decisiones prematuras que más tarde lamenta. Debes darte cuenta de que ningún error —no importa cuán grande, costoso, irreconocido o doloroso— puede costarte la capacidad de cambiar tu vida. Puede que tengas que comenzar con pasitos de bebé para reorientar tu vida de nuevo y tomar la dirección correcta, pero es algo que puede hacerse.

Parte de tu educación —y por esto quiero decir el verdadero conocimiento de tus errores pasados— exige evaluar correctamente lo que tienes en tu personalidad que puede potenciar las armas de tu arsenal. Si tienes en tu corazón las herramientas que coinciden con la información que tienes en la cabeza, entonces puedes empezar a encontrar las zonas más afines para su convergencia. La combinación de una mente concentrada y un corazón apasionado puede ser útil para determinar lo que realmente queremos hacer con nuestras vidas. Al igual que la experiencia de Deion en el cementerio, podemos necesitar un susto que nos ponga en movimiento, pero cultivar un talento y alcanzar una meta son esfuerzos de una voluntad deliberada.

## El hacer inventario

Si alguna vez has trabajado como vendedor, entonces es probable que hayas tenido que soportar un inventario de fin de año. Todas las empresas detallistas, desde las zapaterías hasta los supermercados, tienen que comparar lo que realmente tienen en la tienda con lo que los registros indican que deben tener. De la misma manera, si hemos de encontrar esta convergencia de mente y corazón, talento y tenacidad, debemos evaluar lo que tenemos en nuestros almacenes personales.

Mira tú, el primer paso para librar una buena pelea es armarse con un análisis preciso del propósito que te anima y dedicar tus esfuerzos a cultivar el campo para el que estás dotado. Cumplir tu propósito o propósitos para la vida (algunas personas tienen más de uno y pueden explorarlos simultáneamente, o decidir en alguna fecha posterior perseguir un sueño que aplazaron durante cierto tiempo) empieza por identificar la zona que te da un sentido de satisfacción y bienestar. Luego debes tener el valor y la tenacidad de ver que esa fantasía abstracta se convierta en una realidad concreta en tu vida.

Eso podría sonar simple, pero en realidad la mayoría de

nosotros siempre vivimos nuestras vidas bailando al ritmo del tambor de otra persona. He tenido que aprender como padre que puedo influir, pero no puedo controlar, las opciones de mis hijos. A veces he intentando, sincera pero erróneamente, vivir mi vida vicariamente a través de mis hijos. Y no estoy solo —son muchos los padres que han llevado su influencia a un extremo y ponen a sus hijos en una prisión perpetua en el intento de que vivan a la altura de sus expectativas de una madre o un padre. ¿Y qué hay de aquellos de nosotros que permitimos que nuestra tendencia competitiva nos impulse hacia lo que realmente no queremos hacer, sólo para demostrarle a alguien un argumento, como si su opinión fuera el barómetro de nuestra realización personal?

En tanto se mantiene la tendencia hacia el cambio de carrera, como promedio una vez cada siete años, parece probable que no es sólo que nos aburramos y queramos enfrentar un nuevo reto. Muchas personas —desde médicos hasta abogados, representantes de ventas a altos ejecutivos, de maestros a buscadores de talento— me dicen que entraron en su campo para demostrarle a alguien cúan exitosos podían ser. ¡Luego se sorprenden de por qué se sienten vacíos, cansados y abrumados!

No, debemos ser honestos con nosotros mismos y escuchar esa voz interior, prestarle atención a esos asuntos que desbocan nuestra imaginación y nos aceleran el pulso, e investigar los requisitos para edificar nuestros sueños. Si estas leyendo esto y comienzas a sentirte avergonzado, entonces te insto a examinar aquello que te incomoda.

No hay nada vergonzoso en ser conserje —lo sé porque observaba a mi padre trabajar en este oficio más allá de sus posibilidades físicas— si lo haces con orgullo, dignidad y sentido de cumplir el auténtico propósito de tu vida. Así, pues, el primer paso al hacer inventario —volveremos y desarrollaremos este punto en capítulos ulteriores— es ser sincero contigo mismo respecto a quién tú eres y lo que realmente quieres. ¡Es definitivamente más fácil luchar si sabes quién eres y por lo que luchas!

## Adáptate

Ahora bien, ten esto por seguro, la victoria no se logra sin conflicto. El cambio es inevitable, y si vamos a dedicarnos a la realización de nuestros sueños, debemos armarnos de los instrumentos adecuados para realizar cada tarea que se presente a lo largo del camino. Mi madre solía decir todo el tiempo que por cualquier cosa que valiese la pena tener, valía la pena luchar. Yo lo creo. Creo que los ganadores son luchadores que no se rinden. Ahora bien, si estás luchando por realizar un sueño o por conservar un sueño, ¡te insto a luchar de manera eficaz y no histéricamente!

Jim Collins, líder empresarial y autor, a quien recientemente tuve el privilegio de conocer, ofrece una ilustración excepcional en su exitoso libro *De buena a grandiosa: ¿Por qué algunas compañías dan el salto... y otras no?* (*Good to Great: Why Some Companies Make the Leap...and Others Don't*). Collins compara a dos gigantes de los víveres, A&P, la mayor organización de ventas al detalle del mundo en la década del cincuenta, y Kroger, una cadena de supermercados que también prosperaba en esos años. Según la tecnología comenzó a progresar en los tumultuosos años sesenta, ambas compañías, de enfoque muy tradicional, vieron que el mundo cambiaba alrededor de ellas. Cada compañía llevó a cabo una investigación, construyó costosas tiendas de prueba y contrató a analistas expertos para prever el futuro.

Ambas llegaron a conclusiones semejantes: debido a la forma en que el mundo estaba cambiando, se imponía el concepto de la tienda mixta. La gente quería comprar en un solo lugar tanto como fuera posible: víveres, artículos de higiene personal, artículos de farmacia, medicamentos por receta y otras cosas por el estilo. En un lapso sorprendente, A&P recibió esta información y prácticamente la ignoró. Kroger, por el contrario, actúo en consecuencia e implantó la estrategia de la «supertienda» que ahora damos por sentada. ¡Para 1999, Kroger se había convertido en la primera cadena de víveres de Estados Unidos, generando ochenta veces más ganancias que A&P, su competidor de otra época!

Ahora bien, A&P luchó histéricamente, mientras que Kroger luchó efectivamente. Con frecuencia nuestra incapacidad de adaptarnos a las cambiantes necesidades, de evaluar el clima empresarial o de utilizar los datos anteriores antes de invertir en cualquier cosa que esperamos lograr, nos deja peleando como tontos en lugar de hacerlo con la diestra precisión de un profesional. Al abordar la reconstrucción de su vida, quiero que seas un tirador que efectivamente da en el blanco, ¡pero no luchando como alguien que golpea el aire! Deseo que controles tu ritmo y te adaptes a los tiempos cambiantes, a los altibajos de la marea.

Si quieres vivir verdaderamente al máximo de tus posibilidades, entonces no puedes seguir ignorando, como un A&P, las señales de cambio a tu alrededor. Puesto que estás leyendo este libro, es probable que ya seas consciente de que no estás viviendo tan efectivamente como querrías. Tal vez has estado conversando —con tu cónyuge, con un compañero de trabajo, con un amigo— respecto a cambiar tu vida de alguna manera dramática. ¡Pero es hora de dejar de hablar y echar a andar!

En la pelea que perdí frente a Harold, fui el que más ruidos hizo, pero él dio el mayor número de golpes. Yo fui intimidante, pero él fue efectivo. Gracias a Dios por mi hermano y por mi padre que me tomaron de la mano y comenzaron a darme algunas lecciones para luchar con eficacia. ¡Era más fácil pelear y ganar en el autobús de la escuela que en el mundo más exigente de la vida adulta! Si aprendes en cada nivel, luego puedes prepararte para luchar con mayor eficacia en el siguiente.

Te reto, al acercarnos al fin de este capítulo, a considerar si tus técnicas de lucha están produciendo o no el efecto deseado. ¿Te defiendes de una manera que es proactiva y productiva? ¿O estás cerrando los ojos a la realidad que tienes frente a ti y manoteando en la oscuridad? ¿Diriges tu energía de manera estratégica y te concentras deliberadamente en aprovechar al máximo tu tiempo y tus recursos? Y, llegando al fondo de la cuestión, ¿estás experimentando el júbilo que se desprende de vivir una vida sin límites?

Es un proceso para todos nosotros, amigo mío. De manera que, independientemente de donde puedas encontrarte, sé que puedo ofrecerte algunos pasos para avanzar progresivamente desde dentro. Pero tienes que estar dispuesto a repensar cómo vas a correr la carrera y procurar tus metas. Tienes que estar dispuesto a revisar los intentos ineficaces y posesionarte de nuevo para ocasionar el mayor impacto. ¿Estás listo? ¡Entonces abandona las convenciones y entra en ese amable sitio de la vida que sólo tú puedes llenar!

tres

# Perdido y hallado: Encontrar tu ubicación actual al saber dónde has estado

---

Pero Dios el SEÑOR llamó al hombre y le dijo, ¿Dónde estás?

—*Génesis 3:9 (NVI)*

Los fracasos pasados y los apuros actuales pueden a veces hacernos sentir tan desorientados en este laberinto llamado vida como los personajes de *Lost*, la serie de televisión. Los pasajeros del Vuelo Oceánico 815 sufren una explosión en pleno vuelo que derriba la aeronave y los hace ir a dar a una isla desierta. Mientras los náufragos luchan por sobrevivir, se enfrentan constantemente con las agendas personales de otros, con peligros ocultos y personajes misteriosos. ¡Exactamente como la vida! En la isla tienen que hacerse la curiosa pregunta, «¿Dónde estoy y cómo salgo de aquí?» Todos nosotros nos hemos encontrado trabados en algún momento y nos hemos preguntado si podríamos avanzar y salir adelante.

Al igual que nuestros amigos de la serie *Lost*, todos perdemos nuestra perspectiva cuando no contamos con los instrumentos de navegación que necesitamos para precisar dónde estamos y lo que necesitamos para resolver los problemas que se nos han presentado. Tú no tienes que ser piloto para entender la importancia de los instrumentos de navegación. A los autos los fabrican ahora con estos sistemas de navegación incorporados, que nos ahorran horas en un viaje al ayudarnos a evitar innecesarias demoras al informarnos dónde estamos en relación a dónde vamos.

Si hemos de sobreponernos a nuestros fracasos y desilusiones en la vida, debemos desarrollar nuestro propio sistema de navegación. Si bien tales sistemas brindan tan sólo ubicación y dirección —no combustible, ni fuerza motriz ni la capacidad de elegir el destino— tal información es, no obstante, decisiva para la navegación. Del mismo modo, si intentas ubicarte, sigue leyendo. Tengo algo que decirte.

## ¿Destino o estado?

La pregunta que tuve que hacerme en esos momentos en que me hundía en un pantano de deudas, sentado en la oscuridad sin luz eléctrica, metido en mi casa porque me habían embargado el automóvil, y enfrentado a una familia hambrienta y sin medios para alimentarla fue: ¿acepto esto como mi destino o simplemente como un estado temporal? Si es mi destino, estoy terminado y debo darme por vencido.

Me respondí que me encontraba en un estado transitorio, que yo podía crear, transformar y resistir. No sucumbí a la desesperación, sino que más bien perseveré.

Cuando pienso en este proceso de elegir un estado en lugar de un destino, pienso en la vida del José de la Biblia. Él atraviesa etapas. Se siente perdido en la prisión de la desesperanza y tiene que descubrir su don a fin de cambiar su vida.

José es el penúltimo de una docena de hermanos y el favorito de su padre. Dotado con sueños proféticos, sus hermanos lo odian por poseer este talento y el futuro que sus sueños auguran. Ellos intentan asesinarlo, pero no se atreven a hacerlo y, en lugar de eso, lo venden como esclavo a unos transeúntes extranjeros, que lo llevan a Egipto. Su sinceridad de carácter y su talento profético le hacen llegar a desempeñar un papel importante como administrador doméstico de Potifar. Pero cuando la esposa de Potifar se siente lujuriosamente atraída por el empleado de su marido, José resiste sus insinuaciones sólo para verse acusado de violación y ser enviado a la cárcel.

¡Se comenta que la vida es injusta! Nuestro joven José tiene que enfrentarse a toda clase de pruebas, siendo su único delito el de ser un hombre dotado de integridad. Pero su capacidad de interpretar los sueños pronto llega a oídos del Faraón y más rápido de lo que uno tarda en contarlo se produce un revés de fortuna y José se encuentra como segundo al mando de todo el país. Él toma medidas para enfrentar la hambruna que se avecina y vive para ver a sus hermanos, a quienes perdona y abraza, reunidos de nuevo. (Para más detalles sobre la vida de José, véase Génesis 37–50.)

José estaba sujeto a sus circunstancias. Pero él se sobrepuso a ellas valiéndose de sus dones. Pasó de lo ordinario a lo milagroso. Es fácil ensimismarse en una circunstancia y perder de vista el ilimitado poder que se encuentra en lo que nos ha sido dado. Al igual que José, es de vital importancia que todos reconozcamos lo tremendamente dotados que somos. Es a través de la comprensión del poder de tus dones que puedes escapar de la cárcel de la desesperación. Imagínate lo que habría sucedido si José hubiera dejado de usar sus dones sólo porque estaba en prisión. Nunca lo hubieran liberado, ni hubiera preparado a Egipto para la inminente hambruna e incontables vidas se habrían perdido.

¿Te encuentras en una situación que podría mejorar mediante el uso de más recursos de los que tienes a tu disposición? José se encontraba encarcelado hasta que descubrió una nueva manera de aplicar sus habilidades. Se recreó a sí mismo en un momento de necesidad para brindar un servicio. Dejó de ser un convicto para convertirse en un comisionado. Sin embargo, él no hubiera podido llevar a cabo esta tarea antes de comprender la posición en que se encontraba al comienzo. Tienes que identificar quién eres y dónde estás a fin de descubrir tus dones y tu voz. Debes alzar la voz y adquirir poder para avanzar más allá de la prisión actual, aunque ello conlleve confrontar una situación que ha dejado tus sentimientos degradados, menospreciados, inciertos y superfluos.

La visión, tan decisiva para este proceso, es con frecuencia una de las primeras facultades que perdemos cuando se instala en nosotros la desesperación. Hace varios años conocí a un caballero que se postulaba para presidente de este país. Estaba descorazonado por la carencia de finanzas y se sentía derrotado. Dediqué unas cuantas horas a motivarlo a creer en sí mismo y en sus capacidades de manera que pude verle alcanzar la plenitud de sus posibilidades. Uno no puede lograr lo que no puede concebir. Él creía que su problema era la falta de dinero, pero yo sabía que era la falta de visión.

Él no podía darse cuenta de dónde se encontraba. Al principio quería que me convirtiese en un contribuyente de su campaña, pero lo que le di fue mejor que el dinero: me senté con él y lo ayudé a situarse a sí mismo.

Mi amigo, el candidato, creía que estaba atascado cuando en efecto tenía todo lo que necesitaba. Pero cuando estamos demasiado cerca de una situación, con frecuencia hacemos un diagnóstico errado del problema y nos sentimos derrotados cuando podríamos realmente prevalecer. En su caso, él estaba en busca de algo que no estaba genuinamente en su corazón. A veces terminamos por ir a algún lugar por cuenta de alguien sentado en el asiento trasero del auto. En ese caso, los que conducimos hemos cedido el control al pasajero. Toma el volante de tu vida ahora y ve donde quieres ir en lugar de permitir que tus pasajeros —madres, cónyuges, vecinos— controlen tu destino. El éxito no se logra haciendo lo que otro quiere que alcances. El éxito es descubrir y usar el don que posees.

Puedes determinar dónde te encuentras evaluando lo que has realizado. ¿Cuánto se parece a lo que soñabas alcanzar? Una meta es lograr que lo que ves internamente se realice en el exterior. Sabrás que la has alcanzado cuando no haya ninguna diferencia entre lo que ves cuando duermes y lo que ves al despertar. En suma, te estoy diciendo que es posible que realices despierto aquello con lo que sueñas. La distancia entre lo que sueñas y lo que ves es salvable.

«Pero, obispo Jakes —me dices—, estoy *tan* lejos de lo que sueño». Así estaba yo, amigo mío, e incluso ahora, tengo que recobrarme ocasionalmente de un giro erróneo. Incluso con un sistema de navegación, uno aún puede hacer un giro equivocado. Sin embargo, lo maravilloso del sistema de navegación es que si te desvías del camino, se reajusta basándose en tu propia equivocación, redefine dónde te encuentras, te «perdona» por tu desvío y te devuelve a la senda correcta. Yo nunca he tenido un sistema que me diga: «tonto, ¿por qué hiciste ese giro? ¡Te dije que no hicieras eso!» No obstante, la mayoría de nosotros invierte un tiempo valioso en castigarse por lo que hicimos mal, en lugar de reajustarse y seguir adelante.

Ahora debes entender que el ubicarte exige comprender dónde te encuentras y medirlo en relación hacia dónde vas.

## Coordenadas exactas

Si bien hay muchos instrumentos para ayudarte a localizar tu posición y reajustar tu rumbo, uno de los más útiles que yo he encontrado surgió de las enseñanzas de uno de mis colegas. Hace años estaba en una reunión con Ed Cole, un entrenador de vida que dirigía lo que se convirtió en una discusión increíblemente viva con un grupo de hombres. Él compartía principios que me gustaría desglosar en cinco etapas progresivas en cualquier relación o situación. Estos principios, aunque no son infalibles, pueden servir como catalizadores para ayudar a ubicarte mejor en tu carrera, o en tu matrimonio, o en otro aspecto de tu vida. Pueden ayudarte a determinar las coordenadas exactas que necesitas para reorientar tu ruta hacia una vida sin limitaciones.

Como verás, una de las primeras preguntas registradas en la Biblia sigue sirviendo como una estrella Polar mientras navegamos a través de la selva oscura de la vida. Después de que Adán y Eva hubieron comido del fruto prohibido, se dieron cuenta de su desnudez y, cubriéndose con hojas de parra, se ocultaron avergonzados. El Señor los busca entonces y les pregunta: «¿dónde están?» Obviamente, Él sabía la respuesta a su pregunta sin tener que hacerla, de manera que Él la hace claramente para beneficio de sus oyentes. Habiendo desobedecido a Dios, Adán y Eva tenían sus ojos abiertos a una nueva realidad y tenían que reevaluar en quiénes se habían convertido y dónde se encontraban. Básicamente, al igual que cada uno de nosotros, Adán y Eva quedaron atrapados en las aguas revueltas del cambio y se vieron obligados a reubicarse.

Al igual que nuestros primeros padres, nosotros también debemos enfrentar el paisaje cambiante de nuestros jardines personales. Por tanto, es esencial que todo el mundo, hombre o mujer, responda la proverbial pregunta: «¿Dónde estás?» Para los hombres en particular, con frecuencia es difícil afirmar donde estamos, ya que a menudo tendemos a concentrarnos en lo que hacemos y lo que tenemos, que podía llegar a camuflar una profunda sensación de aislamiento debajo de la fachada de diplomas académicos, acciones, bonos, aumento de la feligresía o cualquier cosa que consideres como un parámetro del éxito.

Para hombres y mujeres por igual, este autoanálisis no es fácil de practicar en una sociedad que rara vez te pregunta dónde estás, sino que en gran medida se concentra en quién eres y en cómo medirte en relación a otros. Pero si hemos de reconstruir nuestras vidas para alcanzar una felicidad sin límites, entonces estas etapas nos ofrecen un inapreciable instrumento evaluativo. Estas cinco etapas y mis interpretaciones y elaboraciones son las siguientes:

1. **Revelación.** Ésta es la etapa donde descubrimos nuestra carrera, a nuestra compañera o compañero de vida, o alguna nueva oportunidad significativa. Los hombres son seres increíblemente visuales. Nos inspira lo que vemos. A fin de llegar a ser más, hemos de exponernos a más. Cuanto más vemos, tanto más se libera nuestra

fuerza para llegar a más. Con frecuencia cito el adagio «si puedes ver lo invisible, puedes hacer lo imposible».

En la Escritura, la revelación a menudo significa literalmente «revelar». Las relaciones más importantes que podemos tener son aquellas que nos ayudan a ver lo que no hicimos antes. Una iglesia o una escuela o incluso un amigo que revela las posibilidades y potencialidades se convierte en un recurso ilimitado para aquellos de nosotros que ascendemos. A menudo nos reunimos con alguien o alcanzamos un puesto que nos revela una nueva pieza del rompecabezas de quienes somos. Como si despertáramos, cobramos plena conciencia de que la vida es más de lo que hemos visto antes. Ya sea la revelación de una encantadora muchacha que conocimos en el tren o el artículo que leimos en el puesto de periódicos sobre una nueva tendencia poderosa en el mercado y en los bienes raíces, estos acontecimientos nos abren los ojos a posibilidades que anteriormente no habíamos visto ni advertido.

En esta etapa lo que está oculto para ti es la aceptación de un reto que cae dentro del ámbito de tu propia razón de ser. Si te detienes aquí, estás condenado a ser un simple mirón en la vida. ¡El remordimiento ataca a aquellos de nosotros que vimos la oportunidad pero nos faltó la fuerza, la voluntad y el carácter para trascender el *voyerismo* y llegar a la próxima etapa de la acción!

2. **Inspiración,** la segunda etapa, proporciona más el combustible que se utiliza para encender la pasión necesaria para vencer los inevitables conflictos que se interponen entre nosotros y nuestra próxima conquista. Esta segunda etapa expresa un estado del espíritu que es indi-

cio de nuestro nuevo interés; equivale a una carta de intención en una propuesta comercial. En una relación, éste es el momento del impacto cuando decides pasar al próximo nivel. Esta es la etapa en que un tipo pide un número de teléfono, o puede ser la etapa en que consigue que le hieran sus sentimientos.

En tu carrera, éste es el momento en que decides comprometerte más profundamente en un área de especialización o incluso en una compañía. Puede ser el momento en que se envían currículos y se fijan entrevistas. O tal vez es la etapa cuando se hace la licitación de un contrato, cuando se ofrece una apertura.

Independientemente de lo que se encuentre en juego, ésta es una etapa importante, si bien mucha gente carece de la pasión para perseguir lo que han concebido en la primera etapa. Esa gente que se pasa la vida aplazándolo todo nunca parece reunir el impulso necesario para lograr su objetivo porque carecen de la inspiración para sobreponerse a la adversidad. Es por esto que muchos oradores que imparten mensajes motivadores reciben tan cálida recepción en nuestro país. Empresarios, profesionales e inclusos personas orientadas hacia el terreno de lo espiritual han comenzado a identificar la importancia de la motivación, que es la capacidad de inspirar a las personas a realizar sus sueños. La motivación no te da ese sueño; potencia los sueños que ya te han sido revelados en la etapa anterior. La inspiración es con frecuencia el catalizador de la acción.

3. **La formalización** se desarrolla luego de una etapa de inspiración que ha terminado en una respuesta afirmativa. En otras palabras, «¡Está contratado!» o «¡Sí, quiero ser tu esposa!» Puede incluso ser una carta de una uni-

versidad en la que te comunican que te aceptan. Es el punto en que el asunto ha evolucionado hasta el grado en que exige un compromiso más formal.

¡Uy! Acaba de salir esa palabra que agita al corazón y debilita el pulso. Ésta es la etapa en que las citas se convierten en planes de matrimonio. Ésta es la etapa en que hay que presentar el aviso con dos semanas de antelación y donde el compromiso de seguir adelante se hace inevitable. Mi madre siempre diría, con mucho menos tacto del que yo uso aquí, «¡orina o deja el orinal!» Has estado sentado mucho tiempo considerando la próxima movida; es hora de actuar.

Éste es el momento cuando cierras el trato, que ahora se vuelve una parte formal de tu vida y de tu existencia.

Muchas mujeres dicen haber conocido demasiados hombres que no llegan a la tercera etapa. Inevitablemente, el cielo se torna ligeramente más oscuro y los sentimientos se hacen menos románticos y más prácticos cuando entramos en los detalles de convertirnos en una «entidad institucional». Esto no tiene que ver con romance; se trata de quién paga las cuentas, quién lleva los niños a la escuela y quién lava el auto. Cuando una persona no lo logra en la tercera etapa, se queda atrapado en la perpetua rutina de repetir las dos primeras. Al igual que un estudiante que suspende y se retrasa en la escuela, que repite una asignatura pero nunca la aprueba. Él siempre está saliendo con muchachas, pero nunca se compromete a formalizar una relación amorosa. La mujer insiste en preguntarle casi como hizo Dios, «Adán o Ricardo o Demetrio, ¿dónde estás?» Yo te voy a decir dónde está. ¡El hombre está trabado en las dos primeras etapas!

Algunos siempre están comenzando nuevas vocaciones, nuevas carreras. Tienen grandes ideas, pero no las ponen en práctica, logran extraordinarias entrevistas, pero son unos empleados fatales. Están atascados en una clase remedial de la vida, repitiendo siempre el mismo curso, haciendo las promesas, pero sin cumplir el compromiso. Se comen el mundo al aparecerse con posibilidades ilimitadas, ¡pero nunca alcanzan las realidades porque carecen de la capacidad de tener éxito en la tercera etapa, la del compromiso formal! Admitámoslo, hay beneficios que no pueden obtenerse sin compromiso.

En efecto, la plenitud de la formalización está determinada por tu capacidad personal de comprometerte con lo que antes soñaste y de dedicarte a ello. No es una cuestión de si tienes las habilidades, no consiste simplemente en tener un sueño. Esto se centra más bien en torno a una pregunta decisiva: *¿Ese sueño te posee?* ¿Te posee lo suficiente para llegar al sacrificio de hacerlo funcional y formal? En un empleo, exige la dura tarea de ajustarse a la cultura de una compañía y de integrar tus destrezas a un nuevo ambiente. Estás dentro, estás allí, eres parte de la compañía, parte de la institución, lo cual nos lleva a la cuarta etapa.

4. **La institucionalización** es el punto donde con frecuencia comienza el problema. Cuando las cosas se institucionalizan pueden perder su sabor y tornarse insípidas. Comienza un deterioro sutil. El entusiasmo se esfuma. Todos nosotros hemos conocido parejas que solían rebosar mutuamente de alegría, totalmente desinteresados en cenar, sentados como dos bobos a la mesa a la espera de lo que la otra persona tenía que decir. Pero con

el paso de los años, se sientan uno frente al otro, mirándose cada vez menos, con la conversación trasnochada y la pasión evaporada. Pronto todo lo que les queda son los recuerdos tristes de un sentimiento que se ha enfriado.

¿O acaso no has trabajado con personas que se dejan caer en la oficina como un paquete de Federal Express: el que lentamente se muestra enorme y vacío, sin ideas, creatividad o interés? Sólo están allí por el salario. Están tan institucionalizados que están a punto de cristalizarse. Lo cual es, a propósito, nuestra próxima etapa.

5. **La cristalización** tiene lugar cuando el deterioro ya se ha hecho notar. En esta última etapa, hay muy poco que funcione de la manera que una vez lo hizo. Todo está presente y contabilizado, pero nadie se alegra de que el otro esté allí. En un matrimonio, es el sentimiento que a menudo precede una llamada a un abogado de divorcios. La mayoría de las personas no se desenamoran tanto como se desapasionan y pierden el entusiasmo de relacionarse con su cónyuge. Y luego se sienten culpables porque aman a alguien con quien ya no pueden vivir. La relación se ha cristalizado en una concha dura y quebradiza de lo que alguna vez fue.

La mayoría de las personas no sabe cómo rebasar este estado fosilizado. Sin embargo, si podemos llevar el viejo amor a un nuevo ambiente, con frecuencia podemos reencenderlo. O tal vez la compañía ofrece un nuevo puesto que saca nuevamente a flote los motores de la creatividad, y regresamos a la primera etapa. He aprendido que incluso los grandes empleados necesitan nuevos retos para reencender sus pasiones y ampliar su rendimiento. Este ciclo perpetuo afecta nuestra economía, así como a menudo perdemos motivación económica cuando perdemos la meta y la fluidez creativa.

Hay muchas víctimas de una entidad cristalizada. En un matrimonio, pueden ser los hijos. En una firma de abogados puede ser un caso. En una empresa, puede ser la diferencia entre una compañía que comercia sus acciones en el mercado y una entidad que se conserva privada y no evoluciona por falta de ideas creativas.

Lo que estoy intentando hacer es gritarte al oído: «cuidado, cuidado, cuidado». Aléjate de la etapa cristalizada porque te hará renunciar a algo bueno. Es una temporada que se asemeja a una sentencia de muerte.

Todos nosotros atravesamos estas etapas.

## De regreso a la primera etapa

Desafortunadamente, algunos de nosotros nos quedamos trabados en la quinta etapa y nunca logramos salir, mientras otros regresan continuamente a la etapa de la revelación y se recrean a sí mismos una y otra vez. Los padres de la Iglesia primitiva volvían a Jerusalén siempre que las cosas se torcían; era su manera de regresar nuevamente a la primera etapa. El personal de una empresa revisa su declaración de principios de la compañía en un intento de retornar a sus valores y objetivos fundamentales. Los pianistas ensayan escalas a manera de calentamiento para tocar una pieza difícil. O, si realmente se traban, ¡cogen una guitarra! A veces se necesita un nuevo instrumento si hemos de escapar de la música cristalizada del pasado y crear una nueva melodía.

Si estás estancado en la quinta etapa, como a todos inevitablemente nos ocurre de vez en cuando, regresa a la primera y consigue una nueva y entusiasta revelación y repite el proceso una y otra vez. Veo a mujeres que se casan después de enviudar, mientras otras dicen que no hay ningún hombre bueno. Las primeras son mujeres que, al igual que ciertas compañías, se mantienen reinventándose y reactivándose al emprender nuevos entretenimientos, volver a estudiar, situarse en nuevos ambientes. Siguen siendo interesantes y sintiéndose entusiasmadas por regresar a la primera etapa para reubicarse. Al igual que el mitológico fénix que se levanta de sus cenizas, renacen una y otra vez.

Cambia la música y cambia tu baile. Haz lo que puedas para hacerte receptivo a una nueva revelación de tu estancamiento interior. Tal vez pagues las viejas deudas. Tal vez te enamores de nuevo.

## Más de lo que el dinero puede comprar

Si vamos a evitar el estancamiento, es importante, pues, que no nos permitamos reducir la prosperidad tan sólo al dinero. Con frecuencia el dinero es sólo una medida de cuán cómodo es nuestro entorno; no es verdaderamente una expresión de contento y autorrealización personal. Es por eso que tantas personas trabajan tan duro para ganar más dinero, pero se encuentran exhaustas y vacías porque nunca tienen tiempo para disfrutarlo. El progreso carente de propósito termina en arrogancia.

Estoy diciendo simplemente que puedes ser rico pero sentirte infeliz. Puedes ser un gigante económico y un enano intelectual, emocionalmente en quiebra y carente de entusiasmo. Tanto tú como yo hemos visto a gente rica que se siente infeliz al descubrir que los artículos lujosos y que las suntuosas vacaciones no son un reemplazo de la atención, el entusiasmo y el amor humano.

Con frecuencia el éxito puede hacer que la persona exitosa se cristalice y se distancie de su pasión por alcanzar una meta. Su visión concentrada en adquirir riqueza o éxito en un solo campo o empresa a menudo causa miopía, y hace que sus mundos internos se reduzcan junto con su corazón. La mayoría de los individuos exitosos descubren que deben liberar sus pasiones en otras áreas si han de seguir comprometidos con la vida y evitar el aburrimiento del alma. Necesitan un nuevo reto, ya se trate de la iniciativa filantrópica de un Bill Gates o la de una ex primera dama que se postula para el Senado. O considere a Emmitt Smith, que se las arregló para reubicarse en presencia de millones de televidentes en *Dancing with the Stars* al transformar su agilidad y movimientos en el campo del fútbol en una grácil actuación sobre la pista de baile.

¿Sabes en cuál de estas cinco etapas te encuentras y lo que necesitas para avanzar? O tal vez la mejor pregunta sea: *¿Entiendes que toda la vida, de verano a invierno, de siembra a cosecha, de ciclos menstruales a menopausia, es sólo una expresión de esta única verdad?* La vida es una serie de ciclos. Como sabes, un ciclo no es nada más que un círculo, así que da la vuelta, vuelve a circular y vuelve a tomar el rumbo. Sólo que esta vez lo llevarás al próximo nivel: ¡un nivel sin límites!

El comprender esta verdad «estacional», el significado de la cual desarrollaremos más en un capítulo posterior, te ayudará a evitar la depresión en la medida en que te des cuenta de que, dondequiera que te encuentres, esto, también, pasará. Si se trata de una buena temporada, no te confíes demasiado y creas que no se te presentará un obstáculo en algún momento ulterior. Si es una etapa cristalizada, no permitas que ninguno de esos llamados terapeutas te dé una prognosis de muerte. Puedes salir de la etapa cristalizada, y acaba de entender que se trata de una simple etapa a lo largo del camino. Exploremos ahora cómo salir del lugar donde te encuentras trabado para proseguir el ciclo de la vida.

## Hazlo a tu manera

Mi hijo está tomando clases nocturnas y trabajando durante el día. Mis hijas asisten también a la universidad, pero como estudiantes regulares. Cada uno de ellos ha elegido una opción basada en la variable que es única para su situación. Querría que hicieras una lista de las opciones que están a tu disposición, que confecciones un plan que se ajuste a tu situación. Si comienzas mirando con una actitud positiva, encontrarás que hay muchísimos caminos para regresar del país de Oz. Sonar los talones puede ser sólo uno de ellos, Dorothy.*

Existen muchos sistemas de navegación en la vida. A veces un mentor es una influencia náutica. A veces los padres pueden ser influencias náuticas. La oración puede ayudarte con la navegación. La mayoría de nosotros nos vemos afectados por muchas personas que contribuyen tanto a nuestro éxito como a nuestra derrota. Pero ninguno de nosotros llega hasta el lugar donde nos encontramos, sea bueno o malo, por nosotros mismos. Alguien te ayudó a llegar allí y alguien te ayudará a salir.

Un narcotraficante no nace así como tampoco un astronauta nace siéndolo. Alguien lo ayudó a llegar hasta allí. Los violadores y los científicos también han recibido ayuda. El ambiente influye en la navegación. De niño, no podías controlar tu medioambiente, y acaso sufriste algunas presiones y problemas de familia que afectaron tu desarrollo. Pero la

---

* La niña protagonista de *El mago de Oz*. (N. del T.)

buena nueva es que, como adulto, si quieres cambiar el lugar de destino, puedes comenzar a usar el sistema de navegación que ahora posees.

Te reto a que empieces a concebir un medio ambiente propicio que te ayude a llegar adonde te diriges. La mayoría de nosotros se atasca porque vivimos en un ambiente que está viciado. Podemos incluso aferrarnos a lugares del pasado y a relaciones «retrógradas» que retrasan nuestro progreso. Un ambiente sano debe incluir a personas que te apoyen y te alienten, te desafíen y te estimulen. Si has de reubicarte exitosamente, debes comenzar hoy a construir un sistema de apoyo que no se base en aquello en que te equivocaste, sino en el sitio al que intentas llegar.

¿Cuentas con la gente adecuada a tu alrededor por el camino en que vas? Identifica a los que te resultan náuticamente idóneos para ti y construye esas relaciones. Acércate a ellos con humildad y con confianza y hazles saber que son importantes para tu éxito por lo que dices y cómo te comportas en torno a ellos. El camino erróneo para acercárteles es el de una situación de necesidad. Pregúntate más bien lo que tienes para ofrecerles, cómo puedes mejorar sus vidas. A la gente le gusta estar cerca de otras personas que le aportan, y se siente mejor dándoles a aquellos que, a su vez, son generosos.

Siempre que me visitan líderes africanos, vienen con un regalo. Como sabes, África es un continente compuesto de muchos países, y dentro de esas naciones, existen muchas tribus. Pero el dar regalos trasciende todas las fronteras nacionales y culturales. Al principio me resultaba confuso, puesto que en nuestro país solemos presentarnos a las citas y reuniones con las manos vacías. Sin embargo, los africanos siempre traen un regalo de bienvenida a aquellos con los que se reúnen, independientemente de lo que esperan que la reunión les aporte. Provenientes de sociedades agrícolas, saben que uno no puede cosechar donde no ha sembrado, que uno no puede recoger fruto si no ha plantado semillas y fertilizado el suelo.

# cuatro

# A pesar de los pronósticos: Sobreponiéndote al hecho de que la vida no es justa

---

Amos, proporcionen a sus esclavos lo que es justo y equitativo, conscientes de que ustedes también tienen un Amo en el cielo.
—*Colosenses 4:1 (NVI)*

No tienes que ser un apostador en Las Vegas para saber cuán difícil puede ser mantener la esperanza frente a las muchas adversidades de la vida. Nadie es immune a los virulentos ataques de la enfermedad, al divorcio, el desempleo o la soledad. Yo no estoy por encima de eso, ni tú estás por encima de eso, ni las muchas personas que te parecen exitosas —ya sea en las pantallas de tu televisor o en el pasillo de tu iglesia— tampoco lo están. Todos y cada uno de nosotros chocamos diariamente con nuestras realidades externas y nuestras aspiraciones internas. El resultado es con frecuencia un naufragio de grandes proporciones que nos deja traumatizados, adoloridos y dislocados, más exhaustos y desilusionados de lo que podemos imaginar.

Siempre que hablamos, ya sea en un ambiente ministerial o de motivaciones, el estribillo que con frecuencia oímos de parte de algunos individuos, antes, durante y después del evento es éste: «obispo Jakes, creo en lo que usted dice. Sé que Dios puede hacer lo imposible. Pero también conozco la manera en que funciona la vida, y no está funcionando tan bien para mí ahora mismo. Funciona para la mayoría de la gente. Pero no sé qué me pasa ni a lo que me enfrento». Y en muchos casos la persona empieza a compartir una sentida letanía de pruebas y tribulaciones en que hay de todo, desde abuso infantil hasta enfermedades físicas. Independientemente de la explicación de mi hermano o hermana —y créeme, tomo a cada uno de ellos en serio— el resultado final puede resumirse en la mirada apagada y derrotada de desesperada desolación que parpadea en sus ojos como el último leño de un fuego mortecino.

Estas personas siempre se sienten muy solas en sus conflictos singulares e individuales. Muchos de ellos saben, como sé yo, que estadísticamente no están solos, y de hecho constituyen un importante segmento de la población afligida. Pero las estadísticas no significan nada hasta que el número tiene un rostro. En este capítulo quiero dirigirme a aquellos de ustedes que se sienten como si estuvieran al final de sus fuerzas, casi sin poder mantenerse en pie. Aquellos de ustedes que tomaron este libro, escépticos de que yo tuviera algo que decir que ustedes no hubieran ya oído y que lo descartaron como demasiado idealista, demasiado religioso o demasiado difícil de creer.

Mi mensaje es sencillo. La vida no es justa. Tendrás que vencer adversidades que pueden amontonarse contra ti. Pero puedes cambiar el resultado de tu vida si rehúsas abandonar la esperanza y si acendras cada día tu visión de quien realmente eres. Ello exigirá una manera nueva de ver el mundo.

## Pintar por números

Fíjate bien, una estadística no significa nada hasta que te afecta, a ti personalmente o a los que amas. Al igual que esos cuadernos de colorear que solía regalarme cada Navidad una tía que tenía propensiones artísticas, y en los cuales cada color respondía a un número, los acontecimientos de nuestra vida rara vez se convierten en un retrato real hasta que le aplicamos colores y dimensiones. En efecto, los mayores obstáculos que se oponen a nuestro éxito pueden parecer crueles e insuperables hasta que nos vemos expuestos a aquellos que vencen las adversidades. Si nos conformamos a colorear por números los cuadros de quienes somos, nos perdemos la verdadera condición artística, la individualidad, la belleza estilística singular de un Pablo Picasso o un Ellis Wilson.

En efecto, muchas veces las llamadas pruebas estadísticas y las probabilidades empíricas no son más que percepciones equivocadas y enfoques ajenos. Durante varios años se habló mucho de que había más afroamericanos en prisión que en la universidad.

Esto se basaba en gran medida en los resultados de un estudio llevado a cabo en el 2001 por el Instituto de Justicia Política, una organización sin fines de lucro en Washington D.C., que se titulaba «¿Celdas o aulas?: el sostenimiento de la educación superior y las instituciones correccionales y su impacto en los afroamericanos». Este estudio informaba que, en el 2001, había 603.000 hombres negros matriculados en la universidad y 791.000 en la cárcel. Esta conclusión mereció considerable atención de la prensa y los periodistas deploraron la atrocidad de tal parodia del potencial humano, opinión con la que sinceramente convengo. Es una tragedia en cualquier época que un hombre o una mujer vea su vida disminuida por la encarcelación cuando podría dedicar sus posibilidades a hacer contribuciones constructivas.

Sin embargo, se encontró que los resultados del estudio habían incluido a *todos* los negros que se encontraban encarcelados ese año, no sólo a los de edad universitaria, usualmente definidos como de dieciocho a veinticuatro años. Una vez que se corrigieron las cifras y se hizo una investigación más minuciosa, quedó claro que el número de hermanos que asistían a la universidad excedía al de los que se encontraban tras las rejas. Sin embargo, en una ironía curiosamente profética, ese resultado se fue erosionando lentamente y ahora hay, en verdad, más negros de edad universitaria en la cárcel que en las aulas, según datos recientes del Departamento de Justicia de EE.UU.

Mi argumento aquí es que no puedes basar tu vida en las estadísticas demográficas, no importa cuan específicas, precisas o inclusivas puedan o no puedan ser. Los números siempre pueden ser manipulados para apoyar, refutar o justificar casi cualquier punto de vista. Lo fundamental es que no permitas que las percepciones y probabilidades de otros definan y decidan tu destino. Tú eres el único que tiene la última palabra en cuanto a tu propia posibilidad de éxito.

Antes de que me digas que he perdido el contacto con la realidad o que peco de idealista, ten la bondad de entender que hablo con un conocimiento de las mismas brutales realidades históricas que tú. Como un negro que creció en los años sesenta, conozco muy bien las duras realidades del racismo abierto y encubierto. Crecí en ambientes en los que imperaba una conducta racista. Conozco de primera mano la cruda realidad de una experiencia escolar desagradable. Entiendo también que las personas que no fueron victimadas de ese modo vean cualquier discusión al respecto como lloriqueos, y simplemente digan «supéralo», del mismo modo que un hombre le dice a una mujer que los dolores del alumbramiento no son tan malos. En realidad, uno no puede entender un dolor que nunca ha sentido. Pero existe una desesperación en nuestro país que sólo es noticia durante los momentos de una crisis inusual. Los pobres y marginados no tienen autos, ni boletos de avión, ni opciones, pero lo peor es que con frecuencia no tienen voz. A pesar del silencio que encubre tal trauma, es real y sí existe. Este hedor de injustas circunstancias trasciende las calles inundadas de Nueva Orleáns como secuela del huracán Katrina. Se manifiesta en las personas afligidas y desconcertadas que han perdido las esperanzas de vencer los obstáculos.

Y si bien numerosos factores contribuyen a esta situación, hay un puñado de problemas que sistemáticamente eclipsan a los demás: la falta de padres que valoren la educación, la falta de arquetipos masculinos, la falta de amor propio, la falta de financiación para maestros e instalaciones en la enseñanza primaria, media y secundaria. De manera que muchos niños no pueden ver ningún medio legítimo de salir del gueto, excepto convirtiéndose en estrellas del béisbol o en artistas del *hip-hop,* lo cual lleva a muchos a contemplar métodos ilegales y peligrosos de escapar: pandillas, drogas y otras actividades delictivas. Si hemos de sobreponernos a estas adversidades, debemos estar dispuestos a enfatizar y consecuentemente a demostrar el increíble poder de la educación para cambiar la vida. Debemos estar dispuestos a exponer a estos niños a ejemplos y arquetipos de éxito para mostrarles quiénes pueden llegar a ser.

Entiendo que el mundo académico no ha tenido mucha publicidad entre los niños de los barrios urbanos pobres, que sí se han sentido más atraídos a otras opciones ajenas a la educación. Es difícil para un académico competir con las imágenes sexy de los artistas cuyos jugosos salarios aparecen todas las noches en las pantallas de la televisión. Los chicos no ven en los programas de video a los profesores universitarios paseando en autos por la ciudad acompañados de muchachas bonitas. No quiero decir que *deban* ver eso. ¡Pero debe haber un modo de mercadear la educación y el éxito que suscita el esfuerzo y no sólo el mensaje tieso e insípido! Nada en el mundo de lo que estos jóvenes ven los invita a la educación. No están siendo informados y, en consecuencia, han decidido que la educación no es para ellos. ¡Pero están equivocados!

Una de esas historias de éxito es la de mi amigo Terdema Ussery, presidente y ejecutivo principal de los Mavericks de Dallas y ejecutivo principal de HDNet. Ussery, que en la actualidad trabaja para el magnate Mark Cuban, ya había sido antes presidente de la *Nike Sports Management,* donde trabajó con Phil Knight, fundador de Nike. Graduado de Princeton (donde ahora es miembro de la junta de fideicomisarios) y con una maestría en Harvard y una licenciatura en derecho de la Universidad de California en Berkeley, ha sido reseñado en *Sport Illustrated, The Wall Street Journal* y *USA Today,* amén de ser incluido regularmente en la lista anual de las «100 personalidades más poderosas del mundo de los deportes» de *Sporting News.* Además, como miembro de las juntas directivas de varias instituciones benéficas, tanto nacionales como locales, Ussery se enorgullece de dar a los demás.

Al conocerle y enterarse de sus credenciales estelares,

uno podría pensar que mi amigo nació rodeado de privilegios, riquezas y elitismo intelectual. Sin embargo, creció en el barrio de Watts de la zona del centro sur de Los Ángeles. Si bien disfrutó de una buena vida familiar, contando con la presencia de ambos padres en casa, rara vez veía a su padre. No que el padre de Ussery eludiera sus responsabilidades, sino exactamente lo contrario. Su padre estaba tan ocupado trabajando en dos empleos para sostener a su familia que nunca podía asistir a los juegos de baloncesto de su hijo, ni a los conciertos de su banda ni a sus encuentros de campo y pista. No fue hasta que Ussery llegó a la adultez y tuvo el privilegio de cuidar a su padre, luego de que éste sufriera una lesión grave, que los dos intimaron profundamente.

Además de la ausencia de su padre, Ussery se vio constantemente expuesto a revueltas y guerras de pandillas en su barrio. Era de mediados a final de los años sesenta, y la discriminación racial, la brutalidad policíaca y la corrupción política pululaba en su entorno.

Su comunidad le mostraba un cuadro sombrío de lo que le esperaba en la vida. Pero gracias a unos padres que valoraban la educación, descubrió una angosta escotilla para escapar que le permitió que su visión se expandiera exponencialmente más allá de la opresión que lo rodeaba. Él vio a algunos amigos del campo deportivo convertirse en atletas estelares, y si bien a Ussery le gustaban los deportes, se dio cuenta bastante temprano que la educación era su boleto para la fuga. Se libró de ser una cifra estadística adueñándose del deseo de ser algo más de lo que veía a su alrededor.

## Terreno para la fábrica

A diferencia de Terdema Ussery, es tan tentador, mientras uno crece, ver las cercas que lo rodean como muros impenetrables. Aun si puedes ver a través de la cerca la piscina en el patio de un vecino o el hermoso rosedal de la acera de enfrente, puede que aún sientas que nunca vas a poder escalar el muro para disfrutar de esos ambientes por ti mismo. Pero aceptar una visión tan limitada es conformarte con menos de aquello para lo que fuiste creado.

Si eres negro, debes darte cuenta de que pese a la aparente injusticia de las circunstancias de tu vida, tienes libertades por las cuales tus antepasados trabajaron y murieron. La esclavitud que ellos sufrieron proporcionó el capital humano para construir la riqueza de este país durante la era agrícola. Les robaron los beneficios de su trabajo, derramaron su sangre para engordar la riqueza de sus amos blancos. Decir que eso fue injusto es quedarse corto. Pero aun nuestros antepasados avanzaron, pese a la injusticia y pese a la aparente futilidad de sus esfuerzos para efectuar un cambio.

Después de la emancipación, nuestros antepasados contribuyeron notablemente a la próspera era industrial, trabajando en maquilas y fábricas para ganar un mísero salario para sus familias. Aunque técnicamente les habían quitado de los hombros el yugo de la esclavitud, el peso del racismo, el prejuicio y la intolerancia seguía aplastándolos. Sin embargo, perseveraron en la segunda mitad del siglo XX bajo el inspirado estandarte de líderes como Rosa Parks y el Dr. King. Los mayores de nuestra comunidad creyeron que la ardua labor valía más que los músculos adoloridos y los modestos salarios que ganaban.

Y sus empeños no fueron en vano. Hoy hemos sido testigos de un cambio considerable, como lo prueban los semejantes de Terdema Ussery, el senador Barack Obama, la magnate de los medios de prensa Cathy Hughes, la Secretaria de Estado Condoleezza Rice y el galardonado actor Denzel Washington. Pero aún queda trabajo por hacer y todos sabemos que muchos de los problemas que enfrentaron nuestros antepasados siguen presentes en nuestro paisaje político y socieconómico.

Hay una dicotomía en juego en nuestra comunidad: dos perspectivas aparentemente opuestas debaten lo que se necesita para garantizar un futuro de prosperidad y éxito para la comunidad negra. Una posición está representada por líderes tales como el intelectual, autor y crítico cultural Michael Eric Dyson; la otra, por el artista icónico y campeón de la educación Bill Cosby.

El argumento, lamentablemente simplificado, puede reducirse a la pregunta de quién debe responsabilizarse por la calidad de nuestras vidas, el individuo o la sociedad. Cuando un periodista me preguntó cuál de estas posiciones apoyaba, la de Dyson o la de Cosby, le pedí como respuesta que sacara una moneda de un cuarto de dólar de su bolsillo y la examinara. Luego le pregunté cuál de los dos lados era el correcto. Era mi manera de decirle que los puntos de vista de ambos hombres eran válidos e importantes. Representan los lados opuestos de una misma moneda.

El problema en mi opinión no puede resolverse tomando partido. No podemos separar en modo alguno un lado del otro, y no nos serviría de nada discutir quién tiene la razón y quién se equivoca. Nuestro bienestar es tanto responsabilidad personal como colectiva: ya sea la sociedad, la corporación, el gobierno o la comunidad. Todo el mundo tiene un papel que desempeñar, una posición que asumir a fin de reparar un sistema que a menudo excluyó injustamente a grupos de personas.

Eso no significa que todos debemos utilizar el mismo enfoque. Un mismo problema puede enfocarse desde muchas perspectivas diferentes. Es triste que con demasiada frecuencia dedicamos más tiempo a discutir sobre los métodos que a emprender acciones prácticas. A menudo se necesita un enfoque multifacético para un problema complicado. Debemos reforzar la responsabilidad personal mientras desafiamos las injusticias del sistema. De no hacerlo así, obtendremos los beneficios de mayores oportunidades educacionales y luego nos daremos cuenta de que la generación por la que luchamos no está interesada en la oportunidad que queríamos garantizarle.

Debemos poner a un lado los diálogos que nos distraen y dedicarnos a lo que podemos hacer, paso a paso y día tras día. Nuestras propias disputas con frecuencia aminoran el progreso que pretendemos promover. Debemos honrar la fiel dedicación de nuestros antepasados con el dominio de nuestras habilidades y la utilización de nuestras capacidades.

Mira el álbum de fotos de tu familia. Repasa los relatos que les oíste contar a tus abuelos y a tus padres. Todos ellos te han traído hasta este momento en que te encuentras. Todos ellos invirtieron en ti y en mí. Si nos transamos por menos de lo que somos capaces, estaremos desperdiciando su inversión y dejando a las futuras generaciones con un legado más pobre.

Todas las injusticias no son problemas en blanco y negro.

## Persevera para prevalecer

En verdad, la vida misma no es justa. No importa quién eres o en qué circunstancias te encuentres, ten por seguro que algunos aspectos de tu vida te parecerá que te limitan. He visto a familias que han abandonado su fe después de la devastación causada por la imprudencia de un conductor ebrio. A buenas personas las afectan pavorosas enfermedades; hay casas que se queman del todo y las familias quedan desamparadas y afligidas. Hombres y mujeres jóvenes pueden morir en el campo de batalla, dejando desoladas a sus madres. Las empresas declinan, las compañías cierran, quiebras que se presentan, divorcios, enredos — para todos estos problemas hay igualdad de oportunidades que nos dejan preguntándonos por qué la vida parece ser más difícil para algunos mientras otros escapan indemnes. He conocido a millonarios que luchan para salir de la cama en la mañana por sentirse extraordinariamente deprimidos. Hombres, mujeres, jóvenes, viejos, negros o blancos —cada uno de nosotros aprende a temprana edad que la vida no se ajusta necesariamente a nuestros deseos. En efecto, rara vez va exactamente como queremos que vaya. Sin embargo, no debemos renunciar al poder de tomar las decisiones que debemos tomar.

No puedes devolverle la vida a un ser querido, pero no debes dejar que la pena te robe el amor de aquellos que siguen estando en tu vida. Tal vez no puedas costear el auto deportivo de último modelo, pero no debes dejar que eso te impida hacer lo que debes. Puede que no dispongas del capital necesario para dedicarte por entero a tu nueva empresa; pero no debes dejar de venderles tus productos a amigos y conocidos. Puede que no tengas la preparación para el nuevo puesto que acaban de abrir en tu compañía, pero no debes dejar de matricularte en los cursos nocturnos de un centro comunitario de formación profesional. Puede que no tengas el compañero que anhelas amar y que te ayude a criar a tus hijos, pero no debes dejar que eso te impida invertir en el futuro de tus hijos tanto como sea posible.

Recientemente invité a unos amigos a cenar. Sucede que mi amigo y su hermana ejercen la medicina en la ciudad donde vivo. Vinieron con su madre, y entre los muchos temas de que conversamos esa noche estaban las varias hazañas que ella había realizado. Había estado divorciada durante muchos años y crió sola a sus cinco hijos. Los cinco terminaron por hacer algo notable con sus vidas, debido en parte a su educación superior.

Con lágrimas en los ojos, mi amigo dijo: «mi madre es mi heroína», mientras su esposa, que también lo acompañaba, asentía con la cabeza. Ésta era una familia negra que le rendía tributo a su matriarca, sabiendo que ella se había impuesto a la adversidad.

Con inclaudicable tenacidad, quien era ahora una ancianita frágil había vencido los pronósticos. Puesto que ahora tengo tres de mis propios hijos en la universidad, ruego en silencio, «Señor, permite que yo también venza los pronósticos». Contamos con muchísimo más de lo que ella tuvo. Pero superar las probabilidades no siempre se refiere a las ventajas tanto como al valor inquebrantable. Mi esposa y yo hemos luchado para darles a nuestros hijos una ventaja y no una dádiva. No estoy seguro de lo que el futuro reserva, pero sé que superar las probabilidades no es una ciencia. Algunos recurren al pasado para que les afirme un futuro más brillante, y algunos sucumben a la rabia y la culpa, sin darse cuenta de que *¡la ira sin acción nos amarga y no nos mejora!*

Manifiesta tu indignación. Proclámala una y otra vez, escríbela y quémala en una fogata, ventílala con tu mejor amigo o grítasela a un consejero. LA VIDA NO ES JUSTA.

Sácala de ti con tanta frecuencia como lo necesites, pero no dejes que esta verdad frene tu desarrollo.

En el capítulo anterior, pusimos la vida de José como un ejemplo de cómo Dios puede cambiar radicalmente la vida de alguien aun en las peores situaciones. Dejado por muerto por sus hermanos y luego vendido como esclavo, acusado falsamente de violación por la mujer de su jefe y encarcelado, José, sin embargo, nunca renunció a sus sueños. Se mantuvo fiel a lo que Dios le había revelado y a sí mismo, sin sucumbir a las tentaciones circunstanciales para convertirse en una víctima amargada. A lo largo de todo el proceso, José se aferró a las promesas y a la fidelidad de Dios y vio como su situación dio un giro de 180 grados. Su ascenso de preso a primer ministro le permitió no sólo ver redimida su propia vida sino también la de su familia.

La madurez de José, nacida del sufrimiento, nos sirve de modelo. Él le dijo a sus hermanos, «ustedes pensaron hacerme mal, pero Dios transformó ese mal en bien para lograr lo que hoy estamos viendo: salvar la vida de mucha gente» (Génesis 50:20, NVI). De la misma manera, debes tener fe para saber que algún día serás capaz de decirles lo mismo a tus enemigos, a tus perseguidores, a los que te llamaron un perdedor y a los que te hirieron a lo largo del camino. Lo que intentaron hacer para perjudicarte, para detenerte, para derrotarte, Dios lo usará para levantarte, para restaurarte y para garantizar tu éxito.

¿Hacia dónde te empuja tu sufrimiento? ¿Cuál es el fundamento para la pasión que alimenta tus sueños? ¿Te atreves a creer que Dios tiene el poder de transformar incluso los acontecimientos más horrendos de tu vida en catalizadores de un éxito inimaginable?

## Reaccionar para reconstruir

No hace mucho tiempo, fui a las Bahamas para hablar en una conferencia de pastores y trabajar en este libro. Mientras escribía, sentado en la terraza de un magnífico hotel balneario, me sentía bastante distraído por la exquisita belleza del sol al atardecer. Los rayos de oro se derramaban sobre el traslúcido océano azul. Las arenas blancas y las palmeras enmarcaban esta postal de un Edén tropical. La fresca brisa salobre refrescaba mis sentidos y mi alma.

Exactamente un año antes, el huracán Rita había arrasado esta misma zona. Los vientos con fuerza de galerna de esa tormenta de categoría cinco habían azotado el lugar con un manto de lluvia. Sólo unos meses antes, el sitio que yo contemplaba había estado debajo de diez pies de agua.

¡Qué terrible experiencia para los habitantes de la localidad! ¿Qué podían hacer después de pasada la tormenta? Podían mudarse o avanzar. Podían dejar que este revés los privara de sus hogares o podían aprender de la experiencia a prepararse mejor para la próxima catástrofe.

Los pobladores locales me confirmaron algo que ya había experimentado en la asolada ciudad de Nueva Orleáns después de Katrina. Como copresidente del Comité Asesor Interreligioso del Fondo de Socorro Clinton-Bush, me reuní con muchos de los expertos llamados a reconstruir la devastada Costa del Golfo. Uno de los ingenieros civiles me dijo que en la reconstrucción de la zona estaban utilizando nuevos materiales, nuevos diseños de construcción y la tecnología más avanzada de manera que las tormentas futuras no causaran los mismos estragos. Estaban haciendo todo lo que podían para aprender de Katrina y convertirla en una oportunidad educacional que salvaría muchas vidas futuras y evitaría futuros daños a la propiedad. Al igual que mis amigos de las Bahamas, los constructores de las zonas afectadas por Katrina aprendieron a reaccionar para reconstruir un cimiento más firme.

## Perder la batalla para ganar la guerra

Los grandes generales saben que pueden perder algunas batallas, pero no se preocupan porque en último término han de ganar la guerra. Entienden que las batallas perdidas les brindan la oportunidad de prepararse mejor contra el enemigo más adelante. Entiende la importancia de la perseverancia. Mis hermanos y hermanas, deben aferrarse a esta verdad, no importa cuán dolorosa sea la vida. Deben atrincherarse y no rendirse nunca.

No debemos darnos por vencidos nosotros mismos o rendirnos mutuamente, y continuar utilizando el poder de nuestras mentes para vencer los obstáculos. Luego de criar a su familia y de administrar su casa, mi abuela regresó a estudiar ya en sus cuarenta y tantos años para obtener un diploma en pedagogía de manera que pudiera realizar el sueño de toda su vida que era enseñar. Utilizó el período de transición que ahora llamamos la etapa del nido vacío como una oportunidad para crecer. Ella terminó satisfactoriamente sus estudios, enseñó a lo largo de su cincuentena y se convirtió en una estupenda motivadora de los jóvenes que pasaron por su aula. Cuando se retiró a mediados de sus sesenta años, tenía la satisfacción de saber que había cumplido exitosamente su sueño y había dejado una huella.

No me importa lo viejo que seas, lo que ha sido tu vida o cuántas batallas crees haber perdido: nunca es demasiado tarde para ganar la guerra. Para algunos de ustedes, reconstruir su vida exigirá revivir las cenizas frías de lo que alguna vez fue su más ardiente pasión. Tendrás que ser paciente y acercarte a cortos pasos a la meta que te convertirá en aquello para lo que Dios te creó. Eso puede incluir el escoger una nueva profesión o destreza. Puede significar el volver a estudiar o el ayudar a otra persona que estudia. Puedes ayudar a un estudiante con un empleo de media jornada o donar a un fondo de becas. ¡Hay muchas maneras de participar en la contienda! Sencillamente estoy diciendo que si no avanzas, entonces estás lentamente retrocediendo. ¡Pongámonos en marcha y avancemos con los días y la fuerza que tenemos dentro de nosotros!

## Sonido envolvente

Una de las mejores maneras en que podemos imaginar nuestro propio éxito es el tener arquetipos o héroes personales definidos. Ya sea Lance Armstrong sobreponiéndose al cáncer par ganar la Vuelta a Francia, Toni Morrison ganando el Premio Nobel de Literatura, o Nelson Mandela venciendo la brutalidad del racismo y convirtiéndose en presidente de Sudáfrica, debes buscar a esos individuos que te inspiren. Debemos rodearnos de personas que nos den, consciente e inconscientemente, ejemplos de que en efecto podemos llegar adonde queremos.

Mira tú, nuestro ambiente es tan importante como el equipo que usamos para edificar nuestro éxito. Recientemente estuve de orador invitado en el Instituto Aspen. Mientras asistía a una de la sesiones de esta conferencia, me quedé asombrado al enterarme por un panel de educadores muy influyentes que los niños suelen triunfar, aunque se hayan criado en hogares disfuncionales, siempre que crezcan en un buen barrio. Me quedé anonadado. Si bien los miembros del panel no alentaban ni condonaban la disfunción, decían que la comunidad que rodea a los niños tiene más influencia sobre ellos que el hogar donde viven.

Pese a mi asombro inicial, luego de meditar en eso por un rato, la idea me pareció plausible. Según el Programa de Educación y Sociedad del Instituto, y su directora, Nancy Pelz-Paaget, los niños se ven más influidos por los valores del vecindario que por su propia vida doméstica, ya que pasan más tiempo de las horas en que están despiertos fuera de la casa. Ciertamente, hace falta una aldea para criar un niño. Si los niños se ven expuestos a individuos solícitos, verdaderos modelos y ejemplos de gente sana, pueden llegar a triunfar no importa cuán difícil pueda haber sido la vida con sus familiares más allegados.

Al igual que las mentes siempre impresionables de nuestros hijos, somos influidos por las personas que nos rodean. En suma, ¡uno no puede correr con pollos y luego volar con águilas! Como vemos en el programa de televisión *Lifestyles of the Rich and Famous,* ganar es algo más que obtener objetos y trofeos, artefactos y logros: ¡es un estilo de vida! Los bienes raíces se aprecian o se deprecian en relación con las propiedades «comparables» de la comunidad. No basta construir una gran casa si lo hacemos en un barrio empobrecido. La localización es la primera regla de los bienes raíces, y acaso lo sea también para todos los aspectos de la vida. Una cosa que nos ayuda a desarrollar un estilo de vida exitoso y alentador es estar cerca de personas que se mueven en nuestra misma dirección, gente que está en nuestro mismo «vecindario» en lo que concierne a sus metas y a su compromiso con la excelencia. ¡Esta gente ayuda a configurar nuestros hábitos y nuestros hábitos ayudan a desarrollar nuestro carácter, y todo eso junto crea el estilo de vida de los grandes triunfadores!

El que sale de la cárcel sólo para regresar a su antiguo ambiente está preparándose para la encarcelación. Debes escapar del ambiente y empezar de nuevo. Muchos hombres con buenas intenciones quieren regresar y cambiar el vecindario en que crecieron. Pero ten cuidado; no puedes cambiar aquello de lo que no eres consciente. El apóstol Pedro dijo, sálvense de esta generación perversa. Si eres consciente de lo que te limita, entonces puedes vencerlo. Si puedes escapar de eso, puedes transformarlo. Pero no puedes transformar lo que te influye a menos que lo enfrentes directamente. ¿Cómo puede un racista transformar el racismo? ¿Cómo puede un mánager arrogante impedir que el orgullo egoísta se manifieste en los jugadores de su equipo? Debes ver lo que hay de cierto respecto a tu situación y tus talentos si has de reconstruir exitosamente tu vida.

La razón por la que comenzamos en nuestra iglesia la Iniciativa para el Reingreso de Delincuentes en Texas (TORI, por sus siglas en inglés) fue la de ayudar a hombres y mujeres jóvenes a encontrar su camino hasta un sitio en que pudieran rehabilitar sus vidas reconstruyéndolas. Las iglesias y todas las instituciones comunitarias pueden ayudar a facilitar el cambio que las personas buscan, de una en una. Podemos brindarles un nuevo sentido de «sonido envolvente» colocándolas en un ambiente más sano. Podemos ofrecerles nueva música con la cual coreografiar los pasos de sus nuevas vidas. Podemos ayudarlas con tareas tan básicas como el relleno de solicitudes para empleos y escuelas y ayudarlas a encontrar lugares para vivir, así como ofrecerles apoyo emocional y espiritual.

Moisés era un delincuente exiliado del sistema penal de Egipto que encontró el objetivo de su vida y se convirtió en el líder de millones de personas. El apóstol Pablo escribió la mitad de su obra —epístolas inspiradas por Dios de las cuales aún extraemos sabiduría en la actualidad— desde la celda de una cárcel. Elías era un prófugo cuando Dios se le apareció en una visión. Cada uno de ellos tenía circunstancias a las cuales sobreponerse y trascender a fin de hacer una contribución importante. Ellos no aceptaron sus circunstancias cuando supieron que habían sido creados para mucho más.

Tal como Moisés, Pablo y Elías lo supieron, nunca es demasiado tarde para reconstruir tu vida. Una de las razones por las que se me parte el corazón por los tantos hombres y mujeres que me encuentro en la cárcel, es que la mayoría de ellos son notablemente dotados, inteligentes y creativos. Entonces, ¿cómo terminaron en prisión? Y ¿qué les impide cambiar una vez que los ponen en libertad? En breve, uno de los factores que menudo contribuye es a el ambiente en el que se desarrollan. ¿Quién pondría una planta verde en un rincón oscuro deseando que sobreviva, mucho menos que crezca? o ¿qué fotógrafo intentaría develar una gran foto en un solario al mediodía?

El ambiente tiene mucho que ver con los resultados. Los sonidos que te rodean pueden tener un impacto increíble en tu futuro. Por consiguiente, debes hallar a alguien que haga lo que tú quieres hacer y aprender algo más que un oficio. Aprende la disposición mental de los campeones, la actitud de las personas que se han destacado en ese campo y que asimilan algo más que información. ¡Te descubrirás desarrollando el estilo de vida de un triunfador gracias a la simple asociación con aquellos que son lo que tú quieres llegar a ser!

## Estudiante de tu propio éxito

Otro modo de nivelar el campo de juego y vencer las probabilidades que puedan resultarte adversas es el convertirte en estudiante de tu propio éxito. Sé que todos no estamos preparados para volver a estudiar como hizo mi abuela. Algunos no contamos con la base de sustentación para hacer eso. Sin embargo, la educación no siempre se reduce a los salones de las distinguidas instituciones académicas. Todos debemos «entrar donde quepamos» (lo cual resulta bastante interesante que sea un viejo dicho afroamericano) y alcanzar una educación aun si tuviéramos que inhalar nuestro conocimiento de un humo de segunda mano. Esto quiere decir que si no puedes regresar a la escuela para aguzar tus destrezas, puedes leer las ideas de aquellos que hacen lo que tú haces. Todas las universidades no están construidas de piedra ni todos los maestros se encuentran frente a un pizarrón. La vida es una escuela, los libros son una oportunidad para aguzar nuestra mente, y, en verdad, hasta las revistas alimentan el fuego del alma. Permíteme explicarme.

Hace varios años me entrevistó una periodista, brillante y experta, que parecía fascinada por mis variados intereses y negocios fuera del ministerio. Trabajaba para el *Wall Street Journal* y acostumbraba a entrevistar a presidentes de bancos y altos ejecutivos de las 500 compañías de *Fortune*. Por otra parte, yo estaba acostumbrado a que me entrevistaran periodistas de publicaciones religiosas que querían saber acerca de mi vida de oración y la edad que tenía al saberme llamado al ministerio. Esta mujer, que estaba familiarizada con las características de los grandes triunfadores, me sorprendió al preguntarme a qué revistas estaba suscrito y qué libros había leído recientemente. Me di cuenta que intentaba conocerme más a fondo.

Mientras mencionaba periódicos y revistas como el *Wall Street Journal, Black Enterprise, Architectural Digest y Forbes*, ella pareció sorprenderse de que mi interés excediera la variedad de lecturas sobre ministerio y consejería. No critico esta concentración —de hecho la admiro. Como ministro debo mantenerme al día de lo que constituye mi interés principal. Pero eso no significa que tú y yo tengamos que ser miopes o minimizar nuestros intereses cuando se extienden más allá de lo esperado.

El incorporar el lenguaje y la actitud de aquellos que hacen lo que tú haces proviene de leer las ideas de los que comparten tus mismos interéses. ¿Puedes imaginar a un diseñador que no se suscriba a *Interior Designs?* O ¿puedes imaginar a un arquitecto que no esté suscrito a *Architectural Digest?* Imagina tan solo a un alto ejecutivo de empresa que no lea nunca el *Wall Street Journal.* Leer es uno de los medios de alimentar tu conocimiento. En la Iglesia diríamos que la fe viene por el oír. Lo que eso significa es que creemos en lo que exponemos, lo que se predica y enseña de la Palabra de Dios.

De la misma manera, debemos nutrir nuestros corazones, nuestra imaginación y nuestras mentes con el rico fertilizante de palabras e imágenes provenientes de los campos que nos gustaría cosechar algún día. Tus sueños pueden tener una dieta de hambre si no lees artículos ni reúnes estadísticas ni navegas por la red ni alimentas de conocimiento tus objetivos y sueños más profundos. Yo podría fijarme en tus hábitos de lectura y ver no sólo lo que haces, sino tener una idea de lo que vas a hacer.

## Apostar por el rezagado

Al concluir este capítulo, espero salgas con la impresión de cuán importante es para ti reconocer esas zonas de tu vida donde has padecido injusticia y derrota. Podrías incluso querer hacer una lista de todos los acontecimientos, personas e incidentes que crees que te han frenado y que te han impedido mayores logros. Puede que quieras discutir tus sentimientos con amigos, con miembros de tu familia, con tu pastor o con un consejero calificado. Pero cualquier cosa que hagas, nunca debes abandonarte a la desesperación ni resignarte amargamente con menos de aquello para lo que fuiste creado. Debes animarte y facultarte mediante la educación, el ejemplo de tus arquetipos y la última información en tu área de interés.

Si rehúsas aceptar el fracaso de un sueño cuando contratiempos momentáneos alteran tus planes, entonces te encuentras en el camino correcto hacia la reconstrucción de tu vida para la próxima etapa del éxito. Si rehúsas estar maniatado por las limitaciones que tu ambiente, tu crianza o tus iguales te impusieron, entonces descubrirás una fuente de confianza en ti mismo y de resistencia. Las estadísticas no son leyes que rigen el universo, que te encierran en una suerte de existencia inalterable. Son simplemente una breve instantánea de un grupo en un momento determinado. No tienen más poder para predecir tu futuro que tu foto en el libro de graduación de tu escuela secundaria —ya sabes, ¡aquella en que parecías tener un día atravesado!

Ya se trate de los Cowboys de Dallas, mi ciudad adoptiva, o de una arriesgada apuesta de ochenta a uno en las carreras del Derby de Kentucky, hay una razón que nos inclina a apostar por el rezagado. Es simplemente la naturaleza humana. Queremos ver a alguien más débil, más joven, más pobre o menos talentoso que recurre a los ilimitados recursos del corazón, del alma y de la mente para equilibrar la competencia y derrotar al mayor y más fuerte, al más rico o más talentoso. Sabemos que si pueden derrotar a su Goliat, luego es posible para nosotros empuñar la honda y enfrentar a nuestros gigantes.

Todos somos rezagados, en un sentido, porque si aceptamos los dictados de la vida, entonces las estadísticas pueden convertirse en una profecía determinista. Pero si nos atrevemos a levantarnos por encima y más allá de las limitaciones de nuestras vidas, entonces crecemos más fuertes y más sabios, más dispuestos a soñar y a soñar en grande.

No importa cuán injusta parezca la vida ni cuán a menudo puedas haber fracasado en el pasado, aún puedes cambiar y mejorar tu vida. Y no sólo cambiar, sino desarrollar la mejor y más auténtica versión de ti mismo. Amigo mío, ¡es hora de dejar de creer que las circunstancias te han sido adversas y hora de empezar a ponerlas a trabajar a tu favor!

## cinco
# Dirección divina: Mejor destacarse que no estancarse

Cuando acabó de hablar, le dijo a Simón, "Lleva
la barca hacia aguas más profundas, y echen
allí las redes para pescar".

*—Lucas 5:4 (NVI)*

Cuando yo era niño, con frecuencia hacía mandados para
mi madre, entre ellos era el correr a la tienda de víveres a
unas pocas cuadras de distancia para reemplazar nuestro último surtido de leche, pan o huevos. Me encantaba ir al lugar con sus pisos de parquet y sus cajas registradoras de
botones que ahora parecen anticuadas. Una de las cosas que
más me gustaba era el banco de caramelos y las máquinas de
novedades, una de ellas llena hasta arriba de goma de mas-
car; otra, de maníes; otra incluso de juguetes. Por supuesto,
había una en particular que era mi favorita, la que contenía
*«Super balls»*, esas pelotitas de plástico duro que con frecuen-

cia eran transparentes con una espiral de colores, rojo, azul, verde y amarillo, atrapada en su interior. Yo echaba en la ranura la moneda de diez centavos que me ganaba con mucho esfuerzo y movía la manigueta, ansioso de llevar rebotando mi nuevo juguete de regreso a casa.

Me encantaba tirar contra el suelo las *super balls* porque rebotaban hacia arriba pasando el punto desde el cual yo las había lanzado. Aunque no sabía qué palabra usar en ese momento, la única que me viene a la mente ahora es *resistentes*. Esas pelotas eran fuertes y duras de romper —¡aunque creo que el perro de la familia se las arregló una vez para mordisquear una de ellas!— y nunca parecían perder su elasticidad cuando las lanzaba contra la acera o contra las paredes laterales de nuestra casa.

En la actualidad, cuando alguien me dice que espera «recuperarse», mi mente vuelve a aquellas pelotas plásticas de hace tanto. Como hemos visto en capítulos anteriores, a fin de reconstruir nuestra vida hacia la felicidad sin límites que ansiamos, no debemos dejar que nuestros errores pasados y nuestras penosas desilusiones nos impidan triunfar. En efecto, debemos ser como esas *super balls* que siempre regresaban por más, habiendo perdido muy poco de su fuerza intrínseca. Puesto que recuperarte de tus errores no es sólo un requisito para reconstruir tu vida, sino también una estrategia para el descubrimiento, quiero examinar lo que significa no sólo aprender de nuestros errores sino a transformarlos en oportunidades que volverán con más fuerza la próxima vez.

## Continúa intentándolo

Ya se trate de tu equipo deportivo favorito, tal como los queridos Medias Rojas de Boston, o de una actriz talentosa, como Susan Lucci, la adorable estrella de culebrones, todos hemos visto como un equipo o un individuo llega a finalista en repetidas ocasiones pero, por cualquier razón, no puede al parecer ganar el premio. Pero ni el equipo ni el actor se dan por vencidos. Se quedan impávidos por sus pasadas derrotas. A los Medias Rojas les llevó ochenta y seis años lograr el título de la Serie Mundial en 2004. Lucci fue nominada dieciocho veces y estuvo a un paso del triunfo todas ellas antes de ganar el Premio Emmy en 1999 como la Mejor Actriz en la categoría de Drama Diurno.

A Thomas Edison le llevó varios años desarrollar un bombillo incandescente que resultara comercialmente factible, y a George Washington Carver le llevó toda una vida crear una docena de invenciones, aplicaciones y productos que salieron de su trabajo con los cacahuates y otros productos agrícolas. Al Dr. Jonas Salk le llevó casi diez años desarrollar la vacuna contra la poliomielitis, con la que logró prevenir una enfermedad que en un tiempo le costó la vida a miles de niños y adultos en este país.

Podríamos continuar señalando los numerosos logros y contribuciones hechos por aquellos que han tenido que valerse de los errores, la persistencia y una inquebrantable visión para recuperarse del fracaso. ¿Dónde estaríamos ahora (¡más que en la oscuridad!) si Edison hubiera decidido darse por vencido luego de que fracasaran sus primeros intentos de controlar la electricidad? ¿Cuántas enfermedades aún nos asolarían si médicos como Jonas Salk no hubieran persistido en su laboratorio? Es un hecho de la vida, particularmente de aquellos individuos comprometidos a vivir sin límites, que debes ser perseverante.

Al igual que los gigantescos rebotes de una *super ball*, debes llegar cada vez más arriba y más lejos del lugar donde empezaste. Debes asumir el hecho de que fracasar es parte de la vida, parte de tu vida y parte importante de la vida de una persona exitosa. Digo una parte importante porque creo que las personas empeñadas en realizar sus sueños son más sensibles a sus propios errores que la persona promedio. Parece irónico, pero creo que los auténticamente exitosos son más sensibles en prestar mayor atención y observar con más cuidado. Resulta muy interesante que, pese a lo sensibles que son a sus derrotas y a sus experimentos fracasados, no los tomen a pecho.

Éste es un punto decisivo que debemos explorar de momento. Con mucha frecuencia cuando intentamos una nueva empresa, nuestro entusiasmo inicial y la novedad del quehacer nos empujan hacia adelante. Nunca me olvidaré mis intentos de aprender a jugar golf. Tenía amigos que jugaban y que siempre estaban hablando de golpes largos y cortos, y de *handicaps** (que no tenían que ver nada con discapacidades físicas, descubrí) y *tee times*† (no la hora de tomar una infusión caliente y de mordisquear un pastelillo, descubrí también). De manera que tomé lecciones de golf profesional en uno de los mejores campos de nuestra zona. Me presentaba religiosamente a mis lecciones, practicaba meter la pelota en la tacita en mi oficina, compré un juego de palos, los zapatos, los pantalones, las camisas y los suéteres de golf.

Pero nunca realmente disfruté del golf. Disfrutaba de muchos aspectos del deporte: la interacción social con otros

---

* En el golf, número de golpes de ventaja (certificados por la Federación) que tiene un jugador sobre otro o sobre el campo. Se utiliza para evaluar el nivel del jugador, entre mas bajo sea éste, mejor será el juego del individuo (N. del T.).

† Momento de colocar la bola en el *tee* de salida: un soporte, de madera o de plástico. El autor está haciendo un juego de palabras con *tea time* (la hora del té). (N. del T.).

hombres, el estar a cielo abierto sobre la espléndida grama podada de la Creación de Dios, rodando en el carrito de golf. Pero no tardé en cansarme de las lecciones y les cogí fobia. Me aburría de meter la bolita en el hoyo. Mis visitas al campo de golf se fueron espaciando cada vez más hasta que finalmente abandoné esta nueva distracción en la que había invertido tanto tiempo y recursos. No tenía que seguir probando y esperar a que llegaría a disfrutarlo más. No importa cuánto tiempo anduve por ahí con un palo en la mano pretendiendo ser Tiger Woods, ¡seguía siendo yo, dando sablazos como un hombre con un machete en la selva!

¿Y sabes qué? Ese descubrimiento no me molestó. Me pude reír de mí mismo y apreciar que los nuevos términos que había aprendido me permitirían conversar con algunos amigos para quienes el golf es una pasión. Había disfrutado de algún ejercicio en algunos de los lugares más bellos del país, y ¡había descubierto que no tenía madera de golfista! No es lo mío y está bien. Pero la tentación para muchos de nosotros es o bien resistirnos a renunciar y seguir torturándonos, o terminar la nueva empresa y sentirnos como un perdedor. Se ha dicho que los «que renuncian nunca prosperan», y no estoy de acuerdo. Los que renuncian sí prosperan si se dan cuenta que carecen de pasión para una determinada actividad y aprenden de eso lo que pueden: acerca de sí mismos, acerca de otros que sí la disfrutan, acerca de la vida.

La gente que persevera para tener éxito en la vida le presta tanta atención a sus errores como a sus logros. Aprenden de sus intentos fallidos y bien se esfuerzan más la próxima vez o bien reorientan sus energías hacia un objetivo que los apasiona más. Luego de mi coqueteo con el golf, descubrí que me gusta más levantar pesas a fin de mantenerme en forma. Es una actividad que puedo disfrutar a largo plazo y progresar pacientemente en ella.

¿Cuáles son algunos de los grandes errores que has cometido en la vida hasta ahora? ¿Qué has aprendido de ellos? ¿Qué has aprendido acerca de ti mismo? ¿Acerca de otras personas? ¿Acerca de cómo tener éxito en la vida? ¿Qué te describe con mayor precisión: alguien que se mantiene haciendo algo, aunque no lo motive, o alguien que deja de hacerlo y se siente como un fracasado? El truco está en hallar un terreno intermedio entre estos extremos y prestarle atención escrupulosamente a lo que puede aprenderse cuando los acontecimientos y las decisiones no resultan ser las mejores. En efecto, nuestras mayores oportunidades de aprendizaje con frecuencia surgen de nuestros mayores fracasos. Desafortunadamente, a menudo estamos demasiado atrapados por nuestras emociones para advertir las cosas buenas que surgen de cada ocasión. Lo que podemos descubrir es que nuestra desilusión no depende de nuestras decisiones erróneas, sino que simplemente pescábamos en el lugar equivocado.

## ¡Los que se rajan pueden prosperar también!

Cuando acabó de hablar, le dijo a Simón: «Lleva la barca hacia aguas más profundas, y echen allí las redes para pescar». «Maestro, hemos estado trabajando duro toda la noche y no hemos pescado nada», le respondió Simón, «pero como tú me lo mandas, echaré las redes». Así lo hicieron, y recogieron una cantidad tan grande de peces que las redes se les rompían. Entonces llamaron por señas a sus compañeros de la otra barca para que los ayudaran. Ellos se acercaron y llenaron tanto las dos barcas que comenzaron a hundirse.

*—Lucas 5:4–6 (NVI)*

¿Puedes comprender la frustración de Simón Pedro? Has estado trabajando duro a través de toda tu vida —haciendo malabares con dos empleos, tomando clases en la Internet, consumiendo rabiosamente todos los datos disponibles sobre el campo que te interesa— sólo para experimentar la desilusión de no cobrar la presa que persigues. Enganchas tu carnada del anzuelo y lanzas tus redes en repetidas ocasiones, a la espera de que este trato se materializará, de que esta relación durará, de que esta oportunidad finalmente se te dará. Sólo para enfrentarte con la desilusión una y otra vez mientras tus repetidos intentos y redes vacías te dejan exhausto y frustrado.

El pasaje bíblico que citamos anteriormente me impresiona por varias razones. Es interesante que Jesús le diga a Pedro «lleva la barca hacia aguas más profundas», como si él hubiera estado pescando en los bajos. A veces es tan fácil para nosotros permanecer en la seguridad de las aguas poco profundas, chapoteando y pescando, vadeando y vagabundeando, sin arriesgarnos jamás a entrar en aguas más profundas. Nos quedamos en el puesto que tenemos en lugar de solicitar una promoción o presentar una solicitud de empleo en otra parte. Nos resignamos con nuestra relación actual aun después de que resulta claro para ambas partes que no funciona. Las aguas poco profundas se perciben como mucho más seguras— podemos ver y tocar el fondo del charco. Pero esta aparente seguridad también impone limitaciones y nos mantiene amarrados en el puerto seguro. Como en el caso de Pedro, ¡con frecuencia tenemos que aprender la difícil lección de que los peces se encuentran en las aguas más profundas!

Lea este pasaje de nuevo y medite cómo Pedro pudo haberse sentido de que un carpintero, devenido predicador, le dijera cómo debía pescar. Me pregunto si estuvo tentado a responderle, «gracias por su muy apreciada contribución, pero yo he estado pescando toda mi vida. Mi padre fue pescador antes que yo, y su padre antes que él. Creo que sé cómo pescar y donde debo lanzar las redes». Sería como si un obrero de la construcción me detuviera durante un culto de la iglesia y me dijera, «¡creo que sería más efectivo si abandonara el púlpito y predicara desde la galería del coro!»

¿Puedes entender esta experiencia? ¿Has conocido esas situaciones en las que, por ejemplo, la nueva recepcionista te devuelve tu memorando corregido y reescrito? O tal vez es el nuevo asociado de ventas, acabado de salir de la universidad y con el desbordante entusiasmo de un cachorro, que te pregunta si puede presentar un producto de una manera nueva. A veces puede ser un anciano el que te da un consejo, aunque se te acerca con la perspectiva de alguien que proviene de un campo profesional distinto al tuyo. Todos nosotros hemos experimentado estas situaciones cuando alguien que no sabe casi nada de lo que hacemos ni de cómo lo hacemos llega desenfadadamente y nos brinda su comentario y sus sugerencias que no le hemos pedido.

La tentación es responderle que los expertos somos nosotros, como el hombre que es un pescador de tercera generación, como la mujer que ha estado cocinando desde que podía pararse junto a su madre y abuela y verter el azúcar. Pero pese a esta tendencia natural y humana de proteger nuestro terreno y defender nuestra pericia, note cómo Pedro le responde al Señor. «Maestro, hemos estado trabajando duro toda la noche y no hemos pescado nada, pero como tú me lo mandas, echaré las redes».

Su respuesta está imbuida de humildad y respeto. Pedro sabe muy bien quién es este hombre para no descartar su consejo. Y acaso percibe que no tiene nada que perder en este punto; después de todo, él ha echado las redes toda la noche sólo para verlas subir vacías una y otra vez. ¿Por qué no intentar aceptar el consejo de un transeúnte bien intencionado?

Y, madre mía, ¡él es recompensado por su obediencia! ¡No sólo hay peces en las aguas profundas a las cuales Jesús lo dirige, sino que hay tantos que las redes se rompen! Hay tantos peces que Pedro debe hacerle señas a otra barca para que venga a ayudarlos. ¡Hay tantos peces que no una sino dos barcas llegan a cargarse tanto que corren el peligro para hundirse! Hay algo en el agua que trasciende la imaginación de Pedro. ¡Es como ir a pescar un pececito de colores y que un gran tiburón te muerda el cordel!

Sencillamente imagina que tus esfuerzos han resultado fútiles una y otra vez a lo largo del tiempo. Un conocido tuyo pasa y te sugiere un enfoque distinto. Tú sonríes gentilmente y convienes por cortesía en que vas a intentarlo, dispuesto a complacer al amable novato para que siga su camino; para luego descubrir que él no sólo sabe dónde están los peces, sino que ¡te ha orientado hacia la mayor carga de peces que has visto en toda tu vida!

Con tanta frecuencia en nuestras vidas y en nuestra carrera profesional nos achantamos en un nivel de competente complacencia donde nada parece ser capaz de inducirnos a pasar al próximo nivel. Vemos que les dan promociones a individuos que han estado en la compañía menos tiempo que nosotros. Vemos que nuestros intentos de poner nuestro propio negocio petardean y se mueren porque los inversores cambian de idea, cambian las tendencias del mercado y las oportunidades de conseguir un espacio nos cruzan de largo.

Pero entonces todo puede cambiar en un segundo

cuando alguien nos señala la manera sutil en que podemos ajustar nuestro enfoque. Al igual que una profesional de tenis que ajusta el ángulo de su raqueta mientras hace un saque o un jugador de golf que altera su posición y el ángulo de sus caderas, a menudo descubrimos que el mejor consejo nos llega de donde menos lo esperábamos.

La clave es no dejar que nuestra frustración, las anteriores desilusiones, la complacencia actual o el orgullo personal nos ciegue a esas oportunidades. No importa cuán nuevo sea para la compañía, un extraño con frecuencia aporta una perspectiva distinta que puede innovar sistemas agotados y procedimientos gastados. De hecho, te instaría a que buscaras la perspectiva de otros, particularmente si estás luchando por alcanzar tus metas. Ciertamente, el conocimiento de los que te llevan la delantera es inapreciable, y no puedo dejar de enfatizar la importancia de contar con un generoso mentor. Sin embargo, debes ser receptivo también a las perspectivas inesperadas y heterodoxas de aquellos a quienes normalmente no te inclinarías a tomar en cuenta. ¡El resultado puede asombrarte, así como su capacidad de transformar tus esfuerzos en un barco cargado de éxito más allá de toda medida!

## Lo que se oculta detrás de la puerta número tres

Ya sean puertas numeradas con el uno, el dos o el tres, o maletines con crecientes cantidades de dinero en efectivo, todos hemos visto estos programas de juego donde a los concursantes les presentan numerosas opciones entre las cuales deben elegir. El proceso de eliminación comienza entonces y con frecuencia deben escoger si se mantienen en su primera elección o cambian a otra, presumiblemente más lucrativa. ¿Encontrarán un millón de dólares o sólo un dólar en su maletín? ¿Habrá un nuevo Escalade o un burro viejo detrás de la puerta número tres?

Tal vez las opciones para reconstruir nuestra vida no son tan espectaculares como las de estos programas de juegos. Sin embargo, a diario nos confrontan, e incluso nos bombardean, con opciones que contribuyen a definir cómo nos encontramos ubicados o reubicados para el éxito. ¿Debes enviarle tu currículo a tu amigo en una compañía rival o guardarte de hacerlo por temor a que tu jefe pudiera descubrirte? ¿Debes invertir tu tiempo en mejorar tus habilidades en la computadora en lugar de dedicarte a un entrenamiento sobre solución de conflictos?

Continuamente nuestras opciones desfilan ante nosotros como los caballitos de un tío vivo, y si no somos cuidadosos, podemos terminar de observadores viéndolos pasar en lugar de cabalgar en ellos rumbo al éxito. Cuando mi hija mayor era bebé, mi esposa y yo íbamos a un parque de diversiones a la vieja usanza, y desde luego la niñita se sentía atraída por la música pegajosa y los brillantes colores de los animales del carrusel. Cuando llegaba nuestro turno de subir, ella corría del caballo rosado al azul, después al amarillo, fascinada por cada nueva opción. Finalmente, su indecisión estaba demorando la vuelta para los otros niños y el operario le pedía que se bajara y esperara hasta que pudiera elegir un caballo y quedarse con ese. ¡No tengo que decir, que ella prorrumpía en llanto!

Parece un vívido ejemplo de dónde nos encontramos a menudo. Mira tú, lo más difícil de tomar decisiones no es elegir entre una buena oportunidad y un callejón sin salida. No es elegir entre una buena oportunidad y una estupenda —si una es claramente mejor, luego, ¿dónde está la dificultad? No, es elegir entre una buena oportunidad y otra igualmente buena. Esos son los momentos en que podrías verte prosperar en ambas opciones, y te mata el que tengas que escoger entre ellas, sobre todo porque no quieres terminar desilusionado por una tanto como no quieres preguntarte «¿qué pasaría si...?», respecto a la otra.

Y acaso el aspecto más difícil de escoger entre varias opciones atractivas es darse cuenta de que a fin de aceptar tu elección, no sólo tienes que renunciar a las otras, sino que en la mayoría de los·casos tienes que abandonar otras responsabilidades que ya cumples. En nuestra versátil mentalidad del siglo XXI, de hacelotodo y tenlotodo, resulta muy tentador añadir cada vez más y más sin prestar atención al peso de la mochila que cargamos.

Al igual que la barca de Pedro, terminamos tan agobiados por la carga que ni siquiera disfrutamos la pesca que hemos hecho. En mi experiencia, los individuos de tipo A, extraordinariamente motivados y talentosos son los que más sufren. Por ser capaces, asumen una parte mayor de responsabilidades y compromisos. En la iglesia esto a menudo se manifiesta cuando un nuevo miembro se incorpora al coro, a la junta de ujieres, a la rama auxiliar de damas y al equipo del ministerio de los presos. Van corriendo de un ensayo, una reunión, un estudio bíblico o un ejercicio de equipo a otro hasta que tienen el calendario lleno y el cuerpo y el alma exhaustos.

Amigo mío, si te dispones a reconstruir tu vida para el éxito, debes procurar las opciones más conducentes a tus objetivos finales. Pero también debes permitirte el cerrar puertas detrás de ti, el dejar caer algunas de las pelotas con que haces malabares cada vez que atrapas una de ellas, y el decir que no a buenas oportunidades si no contribuyen a hacerte avanzar estratégicamente hacia las metas que ya te has propuesto.

Muchas personas se me acercan en busca de consejos, especialmente cuando tienen dudas entre dos traslados profesionales, dos ofertas de empleo o entre oportunidades igualmente atractivas. Luego de discutir sus opciones y las ventajas de cada una, a menudo me quedo sorprendido de que estos individuos dotados, inteligentes, esforzados, no le hayan prestado atención a los fundamentos de quiénes son y para lo que sirven. No han decidido cuál es su marca y cómo deshacerse de las limitaciones de tener muchas opciones potencialmente positivas.

## Un día flamante

¿Qué tienen en común los siguientes individuos: Oprah, Russell Simmons, Sean «Diddy» Combs, Dr. Phil, Beyoncé, Martha Stewart y Tyler Perry? Tan diversos y singulares como pueden ser estos individuos cada uno se ha construido y se ha reconstruido como una marca reconocible. Cuando ves el nombre de Oprah asociado con algo, ya sea su programa de televisión que la ha hecho acreedora de tantos premios, sus revistas, su programa radial por satélite o un musical de Broadway, sabes lo que vas a obtener. Cuando ves el nombre de Tyler Perry en la cubierta de un DVD o en el programa de una producción teatral, o cuando lo ves de anfitrión de un evento, te sonríes sabiendo de antemano que él te va a entretener.

Cada uno de estos exitosos individuos ha seguido profesionalmente el derrotero de su felicidad de tal manera que lo que son se ha hecho sinónimo de lo que aportan a todo cuanto tocan. Son reconocibles y comprensibles. Poseen una identidad, crean y cumplen expectativas en quienes les rodean. En mi mente, en eso consiste una marca.

> La identidad (lo que eres y todo lo que tiene
> que ver contigo) + las expectativas (lo que otros
> asocian con tu presencia y con tus dotes) = tu marca
> personal (a lo que de manera consecuente contribuyes
> con tu presencia y con tus dotes).

Ahora bien, no estoy diciéndote que tengas que anunciarte en una cartelera y estar en la televisión o en las páginas de las revistas *Time* o *Essence*. No, te anuncias diariamente a aquellos que te rodean de la manera en que te presentas y te conduces. Estés consciente de ello o no, ya constituyes una marca a los ojos de otros porque cuanto más tiempo estén cerca de ti, tanto más llegarán a crearse ciertas expectativas respecto a lo que aportas.

A partir de mi experiencia, la mayoría de las personas actúa de modo coherente en el amplio espectro de su comportamiento público y privado. Si son agresivos y apasionados en el salón de reuniones, no me sorprende ver su dedicación a las representaciones navideñas. Si son silenciosos y reservados en la fiesta, luego es lógico que prefieran las relaciones individuales y el trabajo en la biblioteca. No quiero decir, sin embargo, que podamos formar juicios y estereotipos individuales basándonos tan solo en unas cuantas impresiones. Estoy diciendo simplemente que cuanto más conoces a alguien, tanto más coherente parece proyectarse su personalidad en todos los terrenos de la vida.

¿Cómo describirías tu marca? Debes poder identificar tres atributos fundamentales que muestras en cualquier reunión con colegas y amigos, o cualquier virtud con que contribuyes a una relación o a un encuentro social. Me gusta llamar a éstos atributos «aportes de atracción», o para usar un término de pesca: anzuelos de poder. (Nunca olvidaré el haber ido a pescar con un amigo y descubrir algo que él llamaba «supercarnadas». Una carnada artificial de colores brillantes, con frecuencia amarillo neón o rosado, con un penetrante olor «natural» a eso que se supone atrae a los peces. Me hacía acordar del caviar hecho en Play-Doh, y no podía imaginar cómo algún pez podría encontrarlo apetitoso. ¡Sin embargo, sus supremos atributos cumplieron su cometido, y no mencionaremos cuántos peces cogí en comparación con mi amigo!)

Los aportes de atracción no son aspectos de nuestra personalidad que tengamos que esforzarnos en producir. No, en la mayoría de los grandes triunfadores, son características naturales que dejan ver quienes son y en qué consisten. Con esto en mente, escribe tu propia lista de objetivos. Puede ser tan simple como: Me llamo T. D. Jakes y quiero educar, facultar y entretener a todo el que me encuentre.

Para poder responder la pregunta «¿cuál es tu marca?», debes plantearte otras interrogantes: ¿Qué te propones ser? ¿Cuál es tu visión, tu propósito, tu misión? ¿Estás demostrando, o más bien aportando, lo que realmente eres y lo que realmente te importa? ¿Estás atrapado en circunstancias en las que se espera que des lo que ni siquiera posees? Con mucha frecuencia cuando intentamos ser alguien que no somos, ya sea por la presión que ejercemos sobre nosotros mismos o la presión de nuestras familias, cónyuges, amigos y compañeros de trabajo, nos encontramos en el intento de aportar cosas que no son auténticas para nosotros mismos. Terminamos frustrados, deprimidos, enojados, heridos, echando nuestras redes al agua sin resultados.

Pero cuando crecemos dentro de nosotros mismos, aprendiendo de nuestros errores, convirtiéndonos en discípulos de nuestros aportes de atracción, entonces nos relajamos y disfrutamos de un nivel de confiada autenticidad que naturalmente se despoja de limitaciones y adopta posiciones en las cuales prosperamos, no sólo económicamente, sino en un sentido total, como personas integrales que estamos en paz con nosotros mismos, contentos de ser quienes realmente somos.

Una vez que definas tu lista de objetivos y crees tu propia marca, no flaquees. Dedícate a ella y no te trances por nada que esté por debajo. Si de veras quieres conocer la paz y la realización, debes estar a la altura de tu marca.

# II PARTE

# Más allá de los límites de la mediocridad

# INTRODUCCIÓN

Conozco tus obras, sé que no eres ni frío ni caliente. ¡Ojalá fueras lo uno o lo otro! Por tanto, como no eres ni frío ni caliente, sino tibio, estoy por vomitarte de mi boca.
—*Apocalipsis 3:15–16 (NVI)*

Salí de un salto de la piscina fría, presto a calentar mis huesos en el hidromasaje del jacuzzi caliente. Como prefiero entrar en el jacuzzi cuando no está muy lleno, era lo bastante afortunado de encontrarlo completamente vacío. ¡Luego entendí por qué! En lugar del agua a 102° F que calentaría mis huesos cansados, me encontré un líquido que iba de lo tibio a lo frío. ¡No estaba preparado para ello y mi cuerpo enseguida respondió! Mientras me escapaba tiritando de la tina para envolverme en mi abrigada toalla, me reía de la discrepancia entre mis expectativas y la frustrante realidad. Un encargado de la piscina que debe haber presenciado mi huida, vino a excusarse y a informarme que estaban experimentando algunas dificultades mecánicas con el calentador de agua del jacuzzi. ¡No hacía falta decirlo!

Curiosamente, la experiencia me hizo acordar de la admonición de Cristo a la Iglesia en Laodicea, que cito al principio de este capítulo. Tanto los versículos bíblicos como mi escalofriante sorpresa me confirma el poder de uno de los mayores obstáculos a vencer: la mediocridad. Permítame explicarme.

Con mucha frecuencia el mayor obstáculo para nuestro éxito no es el gigante que amenaza en medio del camino bloqueándonos el paso. Aunque imponentes e intimidantes, esos monstruos son al menos fáciles de identificar, y con frecuencia pueden ser erradicados con una piedra de nuestro arsenal estratégicamente colocada. Según cambiamos la mirada de los obstáculos de nuestro pasado a las barreras de nuestro presente, nos damos cuenta de que por grandes que puedan ser las dificultades que se nos hayan presentado, se encuentran al menos en el pasado. Aunque las consecuencias de nuestras experiencias pueden seguir afectando nuestras opciones, ya no tenemos que soportar los abusos de la niñez ni la impotencia que pudimos haber padecido en una relación anterior. Somos adultos con los recursos y la potestad de elegir cómo responder a las circunstancias de nuestras vidas. Ya no estamos atrapados por la voluntad de otros o el poder de los acontecimientos pasados.

¿Por qué entonces seguimos con tanta frecuencia moviéndonos con dificultad y nos transamos por menos de lo que somos capaces de alcanzar? ¿Por qué muchos de nosotros no ejercemos nuestra capacidad de subir el termostato del calentador del agua para que esta deje de estar tibia? Me parece que si bien estamos distraídos al preocuparnos por los gigantes obvios que nos amenazan, el enemigo pequeño y silencioso penetra nuestras defensas. ¡El agua puede estar bastante tibia al principio, pero luego se va enfriando tan gradualmente que nos olvidamos que una bañera caliente no es un refrigerador!

## Terrorismo y tedio

Un ejemplo mucho más aleccionador me viene a la mente. Recuerdo una conversación con un buen amigo acerca de la devastación y las repercusiones devastadoras del 11 de septiembre. Un amigo mío, profesor, con una aguda comprensión de la política económica y social de nuestro país, comentaba sobre la dolorosa ironía de que gran parte de los años cincuenta y sesenta se vivieron con temor y aprensión a la sombra de la guerra fría. Él y yo nos acordábamos cuando estábamos en la escuela y teníamos una discusión en clase sobre los refugios antiatómicos y la leche en polvo como si fuera nada más que otra parte de nuestra educación, como las matemáticas y el receso. Pero la guerra fría se derritió en un charco resbaladizo de tensiones diplomáticas y económicas que ya no parecen amenazarnos con la aniquilación nuclear o la ocupación comunista.

En lugar de eso fuimos víctimas del mayor ataque subversivo en suelo norteamericano a manos de una pequeña banda de operativos encubiertos que nos tomaron desprevenidos y momentáneamente indefensos contra su insidiosa brutalidad. Con su asalto devastador a vidas inocentes y edificios emblemáticos de Estados Unidos, se las arreglaron para transformar vehículos de transporte e industria en instrumentos de dolorosa y precisa destrucción. Los terroristas del 11 de septiembre volvieron nuestros propios aviones contra nosotros mientras permanecíamos sentados e impotentes y mirábamos como se derrumbaban las Torres Gemelas, y pusieron a la nación temporalmente de rodillas.

Mi temor es que con demasiada frecuencia las mayores amenazas a nuestro éxito personal operan como terroristas, robándonos instantes de nuestro día, saboteando oportunidades de nuestro progreso y transformando nuestras fuerzas en armas de desorden y destrucción. El término colectivo para esta amenaza terrorista a nuestra vida diaria es *mediocridad*. Si bien estoy seguro que entiendes el significado de esta palabra, me gustaría que hicieras una pausa y meditaras en ella por un momento. Una consulta a un diccionario le recordará que la mediocridad es el resultado de aceptar algo de segunda clase, el promedio (o por debajo del promedio), eso que es mediano, ordinario, común y corriente. En lugar de esforzarte por la excelencia, por lo extraordinario, lo mejor, lo notable y de primera categoría, la mediocridad te pide que te quedes tal como estás y te resignes con el *status quo*.

El demonio de la mediocridad te susurra al oído, «tonta mujer, ¿realmente crees que él puede interesarse en ti?» o «viejo idiota, no hay manera de que vuelvas a estudiar y obtengas ese diploma. ¡Deja de engañarte a ti mismo!» o «¿Tu propio negocio? ¡Si ni siquiera puedes balancear tu chequera!» La mediocridad te coloca las anteojeras de lo convencional para que no puedas ver más allá de las dificultades del momento presente: las facturas, los hijos, el lavado, el estrés, la enfermedad, la ruptura. Y si puede mantenerte preocupado con su último dardo de veneno potencial, puede reducirte al punto en que aceptes el veneno como la única poción posible. Terminas sintiendo que no tienes opciones ni elecciones ni recursos con que defenderte para sobreponerte a la adversidad y lograr la victoria.

En esta segunda parte, quiero que examinemos las vías por las que podemos procurar estos tres objetivos —defensa, triunfo y logro— en nuestra guerra personal contra el terrorismo de la mediocridad. Nos fijaremos tanto en las «pequeñas zorras que echan a perder las uvas», como solía decir mi abuela parafraseando la Biblia, así como en los supuestos gigantes que nos impiden el éxito, tales como las deudas, las obligaciones y los recursos limitados. Armados con algunos conocimientos nuevos y los recursos ilimitados de que disponemos a través del poder de Dios, te sentirás facultado para defenderte exitosamente y para perseverar en tu camino hacia el premio que Dios te tiene reservado.

seis

# Cambio de marcha y de vías: Prepárate para lo que te espera a la vuelta de la esquina

Y alabó el amo al mayordomo malo por haber hecho sagazmente; porque los hijos de este siglo son más sagaces en el trato con sus semejantes que los hijos de luz.

—*Lucas 16:8 (VRV)*

Sabías que una vez fui camionero? Créelo o no, aprendí a conducir un camión de dieciocho ruedas, aunque no con demasiada pericia, mientras trabajaba hace años para la Union Carbide. Me pidieron que manejara alrededor del estacionamiento, y aunque nunca me gradué para que me pidieran hacer largos viajes, di unas cuantas vueltas por la carretera. Lo más sorprendente que aprendí manejando un camión de remolque es que el conductor debe tomar iniciativas y anticipar los cambios de velocidad. Cuando uno conduce un vehículo de tamaño regular, los giros súbitos no constituyen un problema, pero cuando conduces un camión de tamaño respetable con una carga considerable, debes contemplar cualquier giro con mucha antelación.

Los camioneros tienen que pensar en cambiar de marcha en un camino pendiente cuando el vehículo está cargado y cambiar de senda cuando se acerque un giro, debido a que uno no hace girar rápidamente un camión de dieciocho ruedas. ¡Si mi pequeño auto gira sobre una moneda de diez centavos, ese monstruo exige al menos un dólar! El camión, con el peso de su carga, tiene que prepararse para el próximo giro mucho antes de que el giro llegue. Los mejores camioneros están tan conscientes de la velocidad que llevan y del peso que cargan que pueden calcular acertadamente hasta las paradas no previstas, las ventajas y los atascos que le esperan al doblar de la esquina.

Los camioneros no son los únicos que cultivan tales destrezas. En el mundo empresarial, la mayoría de los grandes ejecutivos dedican un tiempo considerable a leer gráficas del mismo modo que los adivinos leen las hojas del té. Intentan determinar tendencias de manera que, llegado el momento, puedan tomar decisiones responsables. Basan sus proyecciones en cierta información para anticipar lo que sucederá en el mercado. Se rigen por la regla de que ser previsor es estar prevenido. Recordarás el ejemplo que puse de Kroger y A&P, las gigantescas cadenas de supermercados. Ambas comenzaron a ver los cambios de su mercado, pero sólo una de ellas, Kroger, respondió de manera práctica y cambió totalmente su modelo de empresa. Esta ultima se convirtió en una de las grandes supertiendas mixtas, mientras su competidora se quedó detenida en los años cincuenta.

¿Habrían hecho algo distinto los altos ejecutivos de A&P de haber sabido lo que ahora sabemos? Mi impresión es que, al igual que la mayoría de nosotros con una percepción de veinte-veinte, habrían contemplado el futuro y habrían actuado en consecuencia para maximizar la riqueza de su compañía y el éxito de su empresa particular.

Si yo hubiera sabido en 1994 que me iría de Virginia Occidental para empezar una nueva vida en Dallas, Texas, nunca habría comprado una casa nueva de paquete en mi estado natal. Si hubiera conocido mi futuro, me podría haber ahorrado el gasto de luchar para mantener los pagos de dos casas en dos estados distintos durante un año, a la espera de que una de las casas se vendiera antes que me quedara sin dinero y perdiera alguna. Tal vez debí haber prestado más atención al mercado de compradores en la zona donde me mudaba. Pero uno no siempre sabe lo que está al doblar de la esquina. Sin embargo, es importante que comiences a reubicarte antes de empezar a anunciar lo que crees que va a suceder.

## Prepararse para la presidencia

Mientras escribo esto, estamos cerca de una elecciones nacionales muy importantes. Mucho se habla acerca de quién será el próximo presidente y quién es probable que sea electo para desenredar el lío a que nos enfrentamos. Aunque muchos candidatos creíbles se han demorado en declarar sus intenciones, cualquier persona de visión puede darse cuenta de lo que pasa cuando tales gentes están ocupadas asistiendo a cenas, haciendo citas con individuos influyentes, escribiendo columnas de opinión para periódicos importantes y conversando con donantes adinerados. ¿Por qué? Porque cualquier político que merezca ese nombre no tomaría una decisión súbita sin dedicarle un tiempito a cambiar la marcha, cambiar de senda y hacer sonar el claxon mientras se prepara a doblar la próxima curva.

Recientemente leí una interesante semblanza biográfica del senador Barack Obama. En ella, el carismático y elocuente político afirma que no está seguro de su intención de aspirar a la Casa Blanca. Menciona que tiene que tomar en consideración el precio que tal decisión le costaría a su vida personal y a la de su familia. Quiere revisar todas las ramificaciones si se va a postular, pensando en los cambios dramáticos para su vida si fuera a ganar o si fuera a perder.

Es interesante notar que oí declaraciones semejantes de labios del entonces gobernador George W. Bush cuando le preguntaron en un salón lleno de clérigos si tenía intenciones de postularse para presidente en las elecciones del 2000. Esto fue en 1998 y se cuidó de no comprometerse de manera definitiva con la ardua tarea de hacer campaña por la presidencia. Sin embargo, aun entonces yo estaba consciente de que él no habría asistido a ese almuerzo si no hubiera estado contemplando seriamente el aspirar a la Oficina Oval. Por consiguiente no me sorprendió cuando anunció su decisión de postularse. No es que yo entendiera de política; sino que entendía de manejar un camión de dieciocho ruedas y que uno no hace giros imprevistos cuando conduce una máquina grande. Tal preparación es un prerrequisito esencial para cualquiera que intente seriamente ganar cualquier cosa en la vida.

Con toda probabilidad, la mayoría de los que lean este libro, al igual que yo, no será el próximo presidente, pero aún hay algo que podemos aprender de los que podrían llegar a serlo. Ellos no oran para llegar a la presidencia sin prepararse antes como candidatos. Me pregunto cómo sueñan muchos de ustedes con el futuro hasta el punto de cambiar decididamente de senda y cambiar de marcha y tocar el claxon para preparar el escenario de lo que va a ser la próxima fase de sus vidas. Al igual que el camionero que va a toda velocidad por la autopista, tú debes saber que cuando llegues al semáforo es demasiado tarde para doblar.

## Medir el costo

¿Qué podemos tú y yo como ciudadanos promedio y personas de influencia y recursos ordinarios deducir de estas ilustraciones? Estoy convencido de que podemos adquirir muchísima información del legado de estos gigantes políticos. El versículo del evangelio de Lucas que he citado al comienzo de este capítulo refleja la verdad de que, con demasiada frecuencia, nosotros en la iglesia vemos a otros prosperar a nuestro alrededor, aun a quienes podemos considerar injustos, sin aprender de sus estrategias. Debemos superar la noción de que es «menos que cristiano» o «mundano» prever el futuro, formular un plan de acción y prepararse para el éxito. Debemos estar dispuestos a «planear nuestro trabajo y trabajar nuestro plan», como solía decir mi padre.

Recuerdo vívidamente la intensa estrategia que empleé en la búsqueda de mi primera casa. Mi madre y mi padre me habían enseñado que un hombre no es un hombre hasta que su nombre está en la escritura de una casa. Independientemente de si usted conviene con ese principio o no, la realidad es que siempre me inculcaron la importancia de tener una propiedad. Hasta el día de hoy me siento triste por las personas que no hacen ningún intento por poseer nada en la primavera de su vida. Un hogar es una tremenda inversión, y es difícil si no imposible hacer dinero cuando uno no tiene su propia casa.

De manera que en mi presionada búsqueda de mi propia granjita, mientras ideaba cómo comprar la casa cuando mi crédito estaba desecho y mis recursos eran limitados, supe que tenía que planificar con todas las destrezas de un camionero experimentado que transitara por el Himalaya. Tenía que reunirme con las personas adecuadas y relacionarme con ellos con el carisma de un político dotado que se propone ocupar la Casa Blanca. A fin de reubicarme para la próxima maniobra, tuve que reducir mis deudas como un tenedor de libros que estudiara para su examen de contador público. Ello tomó algún tiempo, muchas conversaciones y unos cuantos funcionarios de banco que incluso podrían haber dicho que hice campaña para el préstamo, pero finamente logré alcanzar lo que perseguía porque había aprendido a prepararme estratégicamente para la próxima fase de la vida.

Demasiadas personas se entregan a lo que parece ser casual, lo que ven como lo que les ha tocado en suerte. Se entregan pasivamente a Dios, al gobierno, o cualquier cosa que adoren o idolatren. Aceptar un decreto de cómo debes vivir tu vida sin ser un participante activo ¡es como un ciego que condujera un camión de dieciocho ruedas! Dios quiere que le entregues tu vida a Él, pero *activamente,* no de una manera pasiva.

Mi comparación más bien dramática me trae a la mente otra situación de derribar los viejos límites. Recuerdas el incidente en que Jesús encuentra al paralítico junto a las aguas curativas del estanque de Betesda (Juan 5:5–15). Impedido durante treinta y ocho años, el hombre le pide a Jesús que lo ayude a llegar al agua para curarse. Pero, por raro que parezca, en lugar de ayudarlo a llegar hasta el agua o simplemente curarlo de inmediato, Jesús le pregunta al hombre afligido, «¿Quieres ser sano?» (Juan 5:6. VRV). Imagínate que estás paralizado de la cintura para abajo y tu médico te pregunta, «¿Realmente quieres caminar otra vez?» Sin duda, Jesús no está siendo irrespetuoso ni insultando a este hombre. Básicamente le está preguntando que considere el costo de ponerse bien.

En otras palabras, Él le dice, eso depende de ti. Debes dejar de aplazar, de esperar que otros te lleven donde sólo tú puedes ir por ti mismo, o de culpar al pasado. En muchas ocasiones es mucho más fácil adoptar el papel de víctima, de perdedor, del que no es lo suficientemente sagaz del que no es lo bastante bueno, lo bastante preparado, del que no tiene el dinero suficiente. Cuando aceptas tales limitaciones por ti mismo, no tienes que preocuparte de que te decepcionen. ¡No hace daño caerse cuando ya se está en el suelo!

En lugar de eso, tienes que ser lo que yo llamo una persona que hace que las cosas sucedan. Éstas son las personas que ven lo que viene y hacen que ocurra en lugar de confiar y sentarse a esperar. La diferencia estriba en dónde percibes que está situada la columna de dirección. Algunos enseñan que está en el cielo. Otros enseñan que está en la Casa Blanca. Pero la Biblia enseña que está dentro de ti. «Y a Aquel que es poderoso para hacer todas las cosas mucho más abundantemente de lo que pedimos o entendemos, según el poder que actúa en nosotros» (Efesios 3:20, VRV). Este pasaje de las Escrituras enseña claramente que es según el poder que *actúa en ti.*

¿Quieres cambiar realmente? ¿Estás dispuesto y listo a renunciar a las percepciones y modelos peligrosos del pasado que te han mantenido en la cuneta en lugar de andar en tu camión por la autopista? ¿Quieres ser sano?

## La actitud de una hormiga

¿Qué tienes dentro de ti para determinar cómo manejar el próximo giro? ¿Qué paso diste hoy en preparación de una zancada mucho más larga de aquí a unos años? Resulta claro cuando nos fijamos en la ilustre y admirable carrera de Tiger Woods, con sus logros, sus cuantiosos premios y trofeos, es obvio que se ha convertido en un icono internacional. Al transformar la Asociación de Golfistas Profesionales, él ha blandido su palo nueve como una espada para derrotar a cualquiera que no reconozca que él es una fuerza que hay que respetar.

Es fácil ver que se trata de un deportista dotado y talentoso; sin embargo, el problema con tales términos es que oscurecen el hecho de que es también un planificador disciplinado y estratégico. Él no esperó hasta que tenía treinta años para decidir que podría tomar una cuantas lecciones de golf. Yo tomé unas pocas lecciones a esa edad y mis palos se empolvan ahora en alguna parte de mi desván. ¡Tiger comenzó cuando tenía tres años! Imagínate lo bueno que serías en cualquier cosa si hubieras empezado a practicar a los tres años.

En mi giro de trabajo, el cambio no se produce fácilmente. Si piensas en el mundo de la fe y cuanto tiempo le llevó a la denominación Bautista del Sur disculparse por su apoyo a la esclavitud, puedes darte cuenta de que las ruedas del autobús de la Iglesia no giran con facilidad. No fue hasta 1995, más de 130 años después de dictada la Emancipación, que la Convención Bautista del Sur aprobó una resolución «renunciando a sus raíces racistas y disculpándose por su pasada defensa de la esclavitud» (*The Christian Century*, 5 de julio de 1995, en http://www.findarticles.com/p/articles/mi_m1058/is_n21_v112/ai_17332136). O piensa cuánto tiempo le llevó a la Iglesia Católica disculparse con el pueblo judío por su silencio durante el Holocausto. En marzo de 1998 —más de cincuenta años después del fin de la segunda guerra mundial— el Vaticano publicó un documento de catorce página en el que se disculpaba por su silencio durante el Holocausto (http://www.pbs.org/newshour/bb/rreligion/jan-june98/vatican_48.html). Hasta el día de hoy, conozco pentecostales que arguyen acerca de lo inapropiado de que una mujer vaya en pantalones a la iglesia. Todo esto muestra de cómo el embrague de la Iglesia con frecuencia se traba en el anticuado engranaje del tradicionalismo.

Ahora bien, si la Iglesia está dirigida por hombres que presumen de su terquedad, entonces inevitablemente a la gente de la Iglesia la adoctrinan en la pereza tocante al cambio y la responsabilidad personal. Los líderes, que deben mostrar una conducta ejemplar, con demasiada frecuencia dan ejemplos negativos en lo que respecta a prever las realidades del futuro y a prepararse en consecuencia. Porque como sabemos —y no me canso de repetirlo— lo único cierto de nuestra vida es el cambio. Cambian las estaciones, los niños, el tiempo, las relaciones, la belleza, las finanzas, la salud y la fuerza. Todas las personas de este mundo son impotentes para frenar el cambio.

Por tanto, debemos darnos cuenta de que detener el cambio es imposible. Pero planear para enfrentarnos al cambio no lo es. Es prudente, práctico y la llave maestra para rebasar los límites de tus fracasos anteriores y reubicarte en el gratificante sitio del éxito. Debemos prever el cambio si no queremos repetir los anquilosados modelos de nuestro pasado. Negar el cambio en nuestras vidas es pretender que la fuerza de gravedad no haga caer la manzana madura del árbol.

El joven debe prever la vejez. Es tonto de parte del joven

no pensar que alguna vez llegará a necesitar los fondos del retiro. El anciano debe prever la muerte. Es tonto para los ancianos y enfermos permitir que la muerte los tome por sorpresa. El soltero debe prever la posibilidad de ser parte de una pareja algún día. El casado debe darse cuenta de que podría terminar solo otra vez. Un pastor debe pensar en su sucesor. Debe saber que está construyendo un lugar que otra persona llegará a ocupar algún día.

Los niños con sus gorros de bebé pronto estarán conduciendo automóviles. La tropa de niños exploradores se disolverá y los muchachos terminarán reuniéndose en el club campestre o en las barberías. Las hijas y debutantes se convertirán en madres y en miembros de la rama auxiliar de mujeres. Los miembros de las iglesias y clubes se mudarán a hogares de ancianos, y del hogar de ancianos los llévarán a una funeraria, y el cambio nunca dejará de tener lugar.

Aun si aceptamos y entendemos las realidades del cambio, debemos utilizar esta información para maximizar la eficacia en el modo en que nos preparamos para avanzar. Algunos de nosotros sólo observamos que ocurren cambios y otros encabezan el juego y prevén lo que ocurre. Mientras el mundo gira, la gente que saca el mayor partido de la vida es como los altos ejecutivos que mencionábamos antes. Rastrean las tendencias, examinan las proyecciones y anticipan las eventualidades. Estos previsores son estupendos en la vida porque prevén la próxima movida y hacen todo lo que pueden para lograr que el cambio trabaje a su favor. No los cogen desprevenidos ni los sorprenden porque miran hacia adelante y vislumbran la curva en el camino. Empiezan a reducir la velocidad del gran camión con mucha antelación para evitar coletear en una crisis importante de la vida.

Son como la hormiga que Salomón nos decía que preveía la llegada del invierno y durante el verano construía una fortaleza contra la nieve. El instinto de la hormiga sabe que la luz solar es un recurso cambiante y el paso de las estaciones le indica que debe prepararse para soportar el crudo frío invernal. Instintivamente, actúa de acuerdo con los cambios de las estaciones como una inevitable realidad de la vida.

¿Qué sería para ti tener la actitud de una hormiga? En tu campo de trabajo, ¿qué prevés en los próximos diez años y cómo cambias de marcha y de senda anticipándote a esa próxima era? Esto es lo que distingue a una gerencia de alto nivel de otra de bajo nivel. La gente de alto nivel prevé el cambio. Cuando contrato a alguien, me gusta contratar a los que prevén los problemas, no a los que huyen de ellos o tienen el enfoque excesivamente optimista de que «todo está en las manos de Dios». No puedes dirigir nada en la vida con este enfoque. Debes ser práctico y pragmático y saber que lo que ahora tienes, ya sea triunfo o tragedia, no puede durar. Al hacer esto, puedes estar seguro que el próximo paso ha de ser tan cómodo, o tan lucrativo, como sea posible. No permitas que te tome por sorpresa.

## Hereje o restaurador

Me viene a la mente otro ejemplo reciente de una corporación exitosa que previó el futuro y actuó en consecuencia. Leo que Fox ha abierto una división religiosa para producir películas que aborden temas de valores familiares y una cosmovisión judeocristiana. Esto sucedió después que vieron el éxito de *La pasión de Cristo* y *¡Mujer, eres libre!*, así como otras obras de temas religiosos que antes no ocupaban un lugar en su programación. Pero una vez que se dieron cuenta de la demanda de obras como estas, empezaron rápidamente a prepararse para formar parte de esta moda. Triste es reconocer que las iglesias con frecuencia gastan sus energías en intentar detener un cambio en lugar de prepararse para él.

En la actualidad, las compañías miran seriamente al mundo y los cambios que tienen lugar en el mercado más allá del alcance normal de su visión. Cada vez con mayor frecuencia, contratan a personas que disponen de la rapidez de pensamiento para adaptarse fácil y radicalmente a las novedades del mercado. Si las iglesias también hicieran eso, en lugar de oponerse a los cambios, habríamos avanzado mucho más. Nos oponemos a las cosas de las que podríamos aprender, encerrando nuestras posibilidades de desarrollo y relevancia dentro de un idealismo de torre de marfil.

Yo era sólo un niñito cuando comencé a dar palmadas en la iglesia para acompañar los ritmos inspiradores y los conmovedores solos. Eso ponía nerviosa a la comunidad religiosa en un tiempo cuando las iglesias negras, habituadas tan sólo a los cánticos espirituales, comenzaban a adorar con música de *gospel*. Acostumbrados a los himnos y a la música tradicional, algunas iglesias prohibieron la innovación completamente, e incluso otros ministros predicaron febrilmente contra ella. Pero a pesar de toda esa algarabía, pioneros tales como Mahalia Jackson y Clara Ward siguieron cantando. Con el tiempo, esa tendencia se impuso a las tradiciones. El cambio era inminente. En la actualidad, nadie se inmuta con lo que llamamos música *gospel* tradicional, olvidándose de que lo que ahora es tradicional fue polémico hasta hace sólo pocos años. La nueva música religiosa controversial suena estilísticamente como *hip-hop* y R&B, incluso *rock*. Mañana, las actitudes imperantes en la Iglesia hacia esa música pueden cambiar también.

La innovación es a menudo el catalizador para el cambio a expensas de la tradición. Cualquiera que tenga un sentido de la historia puede decirte que muchas de las organizaciones que ahora abrazan las ideas del Dr. Martin Luther King Jr. y reverencian su memoria, alguna vez en realidad lo odiaron, se sintieron ofendidas por él y no le permitieron que le hablara a sus miembros. Mucho antes de que el natalicio de King fuese declarado un día feriado por el gobierno, a él lo tildaron de comunista y de constituir una amenaza para la seguridad nacional lo suficientemente seria para que colocaran micrófonos en las habitaciones de su hotel. Era temido y rechazado por muchos individuos y organizaciones, incluso entre la comunidad religiosa negra.

Se rumoreó que no lo iban a dejar hablar el día en que pronunció el discurso «Yo tengo un sueño». Es irónico que él sea ahora tan reverenciado por la sociedad establecida como un personaje importante en la historia de Estados Unidos. King adoptó el cambio, miró hacia adelante y previó que la lucha no terminaría con el éxito del movimiento en pro de los derechos civiles; sino que podría expandirse para abordar problemas mundiales también. Fue un verdadero innovador.

Si tú y yo podemos tener el valor para resistir la polémica y el tipo de ataques brutales que le infligieron a King, entonces te darás cuenta de que el hereje de hoy es el restaurador de mañana.

Te advierto acerca del tránsito inevitable en el camino hacia la grandeza. No cambiarás de senda fácilmente sin tropezarte con unos cuantos insultos y gestos obscenos, puesto que tu avance puede ser una inconveniencia para aquellos cuyo compromiso con la tradición desafía la lógica y socava el progreso. No te sorprendas cuando te lancen sus insultos. Se han quedado desfasados. Con razón o sin ella, te apuntarán al hecho de que has metido tu camión en su senda, mientras te preparas para lo que ocurrirá después.

Mi consejo es que te cerciores de que el espejo retrovisor está bien puesto para que puedas ver el pasado sin permitir que te distraiga del presente. Aprende a interpretar las señales de la carretera y los patrones del tránsito y responde según tu rumbo y destino propios, no según los de otras personas. No temas abrir tu propio camino cuando sea necesario, a sabiendas de que es muy probable que estés facilitándole el éxito a otros que vienen detrás. Mantén tu visión periférica lo bastante clara para que veas quién y qué se acerca por los lados. Y como solíamos decir en Virginia Occidental, ¡aprieta el acelerador, mi socio, y deja el martillo!

# siete

# Preparen, apunten, fuego: Rumbo a tus más altas metas

Busquen su restauración, hagan caso de mi exhortación, sean de un mismo sentir, vivan en paz. Y el Dios de amor y paz estará con ustedes.

—*2 de Corintios 13:11 (NVI)*

Hace varios años un amigo y yo andábamos sobrados de tiempo y él decidió llevarme a un campo de tiro. Esto era bastante inusitado para mí, ya que normalmente no voy a campos de tiro ni tengo el halar un gatillo entre mis pasatiempos favoritos. Sin embargo, estaba curioso por la pasión de mi amigo y quería investigar esta afición que a él tanto le gustaba.

Al estacionar en el campo de tiro, nos apresuramos a entrar y pagar los boletos que nos permitirían practicar el tiro al blanco. Una vez que bajamos al salón de tiro donde los blancos rotan automáticamente para cada tirador situado en su puesto, lo único que podía oír por encima del estruendo de los disparos era la orden reiterada de «Preparen, apunten, ¡fuego!». Era una sensación estimulante ver los blancos que se acercaban cada vez más sobre las varas de alambre mientras nosotros, con los oídos taponados y un ojo cerrado nos empeñábamos en dar en el blanco. Una cosa me resultó obvia enseguida: ¡uno no puede darle al blanco si no apunta el arma!

## Preparación del éxito

A muchos de nosotros nos han pedido que le demos a un blanco en la vida, pero nadie apuntó el arma por nosotros ni nos enseñó a sostenerla. Exploremos la capacidad de reconstruir nuestras vidas desde la perspectiva de aquellos de nosotros que no se han orientado por sí mismos sino que han sido conducidos por otros. Por ejemplo, en nuestro país no se acostumbra a arreglar los matrimonios de antemano. Por lo general, nos casamos con personas que creemos que ya conocemos (aunque en realidad no las llegamos a conocer del todo hasta después del matrimonio). Y luego dedicamos los próximos años a intentar adaptarnos a vivir con lo que tenemos. La mayoría de nosotros se casa como los niños que desean sacar el juguete de una caja de Cracker Jack. No sabemos lo que nos toca hasta que la caja está a medio abrir, y luego tenemos que quedarnos con el premio que encontramos, no importa la decepcionante sorpresa.

Pero hay culturas que intentan, debemos decir, desmitificar el proceso arreglando la unión de antemano. El sistema matrimonial de muchas culturas orientales, como bien sabes, se basa en asociaciones arregladas y negociadas con antelación, típicamente orquestadas por los padres de la pareja. En algunos casos extremos, la pareja feliz ni siquiera se conoce antes del día de su boda —¡y luego se habla de vivir por fe! Para nuestra mentalidad de consumidores que concertamos citas amorosas por Internet, el pasar el resto de nuestras vidas con alguien que no conocemos, alguien que te ha escogido tu madre y tu padre, nos resulta incomprensible.

Por favor, ten en cuenta que no estoy abogando a favor de este método como la manera en que deberíamos casarnos. Pero antes de descartar este concepto como exótico y anticuado, hay un punto importante al respecto que debemos considerar. A pesar de mis reservas sobre este método, tengo que reconocer que me fascina su eficacia. Por mucho tiempo se ha afirmado que menos matrimonios arreglados terminan en divorcio que nuestros usuales matrimonios «por amor», donde los cónyuges son los que eligen en lugar de los padres. Muchos estudios estadísticos y muchos sociólogos apoyan este aserto. Algunos afirman que la tasa de divorcio en los matrimonios arreglados es de menos del 10 por ciento. Una gran diferencia con más del 50 por ciento en que se mantiene la tasa de divorcios en nuestro país.

Muchos expertos, entre ellos el sociólogo y autor David Myers, señalan que el divorcio se encuentra a menudo tan estigmatizado en las culturas que arreglan de antemano sus matrimonios que resulta difícil establecer la comparación. No obstante, parece claro que, en muchas culturas, una unión negociada por los padres es mucho más probable que alcance el éxito que el método de elección personal que habitualmente usamos.

Si bien esta noción puede ser sorprendente, piensa lo poderoso que sería el ser adiestrada de antemano para ser la esposa de un político o de un diplomático. Hay una grandísima diferencia entre lo que se necesita para ser la esposa de un diplomático y lo que se necesita para ser la esposa de un agente de policía. Ambas son nobles profesiones, pero cada una exige una serie de destrezas y una etiqueta social diferente. La mayoría de nosotros se casa con una persona y luego trata de ajustarse a ella. Con frecuencia tenemos la capacidad de amar a la persona, pero encontramos que su estilo de vida pugna con nuestros antecedentes. La amamos, pero gradualmente nos sentimos asfixiados en el intento de vivir en un mundo con el cual no tenemos ninguna afinidad.

Mi propósito aquí no es entrar en un debate acerca de las técnicas del cortejo, sino valerme de esta ilustración para resaltar el poder que le concedes a la vida de tus sueños.

## Preparar el ambiente

Bajo mi liderazgo, nuestro ministerio tomó la difícil y costosa decisión de construir una escuela preparatoria preuniversitaria de 14 millones de dólares en el sur de Dallas. Mira tú, el distrito escolar independiente de Dallas es uno de los peores del país. El ingreso promedio en Oakcliff es de unos 20.000 dólares al año. La decisión de construir nuestra escuela en Oakcliff no se basó en esta estadística, sino adónde queríamos ver dirigirse a nuestra comunidad. Queríamos colocar a los niños en un ambiente que los preparara para el resultado que esperábamos lograr. Les ofrecíamos clases de varios idiomas en los primeros grados, así como entrenamiento en computadoras y preparación de nivel universitario en múltiples asignaturas, porque, al igual que las parejas en un matrimonio arreglado de antemano, encontré que los niños tienen un mejor desempeño posterior cuando los preparamos para el éxito con antelación en lugar de esperar a que tropiecen con aquello a lo que debían haber sido orientados desde un primer momento.

No importa cuán exitoso hayas sido en tus citas en la

Internet, debes preguntarte cuánto más lejos habrías llegado si no hubieras malgastado el tiempo en «proyectos» fallidos. Ya se trate de empleos que no condujeron a nada o en relaciones fracasadas, ¿cuánto más eficaz sería haber estado preparado para el éxito desde el principio? Tal vez el número de nuestros triunfadores aumentaría si comenzamos a hablar y entrenar a los niños para que prosperen temprano en la vida.

Yo aprendí de la crianza de mis propios hijos que, si bien mi esposa y yo nos ocupamos de algunos problemas, no siempre nos dimos cuenta de que debíamos colocar a nuestros hijos de manera sistemática en ambientes donde se encontraran con otros niños que estuvieran preparándose para triunfar. Como ministro, me siento llamado a ayudar a la gente herida y quebrantada; pero como padre, debo supervisar a aquellos a quienes les permito que se asocien con mis hijos. Eso creaba un conflicto entre mis deberes públicos y privados. Es decir, el poner a mis hijos en un entorno de influencias benéficas con frecuencia significaba que tenía que protegerlos de influencias que yo consideraba dañinas. Más tarde aprendí que ayudar a las personas como ministro, al tiempo que estás criando a tus hijos, con frecuencia puede lastimarte. ¿Qué hacer cuando el ayudarlas te lastima?

Llevé a mi familia a un crucero de negocios para influyentes familias afroamericanas, y fue allí que reconocí la importancia de crear un medio ambiente propicio que condujera al lugar adonde yo quería ver llegar a mis hijos. Pensaba que iba a hacer interconexiones en el crucero, pero terminé dedicando más tiempo a observar a mis hijos. Los oí hablar acerca de la universidad. Advertí que conversaban de negocios y de diplomas de derecho a diferencia de la cháchara normal de los adolescentes. Me di cuenta entonces de que el entrenamiento no era suficiente; debía utilizar la socialización estratégica para proporcionarles un ambiente que los preparara socialmente para que pudieran llegar en la vida adonde yo quería.

## Aplazado no negado

> Los hijos son un herencia del Señor, los frutos del vientre son una recompensa. Como flechas en las manos del guerrero son los hijos de la juventud. Dichosos los que llenan su aljaba con esta clase de flechas. No serán avergonzados por sus enemigos cuando litiguen con ellos en los tribunales.
>
> —*Salmo 127:3–5 (NVI)*

Contemplemos la ventaja de reorientarnos a partir de otra dirección, tal como se revela en este pasaje. «¡Dichosos los que llenan su aljaba con esta clase de flechas!» La poderosa analogía que usa el salmista asocia la riqueza potencial de los hijos con el poder de las flechas. La aljaba es el lugar donde las flechas esperan para ser usadas. Es el lugar de la posibilidad; es el sitio donde entra en juego la paciencia y las potencialidades se tornan en acción. De hecho, existen tres etapas de la paternidad que se revelan en este texto. Una es el estado de reserva; el segundo es el estado de retraimiento; el tercero es el estado de liberación. Quiero examinar los tres estados según abordamos este concepto de estar preparados, y apuntar en la dirección correcta antes de disparar.

La idea trascendente no es tanto acerca de los hijos como acerca de las palabras de preparación para cosechar los frutos de tu trabajo. Puedes ser adulto y necesitar aún atravesar estos tres estados para alcanzar el blanco en tu vida, tu empresa, tu matrimonio, o cualquiera que sea tu objetivo. Da igual, pues, si tienes hijos o no, lo que es importante es que visualices el poder de ubicarte y reubicarte y cómo ello afecta tu resultado final.

La reserva es la etapa de comprensión donde debes guardarte del abuso y el mal uso de tus destrezas y tener la paciencia necesaria para esperar la oportunidad en que puedas aplicarla en mayor y mejor capacidad. En la paternidad, tenemos una obligación de hacer todo lo que podamos para proteger a nuestros hijos mientras se encuentren en nuestra aljaba. Eso es también una manera de decirles: ustedes son importantes y queremos reservarlos para algo mejor, para que puedan desarrollar a plenitud sus auténticas posibilidades según entran en la adultez.

Con demasiada frecuencia, los padres ignoran esta etapa de reserva. Vivimos en un mundo donde los niños de tres años tienen tatuajes y las niñas de cinco usan tacones y maquillaje. Cuando no se reserva nada, dañamos el resultado final. Hay tiempo y lugar para todo. He aprendido que darle a los hijos cualquier cosa prematuramente no es una bendición. Algunas cosas tienen que reservarse para que llegues a asumirlas. Así como las relaciones sexuales se reservan para los adultos y no se supone que sean para los niños, así muchas otras cosas buenas no son buenas si se conceden prematuramente.

Piensa en los ganadores de la lotería que, de una manera mágica, alcanzan el éxito sin atravesar por un largo proceso. Las estadísticas muestran cuán fácilmente pierden lo que han ganado porque no se prepararon para ello. Simplemente no saben cómo manejar su dinero. Si te has entrenado previamente, puedes manejar todas las responsabilidades periféricas que acompañan al éxito. Una cosa es tener dinero, y otra disponer de un sistema para manejar el dinero y los problemas que se asocian con tenerlo.

Cuando obtenemos las cosas prematuramente, cuando no nos preparamos para ellas, la vide se hace más grande y el éxito nos aplasta. Ahora bien, entiéndase que *aplazado* no significa *negado,* y precisamente el que tengas que esperar por algo, no significa que no llegue. La primera palabra que gritan en el campo de tiro es *preparen.* ¿Estás preparado para lo que está por suceder? ¿Está preparado tu hogar? ¿Has emplazado un sistema para el triunfo? Con frecuencia hay sistemas emplazados para el fracaso, pero poco se hace para prepararte para ganar. ¿Has pensado alguna vez lo que sería tu vida si lograras tu sueño? ¿Tienes los sistemas listos? ¿Estás preparado para las exigencias que se presenten?

La etapa de reserva es sólo la gracia de Dios que te da tiempo para prepararte para Su promesa. Yo no estoy en contra de la prosperidad. Estoy en contra de los que enseñan a los demás que pueden hacerse ricos de manera mágica sin luchar, cuando en realidad la riqueza tiene que manejarse como cualquier otra cosa. Y Dios no nos concede bendiciones económicas simplemente porque des una ofrenda. Necesitas algo más que la fe; necesitas trabajar y la disposición de aprender a administrar lo que estás a punto de recibir.

Dios puede darte la riqueza, pero tú tienes que administrarla. Él le dice a Josué: te he dado la tierra para que la poseas. Esto indica que conlleva una responsabilidad humana alcanzar y administrar lo que Él ha decretado que es merecidamente nuestro. La manera en que algunos escriben acerca de la prosperidad es muy semejante a malcriar a un niño. Puedes sentirte bien cuando resultas bendecido, pero finalmente el resultado es un mocoso malcriado que lloriquea por las cosas pero que carece del sentido para conservar lo que le han dado. Por eso David dice, deja las flechas en la aljaba por un tiempo y déjalas en reserva hasta que puedan liberarse.

## Retroceder para avanzar

Antes de que podamos abordar la poderosa liberación a que todos aspiramos y disfrutamos, debemos entender primero la etapa de la retracción. Al igual que una flecha puesta en un arco, la mayoría de la gente va hacia atrás antes de dispararse hacia adelante. ¿Qué haces cuando puedes ver el blanco pero sigues perdiendo terreno? ¿Cómo manejas la frustración de tenerlo a la vista y sin embargo ves que las circunstancias frustran las aspiraciones que deseas alcanzar?

Es normal retraerse antes de soltarse. Si tomas una manguera corriente de jardín y por un momento le restringes el flujo de agua al doblarla, la fuerza del agua será muchísimo mayor cuando la endereces. De manera semejante, aquellos de nosotros que hemos experimentado contratiempos en la vida, con frecuencia nos soltamos y vamos a caer más lejos *debido al* contratiempo y no *a pesar de él.*

Albert Einstein recibió un suspenso en la escuela.* A Les Brown lo consideraron mentalmente deficiente. Hay millonarios que surgen de quiebras. Moisés fue llamado para hablar, pero él no podía. A veces lo que nos hace inseguros y vulnerables se convierte en el combustible que necesitamos para ser supertriunfadores. El antídoto para la mordedura de serpiente se hace del veneno, y lo que te hace retroceder es la misma fuerza que te propulsará hacia adelante. Creo que esto tiene mucho que ver con el por qué la gente que viene a

---

* La más reciente biografía de Einstein desmiente esta opinión inventada al parecer por una publicación popular y repetida después muchas veces. Está fuera de duda que Einstein fue un alumno aventajado. (N. del T.).

nuestras escuelas proveniente de países del tercer mundo con frecuencia logra más que aquellos de nosotros nacidos aquí, que damos la educación por sentada. Es el hambre de triunfar lo que les hace quedarse leyendo mientras nosotros nos vamos de juerga. Por lo general son bilingües, mientras algunos de nosotros luchamos por el derecho a usar una jerga de afroamericanos o escribimos como si se tratara de un mensaje electrónico. A menudo toman clases en varias áreas de interés diferentes en lugar de escoger una carrera en base al mínimo de créditos que se exigen. La miseria que han visto o experimentado es el catalizador de sus aspiraciones. Nuestra proclividad es pensar que hay coronas sin cruces, y eso es una directa contradicción de las Escrituras. En realidad, es la agonía lo que crea el éxtasis de la vida.

¿Quién puede seriamente rechazar que fueron las mangueras de agua de los sesenta que avergonzaron a la nación las que cambiaron la segregación racial? ¿No fueron las muertes de cuatro niñitas en el atentado a una iglesia en 1963 en Birmingham, Alabama, precursoras de las enmiendas de los derechos civiles? No me opongo a las manifestaciones si son necesarias en la actualidad, pero aún recuerdo cúan poderosa era una manifestación cuando era precedida por las mangueras y los perros. ¿Podemos negar que la sangre de Martin Luther King, Jr. afectó el resultado del movimiento? ¿Quién puede ignorar el poder de la persecución? En verdad, no los cristianos, que pueden ver claramente que la salvación se ganó sólo después de la crucifixión. No fue lo que Jesús *dijo* en la cruz lo que nos redimió; fue lo que Él *sufrió*.

Sin la retracción, la liberación no tiene el mismo impacto. Tal vez este principio se ve con mayor claridad en la vida de Nelson Mandela, que estuvo encerrado durante años. El poder para llegar a ser presidente de Sudáfrica nació en las celdas carcelarias de ese mismo país. De las profundidades desesperadas del apartheid, el racismo y la injusticia surgió el poder del ascenso de Mandela. No puedo imaginar cómo este gran líder pudo perdonar y trabajar por el mejoramiento de Sudáfrica, pero yo tampoco estuve en esa celda. Una cosa es cierta: su liberación no habría tenido impacto de no haber sido por la degradación que padeció.

Otro ejemplo surge con la vida del autor y premio Nobel Elie Wiesel. Junto con toda su familia, lo internaron en un campo de concentración nazi durante la Segunda Guerra Mundial. Wiesel terminó siendo el único de ellos en sobrevivir los horrores de la persecución. Tan inimaginable como el infierno que él debe haber sufrido, obras tales como *La noche* hacen claro que la experiencia forjó una profundidad de carácter que él mismo nunca podría haber imaginado. La tenacidad, resistencia y voluntad de Wiesel de reconstruir su vida una y otra vez le permitió convertirse en filósofo, maestro, activista político, orador y fundador de la Fundación Elie Wiesel para la Humanidad.

La etapa de apuntar es también la de retracción. Es cuando el arco se tensa que también se apunta. Conlleva fuerza y disciplina no disparar la flecha demasiado pronto. Debes ser paciente y mantener la retracción hasta que llegue el momento adecuado y tu liberación pueda resultar tan estratégica como sea posible. Quieres retraerte hasta que sepas que la tensión del arco apoya el lanzamiento de manera que la flecha llegue al blanco y se clave en la diana.

## Liberado por la aflicción

Si lees los Salmos, la mayoría de ellos escritos por David, podrías llegar a la conclusión que es bueno ser afligido. Ya sea el Salmo 119 o el Salmo 71, encontrarás una voz que expresa temor, enojo, inseguridad y suprema confianza en el poder de Dios para sobrevivir.

> Cuando los malvados avanzan contra mí
>   para devorar mis carnes,
>   cuando mis enemigos y adversarios me atacan,
>   son ellos los que tropiezan y caen.

> Aun cuando un ejército me asedie,
>   no temerá mi corazón
>   aun cuando una guerra estalle contra mí,
>   yo mantendré la confianza.
>                                  Salmo 27:2–3 (NVI)

Estoy seguro de que mi agonía ha servido para mejorar mi puntería. Estoy convencido de que, de no haber sufrido mis pequeñas aflicciones, no estaría tan empeñado en mi lucha. Llamo mis aflicciones leves y me siento avergonzado de incluirlas en una página que habla de las cuatro niñas que perecieron en un aula de la Escuela dominical. No puedo referirme a mi aflicción al tiempo que hablo de Nelson Mandela o de Elie Wiesel. Pero ningún dolor, grande o pequeño, se pierde cuando se usa como combustible y catalizador para propulsarte hacia tu más poderosa liberación.

Si esta analogía de arcos y flechas te parece demasiado abstracta, entonces hagámosla tan concreta como sea posible. Sal a un campo con un arco y una flecha y trata de apuntar con el arco o de dispararlo sin tensarlo. Resulta imposible. Asimismo es imposible ser lanzado sin ser halado antes. Esta vez para el gozo de la liberación.

Ésa es la recompensa de los que han sufrido hasta el punto de quebrarse. Éstas son las victorias y los logros de aquellos cuya angustia precedió a su liberación. Esto es lo que hizo a Nelson Mandela bailar en las calles. Esto es lo que inspiró a Wiesel a escribir una serie de obras que lo llevó a ganar el Premio Nobel, que logró transformar su dolor en poder.

¿Cuándo llegará el momento de tu liberación? ¿Cuándo vindicarás tu dolor?

Con la fuerza de una necesidad reprimida surge el júbilo de la libertad. Nunca puedes saber lo libre que eres hasta que entiendas cuán atado y reprimido estuviste alguna vez. Todos los que gozamos de buena salud no entendemos lo maravilloso que es hasta que vemos a alguien que la perdió y que logra recobrarla. Este es el poder de la liberación. Atado en la tensa y tirante etapa de la retracción. Es con esa fuerza que el estudiante que ha tenido dificultades a su paso por la escuela, se esfuerza para escribir ensayos y tomar exámenes y se gradúa. La celebración es tan embriagadora como la noche de bodas de un hombre virgen que ha pasado de la abstinencia a la consumación, con la libertad de la expresión plena. Es con el impacto de un novio que aguarda que votó la primera generación de mi gente. Es con el impacto de una unión dichosa que las mujeres logran ahora sus sueños en un país donde una vez fueron consideradas una propiedad.

¿Cuál es tu historia? ¿Te han halado hacia atrás lo suficiente para ganarte el derecho a saber que estás en posición de prosperar por lo que has padecido? Si crees que no te has situado correctamente, soy portador de buenas nuevas. No es demasiado tarde para retroceder hasta el proceso de reserva (tomarse el tiempo para meditar sobre las nuevas metas e ideas, manteniéndote cerca de las personas que hacen lo mismo que tú haces), de retracción (yendo a la hibernación por un minuto para obtener las destrezas que necesitas para realizar tus sueños), y luego, con la energía de un novio que estuviera a la espera, persigue los sueños que te han evadido antes. Esta vez el matrimonio debe obedecer a un arreglo previo y no dejarle nada al azar ni a la casualidad. Reconstruir tu vida es una segunda oportunidad de realinear lo que no estaba bien dirigido la primera vez.

Comenzamos esta segunda parte abordando la devastación de la mediocridad. Como las termitas que devoraran las hermosas vigas de una mansión histórica, la mediocridad seguirá royéndote y mordiéndote los talones. Pero si tienes la disposición de reubicarte basándote en tu aljaba de recursos, entonces descubrirás el poder innato que se deriva de tu mayor sufrimiento.

Descubrirás que al hacer reservas de tus recursos, ganas ímpetu y una masa crítica de energía que ha de liberarse en el momento más oportuno. Te darás cuenta que al retraerte de tu objetivo, retrocediendo y tensando tu fuerza, podrás alcanzar una trayectoria mayor. Y finalmente, erradicarás la mediocridad con la precisión e intensidad de tu liberación.

¡No aceptes una vida mediocre! Medita en las realidades de tu vida que te han llevado hasta donde te encuentras ahora, utilízalas para enfocar y reenfocar tu ángulo de ataque y date a ti mismo el 110 por ciento de triunfo en todo lo que seas capaz de terminar en tu vida. En suma, ¡prepárate, apunta, fuego!

## ocho
# Trato hecho o no: El costo de lo que pagas *vs.* lo que consigues

---

¡Vengan, a las aguas
   todos los que tengan sed!
   ¡Vengan a comprar y a comer
   los que no tengan dinero!
   Vengan, compren vino y leche
   sin pago alguno.

¿Por qué gastan dinero en lo que no es pan,
   y su salario en lo que no satisface?
   Escúchenme bien, y comerán lo que es
   bueno,
   y se deleitarán en manjares deliciosos.
              —*Isaías 55:1–2 (NVI)*

Cuando yo era un joven ministro que luchaba para ganarme el sustento, miraba con añoranza los nuevos vehículos de mis amigos y me preguntaba si alguna vez llegaría a ganar —mucho menos ahorrar— suficiente dinero para adquirir un auto nuevo. Una vez que estuve trabajando en la planta local durante un tiempo, me di cuenta de que mi sueño no era tan difícil de alcanzar después de todo. Un día, al terminar el turno de trabajo, aún con el casco y las botas de puntas de acero puestos, me detuve en la agencia local de automóviles y se produjo un amor a primera vista entre el nuevo Trans Am que adornaba la sala de exhibiciones y yo. En el momento en que estaba haciendo mis cálculos mentales para ver si esa hermosa máquina estaba a mi alcance, alguien se tomó la atribución de responder por mí.

«No puedes costear ese auto, hijo», me dijo un señor mayor con una sonrisa falsa. «Déjame mostrarte algunos de nuestros autos usados aquí detrás del garaje». Dudé por un momento, conteniendo mi cólera y mi indignación antes de contestar, «no creo que usted sepa lo que puedo y no puedo costear. Estoy seguro que otro concesionario se interesará en mi negocio». Y diciendo esto me fui confiadamente del edificio y del terreno donde se mostraban los autos.

Regresé unas pocas semanas después, conduciendo el auto de mis sueños: un Trans Am plateado 1979, nuevo de paquete con ventanilla en el techo, pizarra de mando con rayos infrarrojos y, por supuesto, esa bella imagen del pájaro de fuego quemándose a lo largo del capó. Me había ido hasta un pueblo cercano la semana anterior y lo compré en la sala de exhibición de un concesionario de allí. ¡Ni que decir que mi viejo amigo el vendedor se quedó sin habla!

Si bien tal auto no era el más adecuado para un joven ministro con un futuro prometedor, yo me enamoré del Trans Am. Representaba mucho más para mí que un medio de transporte lujoso. Yo había comprado el éxito, había atravesado una barrera (claramente representada por la suposición del vendedor) y también había expresado mi gusto exquisito y ultramoderno, todo gracias a ese auto.

Puedo recordar que cuando estaba cortejando a la encantadora mujer que se convertiría en mi esposa; llevaba el techo abierto y había bajado las ventanillas y Barry White sonaba en el estéreo de tono dual y la pintura del auto resplandecía como si fuera plata. Conduje a través de Beckley, Virginia Occidental, rumbo a mi destino, tomándome mi tiempo para que todo el mundo reparara en mí, algo más que un muchacho en la madura edad de veintitrés años. ¡Para el juego de la seducción, esperaba parecer más un hombre de mundo que un hombre de iglesia!

Mirado retrospectivamente, creo que mi futura suegra, la Sra. Jamison, le permitió a su hija salir conmigo a pesar del auto que yo conducía —no gracias a él. Meses después, cuando Serita y yo nos casamos, mi flamante vehículo comenzó a perder su lustre. Una vez que se convirtió en el auto de la familia, bueno, no necesito decirte lo que un *Slurpee* derramado y el olor de pañales hicieron de su interior.

Luego de unas cuantas reparaciones de rigor, desperté a la dura realidad acerca del auto de mis sueños. Era sólo un auto después de todo. Yo seguía siendo el mismo. Aún vivía donde vivía. Mi familia seguía siendo quienes eran.

Esta hermosa adquisición que tan fácilmente se ensuciaba perdía algo más que gasolina según lo conducía —también perdía valor. Un día yendo a casa —poco antes de que el auto resultara pérdida total en un accidente— me di cuenta de que no podía invertir mi noción de éxito en el auto que conducía. Por mucho que yo quisiera aparentar que había llegado, acaso en parte por fastidiar al vendedor, cobre conciencia de que sólo estaba empezando. La verdad era que había emprendido un camino mucho más largo, un viaje para entender lo que el dinero puede y no puede comprar.

Más tarde, cuando me despidieron y había que tener en cuenta hasta el último centavo, aprendí que cuando los dólares escasean, uno no puede despreocupadamente gastar dinero en una propiedad que se deprecia. Los dólares invertidos se fueron sin ninguna esperanza de acumulación de capital. Hasta el lustre del Firebird había disminuido. Reemplacé la sonora voz de barítono de Barry White con la voz electrificante de Aretha Franklin cantando «*The Thrill is Gone*» («la emoción se acabó»). Empezaba a entender la fuerza de las prioridades y la sabiduría de las palabras de mi madre cuando decía, «¡La educación es cara. ¡Uno paga un precio más alto del que está en la etiqueta!"

## La respuesta es dinero

Todos hemos oído que el dinero no puede comprar la felicidad, que no puede comprar el amor y que uno no puede medir la verdadera riqueza. Si bien creo en la certeza de todas esas nociones, sé lo que la Biblia dice acerca del dinero, y eso puede escandalizarte. Mi impresión es que la mayoría ha oído que el amor al dinero es la raíz de todos los males (1 de Timoteo 6:10), y ciertamente la avaricia y la idolatría de las posesiones materiales puede fácilmente contaminar nuestros motivos y corromper nuestros corazones. Sin embargo, mientras nos sumimos a pensar en el papel que desempeña el dinero y los medios materiales de la manera en que nos preparamos para el éxito, quiero que consideremos, en términos muy prácticos, lo que el dinero puede y no puede comprarnos.

En primer lugar, según las Escrituras —y he aquí lo que puede escandalizarte— el dinero es la respuesta para todo. ¡Sí, has leído bien! En Eclesiastés, una inspirada meditación sobre el significado de la vida, el Predicador escribe:

> Por el placer se hace el banquete,
> y el vino alegra a los vivos;
> y el dinero sirve para todo.
>
> Eclesiastés 10:19 (VRV)

Ahora bien, puedes estar preguntándote, si el amor al dinero es la raíz de todos los males y tantos pasajes de la Biblia advierten en contra de ser seducidos por el poder del dinero, luego, ¿cómo puede servir para todo? Pero piensa al respecto: el Predicador no dice que el dinero te hará feliz ni te realizará ni te traerá paz y contento. Dice simplemente que sirve para todo; cualquier «cosa» que pueda adquirirse, el dinero te la puede dar.

Mi interpretación de este pasaje es que el dinero sirve para todo porque nos brinda opciones: siempre las ha brindado y siempre las brindará. El dinero determina cómo llegas aquí, cuándo te vas y cómo vives. Si no tienes mucho dinero, vienes acompañado, te irás cuando se vayan y te verás obligado a vivir en tu domicilio actual con opciones muy limitadas. Tú haces lo mejor que puedes con lo que has logrado. O como solía decir mi abuela, «¡tengo todo lo que quiero porque sé lo que quiero!»

El dinero sirve para todo porque usualmente cuanto mayor es la suma de dinero, tantas más opciones tenemos. El boleto superbarato no reembolsable en clase económica incluye las fechas en que no puede usarse, que te limita cuándo puedes viajar y cómo llegarás a tu destino. Si tienes suerte, las rodillas no se te meterán demasiado en el asiento delantero y te sentirás lo suficientemente cómodo para disfrutar de los maníes salados.

Si viajas en primera clase, pagas el precio más alto, pero eliges el día y la hora del vuelo, si miras por la ventanilla o estiras las piernas por el pasillo. Elegirás lo que vas a comer y a beber durante el vuelo, bistec o pollo, vino blanco o tinto, tarta de queso o budín. Te darán toallas calientes para que te refresques y te preguntarán si prefieres el *Wall Street Journal* o el *Washington Post*.

El dinero no puede hacerte feliz, ni puede hacerlo su búsqueda o las cosas que puedes comprar con él, pero la libertad de movimiento que proporciona, la facilidad, la conveniencia y las posibilidades de posicionarte, sí te resuelven la mayoría, si no todos, los dilemas físicos de la vida. El tener soluciones para los problemas brinda seguridad. El tener seguridad y opciones te permite concentrarte en otras cosas y disfrutar los aspectos no materiales de tu vida.

Si no estás preocupado con el modo en que has de pagar tus cuentas si regresas a estudiar en busca de otro título, entonces evalúas la decisión de manera diferente que si sabes que tendrás que trabajar mientras asistas a cursos de media jornada. El no preocuparte de lo que ocurra si tu auto se rompe porque sabes que puedes costear el arreglo, puede ser un lujo más preciado que una limusina con chofer. El no tener que incurrir en deudas de tarjetas de crédito para comprar los regalos que quieres darles a tus hijos y seres queridos en Navidad puede ser el mejor de todos los regalos.

No hay nada malo en reconocer que la existencia resulta más fácil y más cómoda si uno tiene los recursos económicos para engrasar las ruedas de la vida diaria.

Sin embargo, resulta tentador condicionar la calidad de la vida a este hecho y vernos como carentes de toda opción o recursos si no tenemos tanto dinero como quisiéramos. Demasiadas personas están más dispuestas a quejarse de que la vida es injusta que a invertir en prepararse para más opciones.

## ¿La gratitud? Inapreciable

La realidad es que la mayoría de nosotros no estamos preocupados acerca de dónde nos llegará la próxima comida o si tendremos un techo esta noche o una cama donde dormir. Puede que no sea lo que queremos comer y donde queramos comerlo, pero no vamos a morirnos de hambre ni a vernos expuestos a los elementos. La mayoría de nosotros somos lo bastante dichosos para tener cubiertas nuestras necesidades básicas de manera que nos mantengamos físicamente saludables la mayor parte del tiempo.

¿Por qué, pues, estamos tan ansiosos de tener lo próximo y lo último, y lo único que vemos es lo que disfruta nuestro vecino de enfrente? ¡Ni siquiera nos importa de qué se trata! La naturaleza humana parece hacernos mirar siempre por encima de la cerca para admirar el precioso color del césped del vecino.

No hay nada malo en tener incentivos, en querer disfrutar más de la vida, en deleitarse con los frutos de tu trabajo. Hay muchas personas, no obstante, que incluso cuando saben intelectualmente que el dinero no puede proporcionarles lo que ansían, siguen luchando por alcanzar un éxito que sólo puede medirse por sus cuentas bancarias. No disfrutan lo que tienen porque nunca es bastante. De nuevo en el Eclesiastés, el Predicador apunta:

El que ama el dinero, no se saciará de dinero;
y el que ama el mucho tener; no sacará fruto.
                                   Eclesiastés 5:10 (VRV)

A partir de mis experiencias y observaciones, el único medio para protegerte de quedar atrapado en el ciclo perpetuo de no tener nunca lo suficiente, es el tener siempre en mente lo que posees.

El apóstol Pablo sabía que siempre debes estar agradecido si has de permanecer anclado en el momento actual y no lamentando el pasado o viviendo condicionalmente en el futuro. Señaló que debes mantener una vista panorámica tanto del bien como del mal, y dijo que él había experimentado ambos.

No digo esto porque esté necesitado, pues he aprendido a estar satisfecho en cualquier situación en que me encuentre. Sé lo que es vivir en la pobreza, y lo que es vivir en la abundancia. He aprendido a vivir en todas y cada una de las circunstancias, tanto a quedar saciado como a pasar hambre, a tener de sobra como a sufrir escasez. Todo lo puedo en Cristo que me fortalece.
                                   Filipenses 4:11-13 (NVI)

Al igual que Pablo, cuán importante es que todos hayamos probado ambas cosas. Él dijo que conocía la escasez y la abundancia, tanto el tener como el experimentar carencias, y estaba satisfecho en ambas situaciones. Personalmente, he tenido el privilegio de hospedarme en la suite penthouse de muchos de los más opulentos hoteles cinco estrellas del mundo; pero, como evangelista, también he dormido en el fondo de la iglesia. Sé lo que es quedarse en la casa de la abuela en un catre en el portal trasero. Creo que puedo apreciar lo que tengo porque me doy cuenta de que mi nivel de satisfacción no depende de lo que me rodea.

Ésta puede ser una asignatura difícil de aprobar para otros, particularmente nuestros hijos. La mayoría de los miembros de una primera generación —primera en recibir educación superior, o en tener su propio negocio, o en tener riqueza— se enfrentan a una difícil tarea en el empeño de que sus hijos adopten sus valores. Ellos nos oyen, pero no llegan a apreciar del todo el mensaje que les queremos transmitir porque no han vivido nuestra experiencia. No han aprendido de primera mano las lecciones que la pobreza puede enseñar. Un hombre exitoso se volvió hacia su esposa y le dijo, «Le hemos dado todo a nuestros hijos salvo lo que nos hizo grandes». Ella lo miró y le preguntó: «¿Qué es eso?» Él suspiró y respondió: «El empeño».

Muy a menudo en tiempo de fiesta llego a enojarme con mis hijos. Para mí, Acción de Gracias y Navidad fueron extraordinarios momentos de intimidad familiar y de comidas especiales: torta de especias de mi abuela, pavo y aderezo de mi mamá, camotes de mi tía y así sucesivamente. Nos vestíamos para la ocasión y comíamos muchísimo y nos poníamos al día y estábamos juntos. Pero nuestros hijos tienen tanto todo el tiempo, que no ven las fiestas de este modo. Nunca olvidaré cuando vi a mis dos hijos varones, vestidos de vaqueros y camisetas, entrar caminando un Día de Acción de Gracias con bolsitas de Burger King. ¡Pensé que me daría un ataque al corazón, si no les daba uno a ellos primero!

Es por esto que creo que es tan importante enseñarles a nuestros niños un sentido de responsabilidad, incluso privándoles de cosas hasta que desarrollen la perspectiva de apreciar lo que se les da. De otro modo, la gratitud es demasiado difícil de cultivar.

## Ganancias de capital

La gratitud es también uno de los grandes antídotos conocidos para la complacencia y la mediocridad. Si estás consciente de lo que te han dado, entonces quieres ser mayordomo de esas bendiciones, tanto para tu disfrute como para que sirvan de bendición a otros. Estar satisfecho con todas las cosas no significa que aceptes y te resignes y no mires hacia adelante y te esfuerces aún más. Significa simplemente que te das cuenta de que no serás más feliz si el Mercedes estuviera en el garaje en lugar del Mercury. No eres mejor, ni una persona más satisfecha, si sirves la comida en una vajilla de porcelana en lugar de en platos de cartón.

A fin de cultivar la gratitud y de aprender a estar satisfecho con lo que tienes, debes darte cuenta de lo que el dinero no puede comprar. Debes aprender a identificar aquellas cosas que realmente son inapreciables. Usualmente, desde alrededor de fin de año a principios de enero, la gente se dedica a calcular cuánto debe de impuestos sobre ganancias de capital, lo cual, como tú sabes, es la cantidad de ingreso gravable que pagas sobre los rendimientos de inversiones tales como los bienes raíces y las acciones bursátiles. Pero hay una ganancia que no podemos medir con una calculadora. La Biblia dice que con la religión se obtienen grandes ganancias, pero sólo si uno está satisfecho con lo que tiene (1 Timoteo 6:6). Pablo, en su carta a los Filipenses citada anteriormente, señala que él había aprendido a estar satisfecho tuviera mucho o poco. Eso no significa que el Apóstol careciera de aspiraciones o de empuje, tan sólo es que él sabía que algo que valiera la pena había de ganarse mediante el empeño y el éxito.

Casi todas las autobiografías que he leído, ya la escriba una supermodelo o un gran ejecutivo de empresa, comienzan por compartir el esfuerzo y cómo aprendieron sus valores a partir de esa lucha. Hay una ganancia que no es gravable de los réditos del capital: la ganancia de tener una familia que te ame; la ganancia que proviene de ganarte tu propio ascenso en el trabajo; la ganancia de encontrar belleza en cosas que no cuestan nada, como la risa de un niño; la belleza que provoca el apacible vaivén del océano poderoso. Estas cosas Dios nos las da gratis.

¿Incluyes estos artículos gratuitos e inapreciables en tu cartera personal de valores? La belleza de un amigo que no pudo irse a dormir después de la fiesta hasta saber que llegaste a casa sano y salvo. ¡O la belleza que proviene de un niño que canta un solo completamente desentonado faltándole dos dientes y con una ENORME sonrisa! Para tales cosas, no hay precio. El majestuoso salto de las cascadas que descienden sobre los acantilados de una isla tropical. No hay ningún conmutador que la encienda o la apague, sino que corre continuamente. Vi los osos polares jugando felizmente en Alaska, sin resbalar en el hielo ni una sola vez, sino sumergiéndose en las aguas congeladas, ignorando completamente a todos los que mirábamos sus payasadas desde los lujosos cruceros.

Cuando llega el momento de calcular tus impuestos anuales, en lugar de abordar esto con turbación y ansiedad, tenlo por una verdadera fiesta de acción de gracias. De hecho, conozco a una familia que sirve una cena tradicional con pavo una vez que ha enviado los W4 y todos los demás formularios fiscales. Los miembros de esta familia han aprendido a apreciar la dicha de sentir la mano de la madre en la frente de un niño enfermo, el consuelo del brazo del padre sobre tu hombro mientras estás de pie afuera contando las estrellas, la alegría de derrotar a tus hermanos y hermanas en el juego de Monopolio. Estos renglones no pueden deducirse. Son inapreciables y no tienen nada que ver con acciones y ganancias.

Cuando sumas todo, las mejores cosas en la vida son gratis. Si tienes ganancias de capital pero estás personal y espiritualmente en quiebra, las ganancias no significan nada en absoluto. Piensa en cualquier número de individuos hermosos, exitosos y ricos que murieron en medio de la desesperación y la tristeza. La muerte prematura de Marylin Monroe, el trágico accidente de la princesa Diana, el suicidio de Ernest Hemingway con una escopeta.

Si algunas de las limitaciones de tu vida están relacionadas con dinero, entonces antes de que empieces a tomar medidas prácticas hacia la eliminación de las deudas y el llegar a manejar tus recursos con mayor inteligencia, debes llevar a cabo una auditoría sobre aquello que posees que no puede comprarse ni venderse. El costo de la felicidad es menor de lo que piensas. ¿Cuándo fue la última vez que hiciste alguna «terapia de compras», como he oído que la llaman algunas señoras, en el intento de comprarte algún bienestar momentáneo? Mejor aun, ¿sabes por qué compras cosas para sentirte feliz? ¿Qué es lo que realmente anhelas? ¿Es la aprobación y la aceptación de los demás? ¿Sentirte atractiva, joven y sexy? ¿Compensarte por la falta de un marido? ¿Compensarte por lo que te obligaron a hacer en la niñez?

No hay nada malo en regocijarte con los frutos de la victoria en tu arduo ascenso en la escala corporativa, pero ¿estás realmente disfrutándolos si nunca te detienes para apreciar lo que tienes y con quién tienes que compartirlos? Antes de pasar al siguiente capítulo y contemplar cómo podemos trascender una deuda que nos debilita, te insto a detenerte aquí y hacer un inventario de tus verdaderas percepciones acerca del dinero. ¿Estás consiguiendo aquello por lo que pagas? ¿O anhelas algo que es gratuito y que no cabe en una etiqueta de precio?

nueve

# Leones, tigres y osos: Cómo derrotar a los adversarios financieros que te limitan

¿No se levantarán de repente tus acreedores?
¿No se levantarán para sacudirte y despojarte
con violencia?
*—Habacuc 2:7 (NVI)*

A ninguno de nosotros nos gustaría extraviarse en un bosque sólo para encontrarse acechado por un grupo de feroces depredadores. ¡Imagínate el horror de mirar por encima del hombro y advertir el inminente peligro que corremos frente a lo que parecen ser los cinco grandes mamíferos de África del Sur! Para los fines de este libro, podríamos reducir los cinco a tres y llamarlos leones, tigres y osos, teniendo en cuenta que estas bestias carnívoras son tan sólo las muchas influencias que atacan nuestras finanzas y nos dejan desangrándonos de por vida. Así como los préstamos de estudiantes acosan a los profesionales adultos, tales bestias salvajes nos dejan jadeantes en el intento de no permitir que nos atrapen. ¿O qué pasa con esas rugientes cuentas médicas y los gruñidos de los saldos pendientes de las tarjetas de crédito? ¿No bastan para hacer que incluso el más valiente de nosotros se esconda debajo de las sábanas y llame a gritos a su madre para que lo salve?

Ya puedes abrir los ojos. Te lo garantizo.

Éste es el capítulo que podría hacerte pestañear mientras pasas las páginas, tapándote los ojos con las manos como si estuvieras a punto de encontrarte el próximo asesinato macabro en una sangrienta película de horror. Es aquí donde sabes que vas a recibir algún enérgico consejo semejante a una intervención y algunas recomendaciones prácticas que pueden exigir algunos cambios en tus actitudes, inversiones y facturas. Éste es el capítulo favorito de Gerardo el Gerente, el único en el que él logra recordarte dónde puedes haber tropezado en lo que respecta a oportunidades perdidas, posibilidades malgastadas y sus secuelas de remordimientos.

Pero está bien. No hay ninguna culpa aquí, sólo orientación; ninguna vergüenza, sólo soluciones; y ningún temor, sólo fe. Aprender a administrar y a desembarazarte de la limitaciones económicas que traban tu vida puede ser una de las sensaciones más liberadoras que jamás hayas experimentado. No se trata de que te harás rico y no te volverás a preocupar del dinero nunca más. Se trata simplemente que te sentirás dueño de la situación porque no hay crisis, seguro porque existe una estrategia, y realizado porque finalmente estás haciéndole frente a los hechos.

Tal como hemos discutido, el dinero y los objetos materiales no pueden hacerte feliz, ni te pueden proporcionar paz y gozo, ni te pueden inducir a ser una mejor persona. Recuerda que el dinero sí te da opciones, elecciones y conveniencias que nos ayudan a avanzar en la vida. Pero lo mismo si viajas en primera clase o en clase turista, seguirás siendo la misma persona. Mucha gente que se viste con trajes de Armani y de Dolce & Gabbana no saca a bailar a nadie. No, siguen siendo los pequeños y angustiados contables cuyas vidas de repente no crecen. Se muerden las uñas y trabajan hasta tarde, tratan de hacer malabarismos con las deudas, pagan los impuestos y esperan retrasar la inevitable desaparición de una persona que públicamente lleva el estilo de vida de los ricos y famosos. ¡Pero en privado el Sr. y la Sra. Buena Vida están luchando desesperadamente por mantener el numerito de las falsas ganancias!

Si no tienes un plan y no eres consciente de dónde te encuentras financieramente, resultará muy difícil que te puedas preparar para llegar adonde quieres en otras zonas de tu vida. Si tropiezas con un muro de temor, vergüenza y culpa cada vez que resurgen tus hábitos de gastos, entonces vas a encontrar un obstáculo cuando quieras hacer ese viaje a Bahamas con que has soñado, o matricularte en la escuela nocturna, o llevar tus hijos a Disneylandia. Tus finanzas son una especie de savia vital que recorre tu cuerpo y determina tus propósitos. El dinero no te proporciona el corazón, el alma ni los órganos vitales de tu existencia, pero sí lleva los nutrientes, los minerales y el oxígeno puro a esas partes.

De manera que echemos a un lado el temor, la culpa, la vergüenza y cualesquiera otras emociones que puedan hacerte temblar la mano o sudar la frente mientras lees este capítulo. Es tiempo de que tomes posesión de esta zona de tu vida. Es tiempo de replantearte como un individuo económicamente responsable, ducho en recursos y con un plan para la realización de tus sueños.

## Ir a ver al mago

Al pedirte que eches a un lado tus temores en esta zona, no quiero decirte que los problemas financieros no te asusten. Todo lo que ocurre en nuestra economía puede fácilmente aterrarnos. ¿Qué pasaría si no puedo ahorrar para la universidad de mis hijos? ¿Qué pasaría si no cuento con un plan de jubilación o un 401(K)? ¿Qué pasaría si no encuentro un modo de salir de mis deudas de las tarjetas de crédito? ¿Debo usar mis ahorros para pagar lo que le debo a las tarjetas de crédito? O algo más apremiante incluso: ¡cómo voy a pagar mis facturas este mes!

Puedes sentirte como Dorothy, el personaje de *El mago de Oz*, uno de los cuentos favoritos de mi infancia, al empezar su viaje con sus improbables camaradas, el espantapájaros y el hombre de latón. Mientras se aventuran a través del bosque donde terminarán por descender esos aterradores monos voladores, previenen el encuentro con las bestias que intentarán convertirlos en su comida. «¡Leones, tigres y osos, Dios!» se convierte en su estribillo con el que expresan musicalmente sus temores por lo desconocido. Sin embargo, finalmente se encuentran con un león, te acuerdas, el león cobarde.

Si bien Dorothy está aterrada al principio, pronto se da cuenta de que ¡el león que tiene delante está más asustado que ella! Me encanta esta escena porque recoge con gran precisión la manera en que a veces vivimos nuestras vidas, el miedo a las cosas en la oscuridad, el temor ante la incertidumbre, las dudas acerca de posibilidades de tercera mano.

Y luego cuando realmente encontramos a uno de los que tememos, resulta ser algo que podemos fácilmente controlar y de lo que podemos aprender. Dorothy aprende que ella es corajuda y valiente al enfrentarse no sólo a leones, sino a brujas malvadas y a magos sobrenaturales. Aprende a encarar a los desconocidos y a dejarlos atrás, más fuerte y mejor equipada para el próximo encuentro.

Su desarrollo me hace acordar de otro héroe que tuvo una increíble existencia, sobreponiéndose constantemente a temores y obstáculos: David, el Rey Pastor, a quien la Escritura describe como «un hombre conforme al corazón de Dios» (Hechos 13:22). Recordarás que David, ungido por Dios a temprana edad, no pudo entrar en su reino sin primero matar al gigante. Goliat era ciertamente formidable, tanto que todo el ejército de Israel le temía y no se atrevía a enfrentarlo. Entonces se aparece este simple pastorcillo, un adolescente, el hijo menor de una larga familia, que le trae el almuerzo a sus hermanos. ¡Y es el único que pide enfrentarse al gigante! Primero debe convencer a Saúl, el rey en ese momento, de que él no está loco al pedir eso. Repasemos su diálogo:

> Entonces David le dijo a Saúl. ¡Nadie tiene por qué desanimarse a causa de este filisteo! Yo mismo iré a pelear contra él.
>
> —¡Como vas a pelear tú solo contra este filisteo! —replicó Saúl—. No eres más que un muchacho, mientras que él ha sido un guerrero toda su vida.
>
> —A mí me toca cuidar el rebaño de mi padre. Cuando un león o un oso viene y se lleva una oveja del rebaño, yo lo persigo y lo golpeo hasta que suelta la presa. Y si el animal me ataca, lo sigo golpeando hasta matarlo. Si este siervo de Su Majestad ha ma-

tado leones y osos, lo mismo puede hacer con este filisteo pagano, porque está desafiando al ejército del Dios viviente. El SEÑOR me libró de las garras del león y del oso, también me librará del poder de este filisteo.

—Anda pues —dijo Saúl—, y que el SEÑOR te acompañe.

1 de Samuel 17:32-37 (NVI)

David poseía la fuerza y la confianza para enfrenarse al más temible adversario que imaginarse pueda porque había derrotado a adversarios más pequeños a lo largo del camino. Él vio esos pasados encuentros con leones y osos como el campo de entrenamiento de Dios para enfrentarse y derrotar a Goliat. El futuro rey aprendió a luchar por su rebaño, oveja por oveja, y a partir de esas batallas aprendió lecciones para enfrentarse a una situación que otros veían como insuperable.

Creo que es así como debemos aprender a prepararnos al tiempo que examinamos nuestras vidas financieras y el papel que el dinero desempeña en quienes somos y lo que hacemos. Debemos estar dispuestos a enfrentar los temores diarios. David no hubiera podido convertirse en rey sin matar al gigante. Para muchas personas, la prosperidad —y el uso de ese término no significa mera riqueza financiera, sino que abarca el pleno significado de la palabra prosperar— es imposible porque al parecer no pueden matar al gigante —ese conglomerado de temores acumulados y de fracasos económicos— que se interpone amenazadoramente entre ellos y sus sueños.

Nunca me olvidaré de una mujer a quien le servía de guía espiritual que vino a verme después de que le diera un ataque de llanto en su auto al borde de la carretera. El estallido del neumático no sólo había lanzado su pequeño sedán a la cuneta, sino que la había descarriado emocionalmente. Ella me dijo: «sentada en medio de la lluvia, me di cuenta de que no tenía a nadie a quien llamar para que me ayudara. Y no sabía cómo iba a pagar las gomas nuevas y las reparaciones. Inmediatamente comencé a pensar que nadie nunca me amaría de la manera que anhelaba que me amaran, que nunca saldría de las deudas».

Si bien este tipo de pensamiento puede ser extremo, como incluso esta estimada señora reconoció, sus sentimientos ilustran lo que tantos de nosotros experimentamos. Nos sentimos tan abrumados por las pequeñas cosas que no podemos imaginar el enfrentarnos a las grandes. He conocido a millonarios a quienes persiguen agencias de cobranza por dejar de pagar consecutivamente sus casas y sus autos. ¿Por qué? Porque los millonarios no quieren tener que abrir sus cuentas, calcular sus pagos, hacer un presupuesto de sus ingresos y enviar los cheques. Pero ésta no es la manera de vivir una vida equilibrada. Éste es un límite autoimpuesto que puedes y debes derribar mientras te preparas para una vida mejor.

## Cuanto más, más feliz

Por favor, date cuenta de que no estás solo. Yo he visto empresarios —tipos acaudalados de cuello y corbata, de los que solicitan empleos al más alto nivel— que no son lo que parecen. Cuando les examinan el crédito, que incidentalmente se está convirtiendo en una parte del proceso de contratación, te quedas asombrado de que el pequeño Sr. Elegante o la Srta. Traje Sastre está repleta de deudas ¡y tiene un informe de crédito que parece como si acabara de contraer la lepra!

Para empresarios y obreros el problema es el mismo. Los

grandes pródigos gastan de más y los pequeños también. Y Dios ayude a las camisas y blusas que ocultan debajo un corazón tembloroso que ha tenido más de una sesión de llanto. Estas personas parecen estar externamente serenas, pero en su interior están conscientes de que se encuentran en medio de una crisis económica. Todo el país está agobiado en alguna medida. Desde el programa de Bienestar Social hasta el de la Seguridad Social, oímos muchas cosas sobre gastos excesivos. Las compañías se están reduciendo, los políticos recaudan dinero al ritmo de un subastador. Todos y cada uno están tratando de cerciorarse de que están haciendo planes presupuestales a largo y no a corto plazo.

Blancos y negros, hispanos y asiáticos, todos debemos aprender a ayudarnos mutuamente a detener los malos hábitos de gastar que nos mantienen atrapados en las deudas.

Yo, como afroamericano, estoy particularmente preocupado por los hábitos de consumo de la gente de color. Hay una epidemia de malas opciones de gastos y aun peores hábitos de inversiones que aqueja a los afroamericanos en este país. Según *Target Market News*, una firma nacional de mercadeo que se especializa en rastrear los hábitos de consumo de los negros, gastamos más anualmente en bienes sujetos a depreciación, tales como autos, ropa, licores y artículos personales, que los otros grupos. Cuando la economía de nuestra nación sufrió un descenso en 2002 después del 11 de septiembre, los negros procedieron a gastar 22.900 millones de dólares en ropa, más 11.000 millones en muebles (con frecuencia para amueblar casas alquiladas), y más de 3.000 millones en artículos electrodomésticos y juguetes. Gastamos casi 47.000 millones en autos en 2005, tanto que algunos fabricantes de automóviles como la Lincoln nos han elegido como un mercado especializado, creando furgonetas equipadas en exceso, con múltiples pantallas de televisión, caseteras de vídeo y equipos para videojuegos. Según el informe de la Liga Nacional Urbana titulado «El estado de la población negra norteamericana 2004», menos del 50 por ciento de las familias negras tiene casa propia, en comparación a más del 70 por ciento de los blancos.

¿Dónde podemos reducir gastos? Tristemente, los afroamericanos compraron pocos libros de 2000 a 2003. Según un reportero de *Digital Digest* (basado en Detroit, donde la población es 80 por ciento negra, como lo es el reportero): «Esta conducta miope, motivada por el deseo de la gratificación instantánea y la aceptación social, se produce a expensas del futuro» (www.amren.com/mtnews/archives/2006/02/black_spending_habits. php). ¡Amén! Yo convengo de todo corazón y creo que tenemos que hacer sonar la alarma para que despertemos de nuestra temeraria indiferencia por nuestro futuro.

No somos el único grupo de personas que tiene que enfrentarse a tales estadísticas ni a esas desalentadoras tendencias. Cualquier grupo minoritario que debe sobreponerse a prejuicios intenta encontrar compensaciones. Pero muchos factores entran en juego en este problema en nuestra comunidad.

No se trata de una cuestión de falta de disciplina de parte de los afroamericanos. Con frecuencia, cuando la gente ha sido constantemente subestimada y marginada, envidian tanto a sus opresores que toman atajos hacia la gratificación. Una necesidad desesperada de ser percibido como importante provoca la opción errónea de la gratificación fácil, en lugar de la tarea más difícil de ir cambiando lentamente los efectos económicos de los años de opresión y de la falta de preparación financiera. Es la incesante necesidad de ser importantes la que a menudo nos lleva a mendigar lo que necesitamos y a comprar lo que queremos.

Nuestros antepasados vinieron a este país con la consigna TRABAJARÁS PARA COMER. Era una consigna llamada esclavitud. Aunque eso ya pasó, sus consecuencias aún perduran. Nuestros antepasados no pudieron enseñar a sus hijos, mucho menos a sus hijas, acerca del dinero, porque nunca tuvieron ninguno.

Se han gastado millones de dólares en anuncios dirigidos al consumidor negro, pero pocos se han gastado en adiestrar a nuestra gente en los principios de la acumulación de riqueza que se necesitan para mantener la riqueza que existe en nuestra creciente economía. Sí, creciente, pronto habrán 800.000 millones de dólares de ingreso disponible, según un artículo reciente de *USA Today*.

El adiestramiento en administración de finanzas se hace mejor en el hogar, pero cuando ese hogar está destruido o los padres carecen de preparación sobre finanzas, los hijos aprenden lo que ven. ¿Y que ven los hijos? Las joyas y los artículos de lujo que usan desde raperos a predicadores. Pero poco se les enseña respecto a crear riqueza y, algo más importante, a conservarla. Si tratas de llevar el estilo de vida de los ricos y famosos sin un plan práctico y pragmático, si gastas en artículos que se deprecian e ignoras los valores apreciables, vivirás una vida ficticia, una fachada.

El lujo sin un auténtico respaldo económico se parece mucho a una mujer que tiene un parto ilusorio. Ella tiene los síntomas del alumbramiento, pero el bebé no está listo aún. Es un viaje a una sala de urgencias sólo para volver a casa con las manos vacías. Asimismo, los diamantes y las pieles no significan que uno sea rico. Pueden significar por el contrario que estás quebrado. Quiero repetir esta enseñanza hasta que deje de ver un Porsche estacionado frente a un apartamento. Estoy harto de ver zapatos Prada metidos bajo una cama en un cuarto que no tiene ropero. Los vestidos de St. John y los sombreros McConnell son bonitos cuando uno tiene un fondo de inversiones, pero cuando no lo tienes, ¡terminarás por querer haberte comido el sombrero! ¿Por qué están Air Force One, esos elaborados zapatos tenis, en los pies de niños que no tienen libros de texto? Y si me toca presidir otro funeral de un ministro que tenga más zapatos de cocodrilo que cocodrilos hay en las ciénagas, y no obstante haya que recaudar una ofrenda para su viuda y sus hijos a quienes ha dejado sin un seguro de vida, ¡creo que empezaré a dar gritos!

Nuestro país debe hacer más para ayudar a todos los pobres. Pero ni los vecinos caritativos ni los programas del gobierno erradicarán la pobreza si se les deja solos haciendo esta tarea. Sin educar a la gente en cuanto a las finanzas y darle un mentor que entienda sus problemas, cualquier cantidad que reciba en obras de caridad, no importa cuál sea el monto, es como echar agua en un cubo mohoso que se sale. Los malos hábitos financieros harán que tu ingreso, sea el que fuere, grande o pequeño termine escapándose con el tiempo.

No es sólo por nosotros, sino por amor a las futuras generaciones, que debemos ser más responsables. Cuando yo era muchacho, mi abuela tenía su «cuenta de ahorros» en una vieja lata de café en el anaquel más alto de su despensa. El vuelto del dinero de los víveres, el cambio que se reservaba y los regalos inesperados iban todos a dar allí, donde aumentaban hasta convertirse en auténticos ahorros cuando ella estaba lista para comprar un electrodoméstico importante o chaquetas de invierno para sus nietos. Pero hoy gastamos los ahorros de la abuela en un café con leche diario en el Starbucks de la esquina, en otro par de zapatos de diseñador o en la botella de vino de esta semana. Y por favor no me mal entienda: yo no estoy en contra de esos artículos ni del concepto de derrochar un poco de vez en cuando y permitirse una bonita recompensa. Sin embargo, cuando lentamente nos vamos enterrando en unas deudas cada vez más profundas y, no lo quiera el cielo, en la quiebra, por no tener autocontrol, entonces algo debe cambiar.

## Dólares y sentido común

Demasiado a menudo, creo yo, nos vemos atrapados en un ciclo que es tan peligroso como las aguas revueltas que se ocultan bajo el tranquilo caudal de la corriente de un océano. ¿Cómo empezar a separarse de esas aguas peligrosas hacia un mar apacible y sereno? Me encanta que hayas preguntado. En el resto de este capítulo, querría ofrecerte algunos consejos y estrategias para matar los leones, tigres y osos que salgan a tu encuentro. En el próximo capítulo, analizaremos cómo usar este conocimiento y esas bases para derrotar esa deuda gigante que se alza acechante ante la mayoría de nosotros: nuestra hipoteca.

Si los pasos de un buen hombre son guiados por el Señor (y lo son), entonces hay unos cuantos primeros pasos sencillos que te pondrán a correr en la pista hacia el premio. ¡Y date cuenta de que el premio de un buen crédito es en realidad una redención de tu nombre! Yo no sé si Dios te quiere rico, pero Él sí enseña la importancia de un buen nombre. En eso consiste un buen crédito. Es un buen nombre con la comunidad empresarial. He aquí ahora unos cuantos pasos sencillos para rescatar, redimir y restaurar tu buen nombre para que puedas reconstruir tu vida paso a paso.

**Mírate en el espejo y date cuenta de lo que vales.**
Con esto quiero dar a entender dos cosas. Primero, debes enfrentarte a ti mismo y al bagaje emocional

que tienes respecto al dinero y mirarlo con serenidad. Te insto a que lo apuntes en tu diario y lo discutas con alguien que te aventaje en esta área —un amigo, un miembro de tu familia, alguien de la iglesia. Sé honesto contigo mismo y sé honesto con ellos. No mientas ni le des un giro positivo a los errores del pasado. Si gastaste dinero yendo a clubes o comiendo fuera, reconócelo. ¿Cómo te librarás de repetir este patrón de conducta? No es que no puedas salir a comer o a pasear nunca más; es sencillamente que seas sagaz respecto a la gratificación instantánea en lugar de experimentar los altibajos del ciclo de las aguas revueltas.

Segundo, te exhorto a que pongas todos los datos de tus finanzas frente a ti. Considéralo una auditoría personal, no de lo que tú vales como persona (que es difícil separar a veces del valor económico, especialmente en nuestra cultura) sino el valor de lo que posees. Haz una lista de todas tus deudas, de cualquier tipo. Y no sólo de las tarjetas de crédito, los préstamos de automóviles y las hipotecas de vivienda. ¿Debes préstamos pasados a algunos parientes? ¿Tienes préstamos de estudiante que de momento no estás obligado a reembolsar porque aún sigues estudiando o te encuentras en un período de gracia? Un modo de ser brutalmente sincero en esta área es obtener tu informe de crédito.

¿Sabías que tienes derecho por la ley a recibir una copia gratuita de tu informe personal de crédito cada doce meses? Es cierto. De hecho, las tres grandes entidades que expiden informes de crédito —Experian, Equifax y TransUnion— han trabajado juntas para crear una página web donde puedes diri-

girte para solicitar tu informe de crédito y tu calificación crediticia. Averígualo en www.annualcredit
report.com. Te enterarás de cómo se calcula el crédito, aunque, por supuesto, en términos generales,
cuanto más alta sea la calificación, mejor.

Quieres tener de seiscientos puntos para arriba.
Esa es una excelente calificación que te permitirá hacer importantes compras con las tasas de interés más
ventajosas. Debes estar a tiempo en tus pagos. Si te
has retrasado o has dejado de pagar antes, deberías
incluir una nota explicativa en tu expediente, particularmente si tuviste una larga enfermedad, sufriste
una lesión o el desempleo afectara tu capacidad de
pagar a tiempo. Si aparecen errores —tales como una
cuenta de una tienda por departamentos que pa-
gaste y cerraste el año pasado— debes dirigirte entonces a la tienda y cerciorarte de que se subsane el
error.

Con mucha frecuencia la gente supone que cualquier crédito es malo y se empeña en evitar usarlo.
No es que sea malo —es cuestión de cómo lo usas. Si
abusas constantemente de él y te hundes cada vez
más profundamente en el hueco, sin nada que mostrar a cambio, entonces, sí, el crédito puede convertirse en una camisa de fuerza que te impida la
movilidad personal y profesional. Sin embargo, si
usas el crédito con prudencia, particularmente para
invertir en propiedades, puedes transformarlo en
auténtica riqueza. Abordaremos estos tipos de inversiones en casas y propiedades en el próximo capítulo, pero, por ahora intenta repensar la manera de
considerar el crédito en tu vida.

**Acepta que esto toma tiempo y que no cambiarás de la noche a la mañana.** Del mismo modo que el comenzar una dieta para bajar de peso exige un cambio importante en el estilo de vida y no se logra en unas pocas semanas, debes darte cuenta que no puedes seguir pensando en el dinero y las finanzas de la misma manera. Algunos días harás ejercicio y te sentirás bien; otros días debes obligarte a ir al gimnasio porque te sientes perozoso. Estarás tentado a comer ese bizcocho de chocolate y nueces cubierto de helado de vainilla Häagen-Dazs, pero sabes lo que sucederá si lo haces, tanto física como emocionalmente. Salir de las deudas funciona del mismo modo. Así como no puedes evadir la necesidad de comer, no puedes evadir la realidad de que el dinero es necesario para navegar a través de cada día. Tómate, pues, el tiempo para empezar despacio.

**Ahorra lo que puedas, no importa cuán poca sea la cantidad.** Si tienes que coger una lata de café y guardar un dólar todos los días en ella y pasarte sin una soda o sin un café en el receso, hazlo. Si no has abierto una cuenta de ahorros, busca entonces en los bancos de tu zona y fíjate en cual tienes la tasa de interés más alta y el saldo mínimo más bajo. No te olvides de indagar acerca de las multas y cargos adicionales por extracciones o servicios, tales como transferencias electrónicas. Si tienes una cuenta de ahorro, contempla entonces el invertir algo de tus ahorros en acciones o bonos que te aporten mayores rendimientos. Ahorra para invertir en una propiedad que gane valor con el tiempo.

La clave es adquirir el hábito de ahorrar y sentirte bien al respecto. En lugar de comprar un nuevo lápiz labial, una revista o un vestido, ¿qué pasaría si inviertes este dinero en tu cuenta de ahorro (ya se trate de una lata, un jarro, una cuenta de banco o una cartera de acciones) y dedicas tiempo (no dólares) a pensar en uno de los objetivos para el que estás ahorrando? La gratificación inmediata no es gratificante si cuesta más a largo plazo. Tienes que aprender a aguantar tus impulsos y tentaciones y a enfrentar lo que realmente está pasando en tu interior. ¿Te sientes insegura en el trabajo y quieres que un vestido de diseñador proclame tu éxito? ¿Te está él ignorando de manera que crees que necesitas nueva ropa interior para llamar su atención? ¿Estás compensando tu soledad al gastar en algo que te distraerá de tu dolor? Nunca aprenderás a ahorrar efectivamente si no estás dispuesto a saber, en primer lugar, por qué gastas.

**Paga más que el mínimo en los pagos de las tarjetas de crédito, aunque sólo sea un dólar.** Como probablemente sepas, si sólo pagas el saldo mínimo en tus tarjetas de crédito, terminarás pagando más del doble de lo que te cobraron originalmente. ¿Es que ese nuevo iPod vale realmente cinco veces más de su valor real? Te digo que deberías pagar al menos un dólar más que el mínimo sólo por inducirte al hábito. Si puedes pagar diez dólares más, págalos. Y, si puedes, cien más. ¿Puedes saldarlo todo, aun si esto te afecta este mes? Es tu vida la que está en juego aquí, piensa, pues, dos veces antes de contraer otra deuda.

Sé realista respecto a cómo saldar tus tarjetas de crédito y otras deudas personales. Existen diferentes sistemas que ofrecen muchos expertos diferentes. Suzy Orman, quien, contratada por mí, ha impartido y dirigido seminarios económicos en eventos de MegaFest, ha escrito numerosos libros sobre cómo pagar las deudas y salir adelante. Ella alienta a los consumidores a priorizar sus deudas y a comenzar a liquidar aquellas que tienen la tasa de interés más elevada hasta saldarlas. Luego, utilizar el dinero con que solían pagar esa deuda y aplicarlo a la próxima que tenga un interés elevado.

Otros expertos ofrecen una variación recurriendo a una motivación distinta. El gurú financiero Dave Ramsey te insta a liquidar primero las deudas más pequeñas porque la satisfacción de lograrlo te hará sentir bien y te alentará a persistir con las más grandes, de este modo te vas abriendo camino. Él llama a esto el método de la bola de nieve y supone que tu autoestima económica irá creciendo en la medida en que liquides lo que debas.

No hay en esto una metodología que se ajuste a todas las tallas. Te insto a hacer alguna investigación —en la Internet, en la biblioteca y en la librería— y ver lo que parezca factible —no, *realmente* factible, para ti y tu estilo de vida.

**Buscar la manera de reducir gastos sin prescindir de la gratificación.** Una manera de ayudarte a convertir tus hábitos de gastos en hábitos de ahorro es aprender a darte lo que siempre has querido sin gastar demasiado en ello. No podemos separar completamente nuestras emociones de la manera en que nos relacionamos con el dinero, más de lo que separamos nuestros sentimientos de nuestras creencias acerca del sexo o la política. Pero podemos aprender a controlarlas. Podemos darnos cuenta cuando gastamos por las razones equivocadas, que sólo sirven para complicar el problema porque no abordan las necesidades reales. Busca la manera creativa de cubrir la necesidad sin tener que alimentarla financieramente.

¿Necesitas salir de vacaciones? En lugar de una semana en la playa, tal vez puedas tomarte unas vacaciones quedándote en casa, visitando sitios locales, comiendo fuera algunas veces y haciendo actividades tontas para tu familia. Tal vez puedes planear con antelación los regalos de Navidad de manera que no tengas que hacer grandes gastos y tener que lidiar con las secuelas de las cuentas de las tarjetas de crédito en enero. Tal vez puedas permitirte tomarte una taza de café en una cafetería tranquila en lugar del aromático espresso de cinco dólares en Starbucks. Ansías el receso del día más que el café con leche italiano, entonces, ¿por qué pagar por más de lo que necesitas? De hecho, tal vez una caminata por el parque cercano pueda entonarte más que el chuchazo de cafeína. Si estás dispuesto a conocer tus verdaderas necesidades, será entonces mucho más fácil saber si realmente necesitas gastar dinero en algo.

**Encuentra un escape emocional cuando te sientas tentado, temeroso, abrumado o avergonzado.** Debido a que nuestras emociones desempeñan un papel integral en la manera en que nos relacionamos con el dinero y cómo lo gastamos, con frecuencia necesitamos un lugar seguro para enfrentarnos a nuestros sentimientos. Parte de reconstruir tu economía debe conllevar el encontrar a alguien a quien recurrir cuando la urgencia de derrochar te acose con más fuerza. Así como un adicto que está en proceso de recuperación cuenta con un padrino, alguien que ha estado sobrio y se ha mantenido exitosamente en recuperación durante un largo período, tú necesitas a alguien que pueda hacerte las preguntas difíciles y que te proporcione algunos comentarios enérgicos.

No es que necesites a alguien que te patrulle y te haga sentir mal cuando falles. En verdad, te aliento a que no elijas a nadie que aumente tu sentido de culpabilidad, vergüenza, temor e inseguridad naturales. Encuentra más bien a alguien que te estimule, una persona que sepa lo que significa luchar con problemas como los tuyos y que haya avanzado un poco más que tú en ese camino. Tal vez hasta puedan fijar unos encuentros regulares para discutir y evaluar tu progreso. Esta persona trabaja de la manera en que lo haría el contador de la gente rica y te mantiene atareado. Tales personas pueden que no tengan todos los detalles de tus finanzas, pero te dan un codazo cuando estás a punto de comprar uno de esos abrigos de pieles de «cómprese uno y llévese el otro gratis». Son de los que te dicen: «¿Cuántas veces vas a usar ese visón viviendo en Phoenix?» o «¿Ya no tienes un cartera de ese mismo color?»

**Haga planes para lo inesperado.** Con cuanta frecuencia lo que nos mete en líos es el no estar preparado cuando falla la transmisión del auto, cuando se rompe el disco duro de la computadora, cuando la cuenta del gas se triplica ese mes. Si vives al día, la tendencia es tomar adelantos en efectivo de tu tarjeta de crédito (lo cual es una idea fatal porque usualmente el interés no sólo es más alto sobre esa cantidad, sino que puede disparar un alza en el interés de las compras también) o pedirle dinero a alguna otra fuente. Pedirle un préstamo a un amigo, a uno de tus padres o a un compañero de trabajo es ocasionalmente una necesidad, pero debe ser un recurso muy extremo. Con mucha frecuencia estas clases de préstamos interpersonales sólo complican la relación y pueden causar problemas que al final pueden provocar terremotos emocionales.

Cuánto mejor te sentirás si tienes un poco de dinero reservado para tal emergencia. Te sentirás muy bien porque no tienes que preocuparte acerca de la manera de pagar por la emergencia, y te sentirás aun mejor por haber planificado con antelación. No estás desorientado ni disgustado. Tu posición y tu punto focal han seguido siendo fieles a tus metas y al éxito para el cual te encaminas.

**Piensa en términos de abundancia, no de carencia.** Esta estrategia acompaña las demás, particularmente, como puedes ver, para velar por tus finanzas y controlar el torbellino de emociones que puedes experimentar respecto a tu relación con el dinero. Esta estrategia particular —abundancia, no carencia— va en contra de nuestra cultura y del papel que la propaganda y los medios de difusión desempeñan en nuestras vidas. Mira tú, el objetivo de hacerle publicidad a un producto es convencerte —emocional y racionalmente— que estarías mejor con ese producto que sin él. ¿Hambre? Mira esta apetitosa hamburguesa o ese plato de langosta. ¿Soledad? Fíjate en el buen rato que pasa la gente en ese restaurante o en ese club. ¿Nervioso? ¿Inseguro? ¿Temeroso? ¿Crees que no eres atractivo? Uno tras otro rueda la letanía de puntos flacos emocionales.

Pero si asumes la disposición a la gratitud y te recuerdas diariamente de todo lo que tienes, no de lo que no tienes, entonces descubrirás que estás libre de los tentáculos de la propaganda consumista. Recordarás que los nuevos encajes no te hacen más bonita. Sabrás que la manera de sobreponerse a la soledad no es comer fuera más a menudo. La manera de sentirte mejor tocante a tus destrezas y talentos no consiste en comprarse un maletín nuevo o un BMW. Puedes hacer compras más sensatas porque estarás consciente de lo que ya tienes. No tienes que tratar de compensarte por lo que no tienes.

En nuestro próximo capítulo, seguiremos considerando los obstáculos, particularmente el gigante de tu hipoteca, y cómo llegar a vencerlos. Le echaremos un vistazo a los planes de jubilación, las opciones hipotecarias y la acumulación de riqueza a través de los dones de otros. Pero te insto a detenerte aquí por un momento y sopesar las emociones que sientes respecto a tu presente posición económica. ¿Estás dónde quieres estar? ¿Te diriges incluso en dirección adónde querrías estar de aquí a un año?

Por muy agradable que sea imaginarlo, son mínimas las oportunidades de que te saques la lotería o de que heredes un millón de dólares de la tía abuela Matilde. Pero sabes que —incluso si no recibes esa ganancia inesperada— lo que crees del dinero y los hábitos que ya están arraigados no cambiarán. Reconstruir tu vida no se trata de hacer más dinero. ¡Se trata de presupuestar lo que tienes y de tener un plan que contemple el mañana! Aun los ricos no siempre consiguen la ayuda que necesitan para conservar su riqueza. Ojalá pudieras conversar con tipos como MC Hammer, que comparte su gran saber respecto a cuán fácilmente puede perderse todo. Le puede suceder a cualquiera —a mí, a ti, a cualquiera. Supongo que es por eso que todos nos remitimos a Whitney Houston cuando ella canta a voz en cuello «¿No es cierto que casi lo tenemos todo?».

Es el momento oportuno de recobrarte, amigo mío, amiga mía, de que intervengas en tu propio beneficio y fijes el rumbo que te permitirá prosperar a todos los niveles, no sólo en tu cuenta bancaria. Si ya tienes un plan, revísalo entonces y fíjate dónde puede ser ajustado y mejorado. Pregúntate si funciona para ti y si te permite las opciones necesarias para saber hacia donde quieres dirigirte. Si no tienes un plan, o un plan que funcione, entonces te insto a comenzar hoy. Ahora mismo. Así de urgente es. Si te dijera que desarrollarías un cáncer si no fueras al médico y obtuvieras la medicina hoy, sé que irías. Desafortunadamente, las deudas y los errores financieros pueden desarrollarse y extenderse como un cáncer hasta que amenacen destruir nuestros cimientos y socavar nuestros sueños. No permitas que eso suceda. ¡Tú eres mejor y más fuerte que eso! ¡Gerardo el Gerente lo sabe y yo lo sé también!

Te dejo con esta simple oración antes de ahondar en lo que te llevará económicamente a la tierra de Oz y te alejará de los pequeños monstruos que están devorándo tus planes.

*Señor amado, danos un planeta que se conserve por miles y tal vez por millones de años. Enséñame a conservar lo que me has dado. Restaura mis finanzas de la misma manera que redimiste mi vida. Dame la estrategia que necesito para cambiar mi actitud mientras tenga una oportunidad de ser algo más, de ver más, de disfrutar más de la vida al escuchar este consejo y aplicarlo a mi propia existencia. Sé que eres un Dios que da segundas y terceras oportunidades. Dame una ahora para comenzar a recuperar lo que, por culpa de la desinformación y de gastos desordenados, he permitido que me quiten. ¡Gracias por ser un aliado que me induce a la responsabilidad al comienzo de mi nueva vida! Amén.*

## diez

# Para hacerle frente al gigante: Capitalizar el crédito para un crecimiento uniforme

Así fue como David triunfó sobre el filisteo: lo hirió de muerte con una honda y una piedra, y sin empuñar la espada. Luego corrió adonde estaba el filisteo, le quitó la espada y, desenvainándola, lo remató con ella y le cortó la cabeza.
—I de Samuel 17:50–51 (NVI)

Al igual que David, la mayoría de nosotros nos hemos enfrentado antes al gigante, esa enorme acumulación de deudas que parece una bola de nieve transformada en avalancha que amenaza con ahogarnos debajo de una tormenta de cuentas por pagar. En efecto, muchos de nosotros nos enfrentamos regularmente al gigante de las deudas - al menos una vez al mes. En la distancia, no parece tan aterrador. Por el contrario, nos sonríe con un guiño y un gesto de asentimiento y nos muestra lo que carga sobre los hombros como Vanna White en *La rueda de la fortuna*. Si es el hogar de nuestros sueños o un auto confiable que nos lleve al trabajo y nos traiga de vuelta, el bote nuevo y el remolque para los fines de semana en el lago o esas vacaciones tropicales de una vez en la vida, el gigante de las deudas se levanta como el guardián de todos los bienes materiales y equipos que hemos anhelado en nuestros corazones. En muchos casos, él sabe lo que buscamos mejor que nosotros mismos.

Tal como exploramos en el capítulo anterior, estas posesiones tienden a afectar profundamente nuestras emociones, al convertirse en símbolos de nuestra propia dignidad e imagen, de la confianza que tenemos en nosotros mismos. El gigante de las deudas sabe el poder que le hemos atribuido a esa casa de ladrillos de la comunidad privada, a ese sedán Lexus, a ese brazalete con más destellos que una noche estrellada. Sí, lo sabe y parece complacerse del poder que tiene sobre nosotros debido a nuestra relación con esos objetos.

Y permíteme dejar bien sentado antes de que ahondemos más profundamente en la exploración de este gigante y cómo vencerlo; tales casas, autos y posesiones no son cosas malas. No es algo malo querer vivir en una casa nueva, en un barrio bonito y seguro. No eres una persona egoísta sólo porque quieras tener un auto deportivo de último modelo o un reloj Cartier que esté de moda. No, amigo mío, el problema está cuando valoras ese objeto más de lo que merece.

Cuando estás dispuesto a poner en juego tu energía, tu tiempo y tu dinero a fin de hacer algo que esperas te aportará resultados de los que, paras empezar, no se pueden comprar —paz, satisfacción, amor—, entonces estás haciendo básicamente un pacto con el diablo. No, no estoy diciendo que incurrir en deudas es antibíblico o demoníaco. De hecho, como veremos en breve, hay maneras increíblemente constructivas de utilizar tu crédito para acumular riqueza para el futuro y establecer tu poder adquisitivo. Simplemente quiero decir que cuando cambias años de tu vida y miles de dólares de tus ingresos por artículos incapaces de satisfacer tu alma, entonces confrontas un grave problema.

Y la ironía es ésta: tu disfrute de esos artículos suele verse opacada por la preocupación, el temor y la ansiedad que los acompaña como el olor del pescado que se ha descompuesto en la nevera. Tanto tú como yo conocemos esos sobresaltos que se producen cuando abres el sobre mensual y ves a lo que ha ascendido el saldo total de la tarjeta de crédito. O tienes que comprar las nuevas gomas que de repente le presentan un inusitado desafío al pago de la hipoteca antes del quince. O de repente te das cuenta de que el dinero que pagas para mantener el bote anclado no se equipara con el tiempo que pasas disfrutándolo. Hay un costo enorme e intangible en los artículos que adquirimos, especialmente cuando los compramos a crédito.

De hecho, es así como crece el gigante de la deuda tanto en tamaño como en poder. Mientras nuestra deuda siga creciendo como una bola de nieve, no tardaremos en haber creado una avalancha que sobrepase a Frosty el muñeco de nieve, lo cual no es simpático. Ya se trate de electrodomésticos comprados a plazos, de financiación sin pago de entrada, de préstamos para pagar sólo intereses o de pagos diferidos, el gigante sabe cómo alimentarse, y lo que come proviene tanto de nuestros deseos de tener más como de nuestros temores sobre cómo pagar. Si él puede hacérnosla ver más fácil, con más habilidad o rapidez, crece un pie o más.

Muy pronto estará acechándonos como un amo esclavista —y no uso esta comparación a la ligera, a sabiendas de los terrores que padecieron algunos de nuestros abuelos y bisabuelos— que exige más y más de nosotros, sacándonos de todas partes la energía vital. Despertamos en medio de la noche, preocupados en hacer juegos de malabares y pedir dinero prestado para el pago de cuotas mínimas de artículos que ya consumimos o desechamos. ¡Es simplemente una locura cuando retrocedemos y examinamos lo que estamos haciendo! Pero al igual que el adicto que ansía mantener en secreto la vergüenza de su adicción, nos reservamos el problema, rehusando sacar nuestros conflictos financieros a la luz del día donde otros puedan ayudarnos.

Y ésta es la realidad que debemos encarar: con frecuencia no podemos reconstruir nuestras vidas porque estamos paralizados por el gigante de la deuda, paralizados financieramente porque no hemos asumido la responsabilidad necesaria para liberarnos; paralizados emocionalmente porque vivimos en un sudario de temor y ansiedad. No es que debamos o incluso queramos ser ricos. Es simplemente un asunto de estar en control de nuestros recursos, nuestras oportunidades y nuestras emociones.

## Control de calidad

Podrías estar tentado a preguntarme por qué pienso que estoy capacitado para abordar este tema. Después de todo, yo no soy un contable; soy ministro. Si bien esto es cierto, permíteme recordarte de otros dos componente de vital información. Sé lo que significa enfrentar al gigante de la deuda y, al igual que David cuando se plantó frente a Goliat, alzarme victorioso con la cabeza cercenada del gigante en mi mano.

He vivido atemorizado de que mi único medio de transporte y de trabajo me fuera decomisado por el prestador. He visto ese temor cumplirse mientras de pie en la entrada de autos, conteniendo las lágrimas de indignación y cólera, miraba a un extraño ignorar fríamente mis súplicas y llevarse mi auto. He visto a mi esposa convertir una lata de cerdo con frijoles y unas cuantas sobras y condimentos en un guiso digno de un rey, todo para alimentar a una familia de cinco.

De manera que conozco íntimamente a este gigante y su poder y, habiéndolo derrotado, conozco sus debilidades, sus vulnerabilidades y su secreto talón de Aquiles que puede precipitar su caída. Estoy ansioso de compartir estos «defectos» contigo para que tú puedas vencer el poder que él ejerce en tu vida, y puedas arrancarte sus dedos del cuello de tu frágil economía de una vez y por todas. Quiero que experimentes la estimulante libertad que resulta de mirar por encima del hombro y ver al gigante de la deuda yaciendo sin vida detrás de ti. Y aún mejor, quiero que puedas ver claramente la senda que se abre ante ti, despejada de acreedores y liberada de tus propios temores.

La segunda razón por la que puedo aportar ayuda con respecto a la derrota del gigante de la deuda se debe a mi experiencia de muchos años como empresario. El Señor claramente me llamó a ser pastor, ¡con frecuencia a pesar de mí mismo! Pero también me dotó con el deseo, el impulso y la determinación de analizar oportunidades e invertir en ellas. A partir de un cheque de ocho dólares que recibí siendo niño de la Sra. Minerva Coles, una vecina de los tiempos de Virginia Occidental, por podarle —o debía decir arrancarle— el césped de su patio, he aprendido a valorar el trabajo duro y a apreciar el dinero que se gana por él. He repartido periódicos, vendido pescado fresco en la parte trasera de la camioneta roja de mi padre, he cavado zanjas y he trabajado el turno de la noche en una planta de Union Carbide.

A través de estos empleos difíciles y transformadores, Dios me enseñó mucho acerca de la actitud, la gratitud y la aptitud. Aunque aprendí que no quería pasar el resto de mi vida alzando una pala para cavar un foso, aprendí también lo que significaba valerse del trabajo actual como un medio para alcanzar el futuro. La disciplina y el presupuesto, la oportunidad y la eficiencia de costo, todas mis lecciones no las recibí en un programa de MBA o en una gran compañía, sino con el sudor, las ampollas y la sangre de mis primeros veinticinco años de trabajo.

Mientras adquiría esas destrezas, Dios me permitió seguir mis pasiones creativas —música, teatro, cine, libros— y transformarlos en negocios lucrativos. Él me ha bendecido con un equipo de individuos que saben estar al tanto de la oportunidad de las inversiones y de aconsejarme a ese efecto. De hecho, cuando un conocido o un reportero me pregunta qué haría si no estuviera en el ministerio, les digo que probablemente estaría dedicado a los mismos quehaceres empresariales que ya realizo además del ministerio, sólo que en mayor medida.

Y te digo todo esto no para ganarme tu confianza con presunciones, alardes o bravuconadas; pero quiero dejar aclarado que no soy sólo un ministro que se siente llamado por el Señor a decirte que salgas de tus deudas para que puedas ser un mejor administrador. Si bien es verdad que puedes ser un mejor mayordomo para el reino de Dios si no te hundes en la tembladera de las deudas, creo que es para nuestro beneficio, no el de Dios, que Él enfatiza congruentemente la importancia de evitar el endeudamiento. Piensa en esto: ¡Dios no necesita nuestro dinero! ¡Él tiene todos los recursos del mundo, y mucho más que eso, a Su disposición!

No es que él necesite mi miserable diezmo o el tuyo para llevar a cabo sus planes y destinos divinos para todos nosotros. Es que Él quiere que seamos libres, sin cargas, mientras corremos nuestra carrera, de modo que podamos correr más a prisa, por más tiempo y más arduamente.

Cuando controlamos nuestras deudas y administramos responsablemente nuestro crédito, nos liberamos de la esclavitud de las oportunidades limitadas y de las fronteras impuestas por otros. Si tú quieres verdaderamente desprenderte de las cadenas que te han impedido tu desarrollo y tu auténtico éxito, entonces es imperativo que incluyas el control de las deudas en tu ecuación para reconstruir tu vida. ¿Te he convencido de que te enfrentes directamente con el gigante? Entonces, busquemos algunas piedras lisas para tu honda.

## Para cargar tu honda

Dos principales áreas financieras sostienen la fuente de poder del gigante: las tarjetas de crédito y la financiación de hipotecas. Quiero que nos fijemos en cada uno de estos aspectos y decidamos las estrategias que te permitirán arrancar la garra de este Goliat de tu vida. Abordamos las tarjetas de crédito en nuestro capítulo anterior y tratamos de concentrarnos en los detonadores emocionales que probablemente dificulten controlar los gastos con nuestros amigos *Visa, MasterCard, Discover* y *American Express,* ¡para no mencionar las tarjetas de crédito que nos ofrecen en todas las grandes tiendas por departamento, las tiendas de aparatos electrónicos, las mueblerías e incluso las tiendas de víveres!

La última investigación del Centro para el Préstamo Responsable, una agencia no partidaria y sin fines de lucro comprometida con las prácticas de préstamo equitativas y el

crédito del consumidor responsable, revela que los norteamericanos de medianos a bajos ingresos tienden a tener un
saldo promedio en sus tarjetas de crédito de 8.650 dólares
(www.responsiblelending.org/press/releases/page.jsp?item
ID=28011726). Para los afroamericanos, las noticias son aún
peores. Según un estudio reciente de la Reserva Federal, solemos incurrir en deudas que representan casi el 10 por
ciento de nuestros valores netos, en tanto los norteamericanos blancos incurren tan sólo en aproximadamente un 5
por ciento.

Al parecer, los afroamericanos están usando cada vez
más tarjetas de crédito para cubrir sus gastos de subsisten-
cia que deberían ser cubiertos por sus ingresos. «Las deudas
de tarjetas de crédito han causado que las familias afroamericanas utilicen recursos económicos de urgencia para pagar
los crecientes pagos mensuales de intereses en lugar de ahorrar o de adquirir bienes tales como propiedades inmobilia-
rias», apunta Aissatou Sidime en un artículo reciente
publicado en *Black Enterprise* («Credit Use Strangles Wealth:
African American Debt Is Increasing Faster than Income»,
noviembre de 2004).

El estudio de la Reserva Federal también encontró que
cada vez más usuarios de créditos pertenecientes a las mino-
rías pagan tan sólo la cantidad mínima que deben pagar
cada mes. Como dijimos en el capítulo anterior, cuando sólo
pagas el mínimo, estás básicamente doblando el monto de
la compra y extendiendo el tiempo de pago más allá de la
vida útil del artículo y su depreciación. ¿Quieres realmente
pagar más de veinte dólares por ese *latte* con una torta de
café? ¿Vale esa blusa lo mismo que la última letra de su auto?
Eso es lo que ocurre cuando compras con una tarjeta y no
pagas el saldo.

Me doy cuenta de que el crédito no puede evitarse en

este país, ni debería evitarse. A riesgo de repetirme, debes entender que el crédito no es algo malo en sí mismo. Al igual que tantos otros recursos, toda su fuerza depende de la manera en que se aplica. Un fuego puede proporcionar calor y fuente de energía para cocinar tus alimentos o puede devorar tu hogar e incinerar todo aquello que has acumulado con tanto esfuerzo. Es simplemente un asunto de contención y aplicación.

De la misma manera, puedes usar tarjetas de crédito para establecerte una excelente calificación crediticia, para protegerte frente a situaciones de emergencia tales como problemas con el auto o un robo, y para controlar tus gastos mediante el estado de cuentas pormenorizado que te proporciona la compañía. Sin embargo, las proporciones de gastos de tarjetas de crédito en nuestra cultura han llegado a ser tan epidémicas que la mayoría de las personas se resignan a ser esclavos de un amo sin rostro que inmisericordemente los mantiene atados.

## Limita el número de tarjetas de crédito

Una vez conté el número de solicitudes de tarjetas de crédito que me llegaron por correo en un mes: diecisiete solicitudes «con aprobación previa», algunas con límites de crédito de hasta 10.000 dólares. Puesto que resulta tan lucrativo para los bancos y otras instituciones crediticias aceptar nuevos clientes, no es de sorprenderse que intenten hacerte el ingreso al club lo más fácil que sea posible. Muchas ofrecen puntos en millas de vuelo [en distintas aerolíneas], un nuevo horno de microondas, una chaqueta con caperuza de tu equipo deportivo preferido o algún otro incentivo si abres una nueva cuenta. Aunque parece que esos artículos de incentivo son gratuitos, ten presente que existe un costo disimulado de apertura de una nueva cuenta y lo usan para comprar artículos que tú realmente no necesitas. Si sabes que te cuesta trabajo controlar tus gastos de crédito, no te dejes seducir por una supuesta ventaja que al final terminará costándote cientos o miles de dólares.

Te exhortaría a mantener tres tarjetas de crédito: una de uso frecuente o para gastos diarios que pagas en su totalidad tan rápidamente como sea posible; otra para compras más grandes y para emergencias que tenga la mejor tasa de interés que sea posible; y otra que te exija el pago del saldo todos los meses, tal como American Express. Muchos expertos te instan a tener solamente una tarjeta, y si bien convengo en principio con este consejo, sé que no siempre resulta práctico. No todos los comerciantes aceptan la misma tarjeta. A veces está bien tener fechas escalonadas para los pagos de manera que puedas combinarlas con tus cobros. En general, ten presente que las tarjetas de crédito existen como una conveniencia, no para robarte tu futuro o para que otros se enriquezcan mientras tú te entierras cada vez más profundamente en la tumba financiera de las deudas.

## No lo lleves hasta el límite

¿Ha advertido la manera en que suelen funcionar las compañías de tarjetas de crédito? Comienzas con un límite de crédito, y según te acercas gradualmente a ese límite, te aumentan de repente la cantidad y ponen más crédito a tu disposición. ¡Qué estupenda y amistosa manera de hacer negocios!, ¿verdad? No, amigo mío. No necesitas que te advierta que este proceso escalonado está concebido para meterte en el hueco cada vez más profundamente, paso a paso, poquito a poco. Lo que comienza como un límite de crédito de 2.000 dólares se convierte en 5.000. Luego se acercan las fiestas y tú simplemente no puedes resistir la tentación de comprarles regalos a tus hijos, familiares y amigos. Pronto los 5.000 han saltado a un límite de 10.000.

Pulgada a pulgada vas endeudándote cada vez más hasta que de repente descubres que debes veinte mil dólares porque te has pasado la vida en el peseteo, de compra en compra. Básicamente, terminas debiendo el monto de un auto o la entrada de una casa. Nadie que lea esto diría voluntariamente sí, quiero malgastar grandes cantidades de mi ingreso futuro en artículos desechables o en bienes que se deprecian. Revisa tus posibilidades y decide cuál es el límite de crédito que quieres, no el que algún actuario haya calculado mediante una fórmula en la oficina de su casa.

## Cambia tu percepción del presupuesto

Con frecuencia, encontrar un modo de controlar el uso de tarjetas de crédito exige un nuevo vocabulario. Y no es sólo que necesitamos educarnos para entender la diferencia entre la tasa de préstamo prima y un cargo financiero anual. A veces debemos actualizarnos con conceptos familiares mediante el uso de un lenguaje diferente.

Conozco a una pareja que discutía continuamente acerca de dinero. Él tenía una agenda, que básicamente incluía todo lo que gastaba en las cosas de las que se antojaba cada día. Su esposa tenía otra agenda, que incluía comprar su casa propia y ahorrar suficiente dinero para que ella pudiera quedarse en casa cuando tuvieran hijos. El control del presupuesto monetario personal salía a relucir continuamente sin que ninguno hablara realmente el mismo idioma ni se diera cuenta de lo que el otro quería decir. Él veía un presupuesto como un par de esposas que se proponían restringirle su sentido de diversión y espontaneidad. Ella lo veía como un proceso para garantizar el alcance de sus metas.

Después que vinieron a verme en busca de consejo, resultó obvio que necesitaban un nuevo vocabulario en lo tocante a sus finanzas. Decidimos reemplazar la palabra presupuesto por el término *estrategia*. Consecuentemente, comenzaron a darse cuenta de que *presupuesto* no tenía que ser una mala palabra o un detonador para el malentendido. Ambos reconocieron que querían una estrategia para acostumbrarse a emplear sus recursos económicos. Él comenzó a ver que su felicidad actual estaba vinculada a su libertad futura. Ella comenzó a estar menos preocupada con el futuro y a disfrutar la propensión de su marido de disfrutar del momento presente.

¿Cuáles son los abstrusos términos financieros que te hacen crisparte cada vez que los oyes? Empecemos tal vez por *presupuesto*. Emplea unos cuantos minutos en describir lo que piensas y lo que sientes acerca de la palabra *presupuesto*. ¿Te sientes culpable, ansioso, temeroso, frustrado, enojado, emocionado? ¿Algo más? Trata de ser tan preciso como te sea posible al pintar un cuadro verbal de tu asociación con este término y de las emociones que te suscita. A riesgo de simplificar hasta el extremo las complejas emociones y experiencias que cada individuo pueda tener con el concepto de hacer un presupuesto, otro enfoque facilita el seguir un plan trazado.

Resulta bastante interesante comprobar que puede haber una gratificación inmediata en retrasar la gratificación. Suena a locura, lo sé, pero si uno tiene en mente una meta más alta, una compra más grande o un sueño más ambicioso, entonces puedes concentrarte en ese panorama más vasto en lugar de descarrilarte debido al mal humor o la última venta del fin de semana. Usa un presupuesto no para inhibirte o restringirte sino para liberar y desencadenar tu pasión por algo mayor que la compra que te tienta en ese momento. ¿Quieres alcanzar un diploma universitario? Entonces planifica cómo vas a pagarlo. ¿Te gustaría tener tu propia casa? Luego pasa junto a los zapatos de diseñador en el escaparate de la tienda sin mirarlos dos veces, sabiendo que entrar por la puerta de tu propia casa vale mucho más que ir a cualquier parte con esos zapatos de diseñador.

## No te metas en tarjetas de débito sin deliberación

Es tentador creer que las tarjetas de débito son la manera de vencer tus malos hábitos de gastar a crédito porque el efectivo sale inmediatamente de tu cuenta. De manera que si el dinero no está allí, no puedes comprarte el artículo. Una vez más, este concepto resulta cierto en teoría, pero en la realidad lo que he oído de muchos amigos y miembros de mi iglesia es que la tarjeta de débito se percibe como una tarjeta de crédito y que la usan y luego se encuentran sin dinero en sus cuentas. Si bien puedes creer que estás actuando responsablemente en la compra de ese nuevo TV de pantalla de plasma al pagarlo con una tarjeta de débito, y después te quedas tan corto de dinero que no puedes pagar el alquiler o la letra del auto, entonces, ¿has mejorado realmente?

Si luchas con el despilfarro en tus tarjetas de crédito, el usar una tarjeta de débito puede ser una parte fundamental de tu deliberada estrategia de vencer tu problema. Pero planifica con bastante antelación de manera en que puedas prever las necesidades que tendrás y las cuentas que debes pagar regularmente. Y no te olvides de las cuentas que llegan una o dos veces al año, tal como los seguros de vida, de automóviles o de casa, las suscripciones de revista y los impuestos sobre la propiedad.

Las tarjetas de débito pueden ser una conveniencia estupenda, y usar una es definitivamente más rápido que escribir un cheque y, en muchos casos, más rápido que usar efectivo. Sin embargo, parte de tu estrategia al usar una debe ser idéntica a la manera en que usas tu tarjeta de crédito. Lleva la cuenta de tus gastos de manera que puedas detectar cualquier error que hayan cometido, pero, aún más importante es que puedas ver adonde está yendo a parar tu dinero, tanto presente como futuro.

Una mujer que asistía a mi seminario de Entrenamiento para el Éxito Económico de los Negros (BEST, por sus siglas en inglés) me dijo que nunca sentía que comprarse algo con una tarjeta de crédito era real. Puesto que sabía que el pago quedaba diferido por lo menos hasta el fin de mes, nunca se preocupaba de cómo pagaría. No obstante me confesó que este sistema no tardó en atraparla y que no pudo ignorar los saldos ascendentes. Parte de su remedio para este problema fue empezar a usar una tarjeta de débito, que instantáneamente deducía el precio de la compra de su cuenta. Esto definitivamente le parecía más real, viendo como descendía el saldo compra tras compra.

## Haz las cuentas

El paso más importante que puedes tomar si quieres tener libertad financiera es comprarte una casa. Como mencionamos anteriormente, los afroamericanos tienden a ir a la zaga de los blancos en cuanto a ser propietarios de sus viviendas.

Pero la propiedad de un hogar estimula inevitablemente dos aspectos importantes de la acumulación de riqueza. Uno es el capital sobre la propiedad que la mayoría de las casas obtienen con el paso del tiempo. Si bien los precios de las casas en algunas barriadas pueden sufrir altibajos, en líneas generales, la propiedad inmobiliaria sigue siendo la inversión más lucrativa que puede hacerse. El capital que se acumula basado en el valor de la casa puede posteriormente usarse para garantizar un préstamo para la matrícula universitaria de tus hijos o para comprar otra propiedad.

Además, ser propietario de una casa te brinda la oportunidad de pedir prestado una mayor cantidad de dinero. Al hacer los pagos de tu hipoteca de manera puntual, demuestras ser responsable, y esto aumentara la calificación de tu historia de crédito. Una calificación alta garantiza, desde luego, que recibirás las mejores tarifas para cualquier cosa que compres en el futuro.

Sin embargo, antes de que me interrumpas y salgas para la exhibición (*open house*) que tiene un agente de bienes raíces al doblar de la esquina, he aquí algunos consejos que he adaptado de las reglas para obtener un buen préstamo del Centro para el Préstamo Responsable.

## Sé precavido con los préstamos diseñados abiertamente para grupos específicos

Con frecuencia los prestadores predatorios —esas instituciones que se proponen explotar la ignorancia y necesidad de los que desconocen las leyes del crédito y no están protegidos por ellas— les ofrecen con gran insistencia préstamos hipotecarios a familias de bajos ingresos, entre ellos ancianos, padres solteros y afroamericanos. La mayoría de los préstamos hipotecarios de este tipo se originan en compañías de préstamos de segunda clase, que ofrecen al parecer una tasa ventajosa, pero que usualmente crean escenarios que con frecuencia conducen a una ejecución hipotecaria. Si una entidad crediticia dice que tu historia de crédito, incluida la petición de quiebra, no importa, esto debe ser una señal de alarma. Tu historia de crédito siempre será tomada en cuenta por las instituciones respetables. Debes cerciorarte del verdadero costo y de los cargos ocultos que conllevan los llamados préstamos hipotecarios en oferta. Con frecuencia los prestadores predatorios se valen de una venta mañosa para evadir las crudas realidades de lo que realmente venden.

Antes de aceptar un préstamo de segunda clase, siempre indaga y compara las tasas de interés de entidades crediticias tradicionales con aquellas compañías que te ofrecen un bajo interés

Los prestadores predatorios usualmente ofrecerán préstamos de segunda clase a personas que podrían tener derecho a un préstamo hipotecario convencional de bajo costo. Las personas de color son particularmente susceptibles a convertirse en blancos de tales depredadores puesto que éstos saben que los miembros de grupos minoritarios pueden tener dificultades en obtener un préstamo tradicional o pueden sentirse incómodos con el intenso escrutinio de un prestador tradicional. A fin de garantizar que estás recibiendo el mejor préstamo con la mejor tasa de interés dadas tus calificaciones, debes comparar al menos las ofertas de tres entidades crediticias. Cerciórate de que cuentas con una lista clara de todos los costos y gastos ocultos que exige cada préstamo a lo largo del proceso antes de tomar tu decisión. ¡Lo que suena como una ganga de contable de barrio puede parecer una pesadilla en el papel!

## Sé realista respecto a lo que puedes costear a corto y largo plazo

A la mayoría de los prestadores predatorios no les importan sus clientes a largo plazo; están fundamentalmente interesados en lograr que firmes ahora mismo, hoy. No dejes que te induzcan a meterte en un préstamo que funciona sólo ahora para terminar dándote cuenta de que las tasas de interés aumentarán anualmente mientras tu oportunidad de desempleo aumentará también. Los préstamos reembolsables al vencimiento y las hipotecas de tasa ajustables pueden tener «capciosas» tasas tentadoras para empezar que te permiten hacer la compra inicial, pero que luego aumentan tan rápida y dramáticamente que no puedes mantenerla. Un experto que conozco recomienda comparar lo que va a ser el pago de tu hipoteca mensual durante el primer año con lo que será en cinco años. Si la discrepancia es mayor que el porcentaje que ha aumentado tu ingreso en ese tiempo, reconsidera la compra. Hablando en términos generales, el pago de tu hipoteca no debe ser más del 40 ó el 50 por ciento de tu ingreso mensual.

## Cerciórate de que puedes refinanciar el préstamo de tu casa sin una multa

Los compradores de casas que aceptan un préstamo de segunda clase con una tasa de interés mayor pueden tener derecho o una tasa hipotecaria mejor con una entidad crediticia más estable en la medida en que su crédito mejore. De manera que no es sorprendente que la mayoría de los prestadores predatorios incluyan una gran multa por pago adelantado si liquidas el préstamo temprano o se lo vendes a otra entidad crediticia. Algunos estudios recientes muestran que los afroamericanos tienen más probabilidades que otros de recibir este tipo de multas por pagos adelantados, de las cuales muchos no están conscientes hasta que han firmado los papeles.

## No importa que no te guste, haz las cuentas

Puedes odiar las matemáticas, porque, digamos, eres un tipo creativo, no un ratón de biblioteca. Pero no importa si ése es el caso, si sacabas malas notas en Álgebra I o lo que sea, debes hacer las cuentas, sumar todos los cargos que te exijan, pagar en cualquier convenio de préstamo dado para comparar con precisión las condiciones y determinar cuál es el mejor valor.

Los porcentajes hipotecarios o porcentajes parciales pagados a la entidad crediticia, el título de la compañía, el agente de bienes raíces u otros interesados, usualmente llamados puntos, no se incluyen directamente en su tasa de interés. Para los préstamos respetables, un cargo competitivo típico ascenderá aproximadamente al 1 por ciento o menos del monto total del préstamo. Sin embargo, los prestadores predatorios, llegarán tan alto como puedan, a menudo hasta un 5 por ciento. Debes revisar las cifras con tiempo de manera que no haya sorpresas en la mesa cuando llegue el momento de cerrar el trato. No dudes en hacer preguntas y nunca dejes que nadie te apresure en el examen de los documentos. Mantén tu calculadora a mano y, si es posible, lleva a un amigo o un pariente que tenga más experiencia que tú en asuntos financieros.

## Si usas un agente hipotecario, cerciórate de que obtienes la tasa de interés más baja que sea posible

Los prestadores predatorios pueden utilizar a los agentes hipotecarios para actuar como intermediarios entre tú y su compañía. Tales agentes no tienen la obligación de ofrecerte la mejor oferta de préstamo; de hecho, suelen ganar más dinero si el préstamo cuesta más. Si tu prestador sugiere o exige el uso de un cierto agente, investiga más a fondo cuánto le añadirá ese servicio a tus costos. La mejor estrategia es evitar a esos agentes hipotecarios dentro del mercado de préstamos de segunda clase —el terreno crediticio que ofrece tasas de interés más bajas que los préstamos de primera— o, en su defecto, investigar y comparar lo suficiente para garantizar que en verdad estás recibiendo las tasas de interés más bajas que sean posibles.

## Piensa dos veces antes de una refinanciación

Si bien las tasas de interés se mantienen competitivas, eso no siempre significa que debes refinanciar sólo porque parezca que vas a obtener una tasa de interés menor. El costo total podría ser más grande que cualquier beneficio a corto plazo. Para la mayoría de nosotros, nuestro capital sobre la propiedad (la parte de la casa que poseemos libre de deudas) es nuestra mayor posesión. Las refinanciaciones pueden desviar nuestro capital inmobiliario hasta el punto en que la hipoteca mensual puede ser menor, pero nuestra inversión total en la casa es menos de lo que era cuando empezamos. Si te sientes inclinado a refinanciar, cerciórate de indagar del mismo modo que lo harías en busca de un préstamo hipotecario nuevo. Cerciórate también de que has agotado otras opciones menos caras, tales como una segunda hipoteca o un préstamo a corto plazo.

## Protege tu derecho a ir a la corte

Las instituciones crediticias predatorias y menos respetables con frecuencia te exigirán que convengas en lo que se conoce como «arbitraje obligatorio» en lugar del derecho de acudir ante un tribunal. Tales arbitrajes pueden no reconocer todos tus derechos legales como comprador de una casa y pueden evitar que tu prestador de a conocer todas las fórmulas, registros y cargos. También puedes perder tu derecho a apelar si estás de acuerdo con que se realicen esos arbitrajes. Virtualmente todos los expertos en finanzas aconsejan que no firmes nada que te obligue a un arbitraje en lugar de un acuerdo legal en un tribunal.

## Ten cuidado con los cambios de última hora

Puede tratarse de un engaño clásico o de un honesto error el que lleve a una entidad crediticia a hacer cambios de última hora en el cierre de una compra. Sin embargo, no debes permitir que te presionen a aceptar ningún cambio que no hayas revisado o que no entiendas del todo. Si las condiciones cambian o parecen diferentes de lo que entendías que eran, entonces no firmes nada hasta que se restauren la claridad y la confianza.

## Crece y multiplícate

Una de las razones más convincentes para asumir las responsabilidad de tus finanzas es que puedas transmitir un legado de auténtica riqueza a tus hijos y a los hijos de tus hijos. No estoy hablando de enriquecerte y establecer un fondo de fideicomiso, sino más bien de crear una conciencia de cómo administrar el dinero responsablemente y con una actitud equilibrada.

Y precisamente porque no heredaste de tus padres un patrimonio considerable o una cartera de acciones, no permitas que la amargura por el pasado eclipse lo que tu legado puede significar para futuras generaciones. Debes tener presente que Dios se complace en redimir a Sus hijos —en rescatar lo que se ha perdido, o se ha dilapidado, o ha sido traicionado, o subestimado. Considera cómo Dios favoreció a los hebreos para que adquirieran riqueza. Y para esto se valió del pueblo que más los había oprimido: los egipcios. En realidad les indemnizó los años de abuso que habían sufrido.

Mas yo sé que el rey de Egipto no os dejará ir sino por mano fuerte. Pero yo extenderé mi mano, y heriré a Egipto con todas mis maravillas que haré en él, y entonces os dejará ir. Y yo daré a este pueblo gracia en los ojos de los egipcios, para que cuando salgáis, no vayáis con las manos vacías; sino que pedirá cada mujer a su vecina y a su huésped alhajas de plata, alhajas de oro, y vestidos, los cuales pondréis sobre vuestros hijos y vuestras hijas; y despojaréis a Egipto.

Éxodo 3:19–22 (VRV)

Los hebreos fueron esclavos durante cuatrocientos años, y luego finalmente tuvieron un día de cobro. Dios transformó sus sufrimientos en éxito. Sus opresores se convirtieron en benefactores, entregándoles los despojos de Egipto.

Tal como los hebreos lo experimentaron, las bendiciones no provienen necesariamente de las buenas personas. A veces los grandes sueños los realizan gente malvada. Entender esta verdad nos permite mirar más allá de los instrumentos que Dios usó y darse cuenta de que fue Dios quien nos bendijo. Las personas son instrumentos usados por Dios para bendecir y para dirigirnos hacia el cumplimiento de Su plan. ¡No saldrás con las manos vacías!

Así como Él se complace en remunerar a los que fueron despojados, también se alegra en los árboles que producen buenos frutos. Ciertamente, una de las cosas que Dios más abomina, como está dicho tanto con el Antiguo Testamento como en el Nuevo, es cualquier cosa que no sea fructífera o rentable. Y ten en cuenta cómo medimos la ganancia y el fruto: es lo que queda cuando la transacción se acaba. Ya se trate de un trato comercial o de la cosecha de otoño, Él te manda que dejes algo. Su mandato a los hijos de Israel es «no te sacaré de esto sin llenar tus lugares vacíos». ¿Cuántas veces tenemos deseos de abandonar una situación sin haber obtenido lo que Él nos ha dado? ¡Hay un tesoro para todos los males que padeces en tu vida. No te vayas con las manos vacías. Date cuenta de que un verdadero tesoro no siempre puede contarse en dólares y centavos. Puede contarse en sabiduría y relaciones, pero tú bien sabes que si Dios te deja atravesar por algo, es porque hay un tesoro en los lugares oscuros de tu vida.

En el caso de los hebreos al salir de Egipto, fue obviamente un tesoro económico. La economía nacional bruta fue puesta sobre las espaldas de los esclavos al tiempo que escapaban del régimen del faraón. Era más fácil escaparse de este régimen que recuperarse de la opresión que habían sufrido durante generaciones. Los que creen que unos cuantos años de corrección enmienda décadas de abuso no son realistas. Lo más difícil de recobrar para los hebreos no era la riqueza; era su amor propio. Salieron de Egipto mucho más rápidamente de lo que Egipto salió de ellos. A estos ex esclavos les dieron dinero, y lo primero que hicieron fue gastarlo en un becerro de oro.

Darle dinero a la gente sin un objetivo da lugar al despilfarro. Lo que haces con el dinero y donde lo pones dice mucho de tu sistema de valores y puede ayudarte a recuperar de los problemas subyacentes de autoestima que se derivan del abuso de cualquier género.

Acaso la lección más importante que aprendemos tanto de David al hacerle frente al gigante como de los hebreos plantándose ante el faraón, es que lo que hacemos, no sólo lo hacemos por nosotros mismos sino por los que nos seguirán. Cuán importante es enseñarles a los niños lo que significa ser bendecido y cómo administrar las finanzas. Buscar un nuevo enfoque para tus hijos y aclimatarlos a un nuevo ambiente financiero puede resultar la tarea más ardua. Según cambiamos, no sólo económicamente, sino moral y socialmente también, no nos olvidemos de que los hijos llevan el peso de los cambios que hacemos. Esto se aplica a contribuir a una universidad para los hijos. Esto se aplica a comprar juguetes instructivos y no sólo aparatos chillones. Esto se aplica a plantar algo en ellos y no sólo a plantar algo encima de ellos.

Un legado de sabiduría y propósito es la riqueza que tú quieres legar. Ésta es la razón que tienes para derrotar al gigante. De manera que las generaciones futuras tengan una ventaja y estén preparadas para la grandeza, aligeradas de las viejas deudas y de los fantasmas de pasados goliats. Hazlo por ti. Hazlo por tus hijos. Agita la honda con más fuerza que nunca. Y lánzale la piedra de tu determinación para que lo alcance exactamente entre los ojos. ¡Derrotarás la deuda y te irás satisfecho!

# III PARTE

# Más allá de los límites del éxito

# INTRODUCCIÓN

Habiendo entrado Jesús en Jericó, iba pasando
por la ciudad. Y sucedió que un varón llamado
Zaqueo, que era jefe de los publicanos, y rico,
procuraba ver quién era Jesús; pero no podía a
causa de la multitud, pues era pequeño de
estatura. Y corriendo delante, subió a un árbol
sicómoro para verle; porque había de pasar por
allí. Cuando Jesús llegó a aquel lugar, mirando
hacia arriba, le vio, y le dijo: Zaqueo, date prisa,
desciende, porque hoy es necesario que pose yo
en tu casa. Entonces él descendió aprisa, y le
recibió gozoso. Al ver esto, todos murmuraban,
diciendo que había entrado a posar con un
hombre pecador. Entonces Zaqueo, puesto en
pie, dijo al Señor: He aquí, Señor, la mitad de
mis bienes doy a los pobres; y si en algo he
defraudado a alguno, se lo devuelvo cuadrupli-
cado. Jesús le dijo: Hoy ha venido la salvación a
esta casa; por cuanto él también es hijo de
Abraham. Porque el Hijo del Hombre vino a
buscar y a salvar lo que se había perdido.

*—Lucas 19:1–10 (VRV)*

Probablemente no te sorprenderás de saber que la historia de Zaqueo fue una de las principales fuentes de inspiración para escribir este libro. Muchos de nosotros recordamos el relato de este «hombrecito» y su manera más bien heterodoxa de ver a Jesús. Mientras revisaba este pasaje para un sermón, me sacudieron de nuevo, como el trueno y el relámpago de una nube de tormenta, dos verdades que emergían de él.

La primera, que Zaqueo tuvo la presencia de ánimo y la previsión de darse cuenta de que lo que él quería —ver a Jesús— no era posible desde su posición actual. Tuvo que adelantarse corriendo y encontrar una nueva posición a fin de alcanzar la meta deseada, ¡aun si eso significaba subirse a un árbol! ¿Puedes imaginarte, como adulto, tan desesperado por ver a alguien que vuelvas a actuar de nuevo como un adolescente? Ten presente que Zaqueo era un hombre rico, ¡y habitualmente la gente rica se viste de cierta manera y se comporta con cierta dignidad, lo que le impediría treparse a un sicómoro! Pero este hombre de pequeña estatura no se intimida ni se desconcierta por lo que le exige su objetivo de ver al Señor.

¿Estás dispuesto a humillarte y hacer lo que es debido para alcanzar tu objetivo en todas las áreas de tu vida? ¿Te permitirías actuar nuevamente como un muchacho, pensando de manera poco convencional y dejando atrás tu comportamiento socialmente aceptable? Con mucha frecuencia permitimos que nuestro éxito en la vida nos encasille y cree una nueva serie de limitaciones que realmente no son muy diferentes de las viejas, ¡sólo que con un gusto más caro! Creemos que sólo porque podemos darnos el lujo de ponernos un traje de Armani y de conducir un Mercedes ya no necesitamos mirar adelante para ver el futuro.

Mucha gente alcanza un cierto nivel de prosperidad y

luego se encuentra tan infeliz como cuando luchaba y medraba. De hecho, muchas personas se dan cuenta mirando retrospectivamente de que eran más felices cuando trepaban y subían que cuando llegaron a la cima a que aspiraban. Zaqueo nos compele a preguntarnos cuán lejos estamos dispuestos a ir para lograr lo que realmente queremos, lo cual me lleva a mi segunda epifanía.

Debido a su voluntad de reubicarse, Zaqueo experimentó una transformación radical en su vida. Ya él era exitoso conforme a los criterios de la mayoría de la gente tanto de su época como de ahora —era el jefe de los publicanos, un cargo poderoso, y también era rico. Obviamente, estaba acostumbrado a hacer lo que quería, con algunos rasgos que podemos admirar, tal como su determinación, y otros que podrían ser cuestionables, tal como el de acusar falsamente a otros a fin de cobrarles más. Y sin embargo su vida era aún precaria. Sospechaba que este Jesús tenía algo que él necesitaba, algo que él no podía comprar en el mercado ni obtenerlo de otros por intimidación. Algo que él quería con la suficiente desesperación para correr adelante y subirse a un árbol para adquirirlo.

Aunque no se menciona en la Escritura, sospecho que Zaqueo pudo haber estado pasando por lo que a menudo llamamos como una crisis de la mediana edad. ¿Qué ocurre cuando logras todo lo que deseas y aún te sientes vacío e incompleto? ¿Qué importa lo que tienes para probar tu éxito si quien tú verdaderamente eres sigue permaneciendo oculto?

Zaqueo transformó su vida a través de su encuentro con el Mesías. Luego de cenar y de conversar con Jesús, el recaudador de impuestos estaba dispuesto a dar, ¡no la usual décima parte para un diezmo, sino la mitad —el 50 por ciento— de sus bienes para los pobres! Y si había estafado a alguien, bien, ¡entonces le reembolsaría el cuádruplo de lo que tomó! La manera en que gastamos nuestro dinero y cuán ceñidamente nos aferramos a él nos proporciona una brújula clara que señala el rumbo en que se orienta nuestro corazón. Y para Zaqueo, ese rumbo cambió de dirección, dejó de pensar en sí mismo y comenzó a pensar en los demás.

Mi argumento no es que tengas que renunciar a determinado porcentaje una vez que hayas alcanzado un cierto nivel de éxito a fin de ser feliz. No, esa generosidad es un subproducto de la libertad y de la realización que Zaqueo experimentó en su encuentro con Cristo. No me importa cuán a menudo puedes asistir a la iglesia ahora mismo, a qué ministerios o instituciones benéficas puedes estar contribuyendo, o a quién conoces y consideras un líder espiritual. Si no has encontrado a Jesús y has cenado con Él en la mesa íntima para dos dentro de tu corazón, entonces tu vida seguirá carente. Si has alcanzado un cierto nivel de éxito y te das cuenta de que tu vida sigue siendo precaria y está sujeta a limitaciones, entonces existe la posibilidad de que necesites una visita, por primera o por segunda vez, del Salvador. ¡Y no tienes que subir a un sicómoro para hacerlo!

## Redención de tus pérdidas

Finalmente, creo que resulta muy elocuente que Jesús concluya Su conversación con Zaqueo diciendo: «porque el Hijo del hombre vino a buscar y a salvar lo que se había perdido» (versículo 10). El reubicarse consiste en experimentar la redención, una palabra que significa «pagar un rescate» o revaluar. En nuestro camino a la cima, rumbo al nivel de éxito que creemos nos satisfará, nos enfrentaremos a un cierto número de pérdidas. Pueden ser las oportunidades y relaciones que sacrificamos a fin de perseguir nuestra meta, o pueden ser las pérdidas sobre las cuales no tenemos ningún control.

Independientemente de cómo las encontremos, todo ganador se debe preparar para sufrir pérdidas a lo largo del camino. Éste es uno de los problemas que yo tengo con la manera en que se enseña la fe hoy día. No preparamos a la gente para el hecho de que la fe puede no conseguirles un empleo tan rápidamente como querrían aun si oran. Esta idea de pídelo y recíbelo es una propaganda peligrosa. Le hace a la gente creer que el éxito es una fácil receta de cocina: haz esto, haz aquello y dile a Dios cómo te gustaría, cuando en efecto aprendemos tanto de ganancia por pérdida como de cualquier otra cosa que hacemos. Como el niño que tropieza al aprender a caminar, la mayoría de la gente importante aprende qué no hacer cayéndose a lo largo de su ascensión al éxito.

Imagínate un aguilucho a quien su madre ha echado de la comodidad del nido. La avecilla al principio comienza a caer en picada hacia abajo. Aletea por un momento y luego sigue cayendo. Es el proceso de volar y caerse lo que le permite recobrar el equilibrio y finalmente remontar las alturas desconocidas. Del mismo modo, puedo pensar en unos cuantos ejemplos de personas que no cayeron antes de volar.

Puedes ya haber tenido relaciones fallidas. Según lees esto, ya hay una relación importante para ti que se ha visto afectada. Tal vez tienes un hijo con quien has perdido comunicación y respeto. Tal vez tienes un ex cónyuge, un amigo que se ha distanciado, o un A. Amante que se ha cansado de tu adicción al trabajo. Tal vez alguien está harto de tus gruñidos en la mesa, o de hablar contigo a través de un periódico. La buena nueva es que nadie vive una vida plena sin pérdidas. No es la evasión del fracaso lo que buscamos. Es la incapacidad de aprender de los fracasos lo que resulta más dañino. Cuando repetidamente fallas sin aprender, entonces te estás condenando a la locura: a hacer lo mismo una y otra vez a la espera de un resultado diferente.

No, debes esperar pérdidas de una forma o de otra. Acaso será la pérdida del buen crédito de la que tienes que recuperarte. O tal vez la pérdida de un empleo o de una oportunidad, de un cliente o de un contrato. Pero todos perdemos algo a lo largo del camino. La educación es cara, y con frecuencia la matrícula que pagamos no es simplemente a una universidad. Con frecuencia pagamos a lo largo del camino las cosas que sufrimos y los dolores que soportamos. En efecto, nos cobran diariamente por la matrícula de un aprendizaje vital.

Cada día pagamos por las cosas que aprendemos, y tales lecciones nos obligan a apreciar el éxito que resulta de nuestro empeño tenaz en la vida. Me preocupo cuando escucho que hay personas que enseñan que la fe en Dios garantiza el éxito o que determinada ofrenda garantizará una bendición. La realidad es que conlleva una combinación de fe y de obras, de logros y de lucha, de fracaso y de reciedumbre, para producir el tipo de éxito que se convierte en un legado que ha de pasar a nuestros hijos, que no siempre consiste en lo que les dejamos *a* ellos, como lo que dejamos *en* ellos. Esta clase de herencia sólo puede existir en los corazones y mentes de personas que han sufrido pérdidas y las han sobrevivido.

Uno de los aspectos más difíciles del éxito suele ser la percepción de que la gente que verdaderamente ha sido bendecida no ha tenido ninguna pérdida. La gente cree que todos los negocios que hiciste funcionaron. Suponen erróneamente que la vida no te ha aportado ningún sufrimiento.

¿No es eso parte de la envidia? Creen que tienen que sufrir algo que tú no has sufrido, cuando en verdad a lo que te has enfrentado puede haber sido diferente en naturaleza y detalle, pero tan grave o más de lo que tus iguales envidiosos han enfrentado.

Nadie pasa por este mundo sin pérdidas. ¿Sabes por qué? Porque la vida en muchos sentidos es una guerra. Y nunca he visto una guerra que no deje algunas bajas a su paso. Empresariales, privadas, personales, emocionales —hay todo tipo de maneras de incurrir en pérdidas. Nadie se escapa indemne. No importa qué técnicas emplees, habrá pérdidas. Te empeñas en buscar argumentos racionales, cuando, a veces, sencillamente perdiste. No es que dejaras de hacer algo. Es simplemente una combinación de influencias externas, del libre albedrío de otras personas, de la oportunidad y la casualidad.

¿Puedes imaginar el meterte en un negocio y creerte que no tendrás ninguna pérdida? ¿Cuántos dueños de restaurantes sobrevivirían si no esperaran que alguna comida se eche a perder, que alguna se queme y que otra se la lleven empleados y clientes deshonestos? Habrá un porcentaje de cheques sin fondo, que es simplemente el costo de hacer negocios en un mundo corrupto. Del mismo modo, a un banquero no se le ocurre pensar que todos los préstamos que suscribe le serán reembolsados. No puede creer que ninguna casa terminará en una ejecución hipotecaria, porque sencillamente eso no es realista. Dadas estas verdades, ¿cómo podemos esperar escapar a cierto número de pérdidas? Cierto, al igual que todos estos ejemplos, podemos reducir las pérdidas a un mínimo, pero no podemos evitarlas del todo. «Sé vigilante, y afirma las otras cosas que están para morir» (Apocalipsis 3:2 [VRV]).

Recuerdo el haber participado hace unos años en un seminario de entrenamiento de ventas. El caballero que impartía la clase dijo algo que nunca olvidaré: «No tengo que enseñarles a ganar. Todo lo que tengo que hacer es enseñarles a enfrentar el rechazo y a no renunciar a ganar». Los representantes de ventas que ganan mucho no son aquellos a quienes nunca rechazan, sino los que no permiten que el «no» de un cliente se convierta en una prognosis de fatalidad. Los grandes vendedores son aquellos que no dejan que un «no» los defina. Saben que perder es parte de ganar.

Perderás tiempo, perderás buenos empleados, perderás clientes, no importa lo que hagas. Si eres pastor, perderás miembros de tu congregación. No importa cuanto odiemos la cruda realidad, la verdad cruel es que nuestros hijos pueden morir. Pueden tomar decisiones equivocadas aunque hayan tenido los mejores ejemplos. No todas las relaciones pueden resistir la turbulencia del éxito o la agonía de la derrota. Algunas personas perderán sus hogares. Algunos perderán empleos. Pero es importante resaltar que la pérdida de una batalla no es la pérdida de la guerra. Los triunfadores sufren derrotas. ¿Cómo es que llegan a convertirse en triunfadores? Concentrándose en los sobrantes más que en las pérdidas. No puedes afincarte en lo que perdiste. Sólo puedes afincarte en lo que ha quedado.

¿Qué haces con estas pérdidas?

1. Minimizar el daño siempre que puedas.
2. Cobrar cierta distancia, en perspectiva o en tiempo o de ambas maneras, y reevaluar los resultados.
3. Hacer una lista de los errores que contribuyeron a la pérdida. Apunta cuántos de ellos controlas y diseña una estrategia sobre cómo puedes evitar errores parecidos en adelante.

4. Advierte cuántos errores que contribuyeron a tu pérdida estaban fuera de tu control. Apúntaselos al costo de vivir en el planeta.

5. No culpes a nadie. Perdónate y perdona a los demás. No hay lugar para rencores o complejos de culpa vitalicios en un trayecto tan breve como una vida.

6. Entiende que los retrasos no son negativas.

7. Haz que las pérdidas te sirvan para volver a ganar.

## Doce pies de alto

Al igual que las limitaciones de las pérdidas, una de las mayores barreras para el éxito puede ser el mantener el nivel del partido al que llegaste en primer lugar. ¿Cómo mantiene un equipo de fútbol americano el nivel de precisión y de atletismo que les llevó a ganar el Super Bowl el año anterior? ¿Cómo puede una actriz, a quien le han dado un Óscar, actuar con la misma intensidad y pasión en la película que hace inmediatamente después de ganar la estatuilla de oro? ¿Cómo puede un novelista de éxito garantizar que su próxima novela sea tan entretenida y popular como la anterior? La mayoría de las veces, tales historias de éxito no se repiten. Los individuos exitosos edifican ciertamente sobre lo que han hecho; pero se permiten la libertad de arriesgarse, de reinventar y de cambiar de posición. Éste es el único modo de garantizar que seguirán creciendo y siendo verdaderamente exitosos.

De manera que en esta última sección, quiero que exploremos algunos de los modos en que nuestro éxito puede comenzar a hacernos descender e incluso hacer que lleguemos a estancarnos, si lo dejamos. Los primeros dos capítulos de esta sección se dirigirán específicamente a las mujeres. No es que quiera excluir a mis hermanos de nuestra conversación;

es simplemente que creo que las mujeres han logrado un cierto nivel de libertad y poder en nuestra cultura que ha creado una nueva serie de obstáculos relacionados con el éxito. Una mujer puede ser ahora la Presidenta de la Cámara de Representantes, postularse para presidenta, conducir un auto de carreras Indy, volar en el trasbordador espacial a la luna o pelear en el Medio Oriente. Pero con este nuevo nivel de éxito viene una nueva serie de desafíos. Estos desafíos y cómo circunvalarlos y vencerlos conforman el tema de estos dos capítulos escritos «sólo para mujeres».

Los capítulos subsecuentes abordarán entonces la manera en que nuestro éxito puede crear una nueva serie de complicaciones en nuestras relaciones. Miraremos cómo evitar el ser exitosos en nuestras carreras a expensas de nuestra vida personal y doméstica. Consideraremos también como despojarnos de las muchas etiquetas que otros a nuestro alrededor comenzarán a pegarnos según ascendemos en nuestra senda hacia nuevos objetivos. Finalmente, abordaremos lo que significa disfrutar de nuestro éxito a plenitud, tanto al aceptar nuestras bendiciones actuales como al asumir responsabilidad por las generaciones venideras.

El verdadero éxito sigue creciendo y desarrollándose a lo largo de toda nuestra vida. ¿Crece un roble hasta alcanzar los doce pies de alto y decide que ya ha crecido bastante y que debe parar? ¡Por supuesto que no! Al igual que Zaqueo, debemos mirar continuamente hacia adelante, conscientes de lo que viene con la próxima estación de la vida, de manera que podamos reubicarnos para una felicidad distinta de cualquier otra: el gozo que proviene de vivir nuestra vida a plenitud como sólo nosotros podemos.

once

# La ruptura del techo de cristal: Los secretos de las mujeres inteligentes y exitosas

---

Muchas mujeres han realizado proezas,
   pero tú las superas a todas.

Engañoso es el encanto y pasajera la belleza;
   la mujer que teme al Señor es digna de
   alabanza.
                              —*Proverbios 31:29-30 (NVI)*

Ha ocurrido un cambio en el mundo empresarial norte-americano que permite que las puertas de la oportuni-dad se abran de par en par para que mujeres preparadas hagan carreras que sus abuelas y bisabuelas no podían ha-ber imaginado. Las mujeres en la actualidad han trabajado duramente y por mucho tiempo para lograr que se abran esas puertas y traspasar el techo de cristal* que una vez limitaba sus múltiples talentos y capacidades. Ellas hacen carreras en todos los terrenos imaginables y las desempeñan brillantemente. Me estremezco al pensar dónde estaría nuestra sociedad contemporánea si nos faltara su inteligencia en la fuerza laboral.

Quién sabe cuántas vidas se habrían perdido si no fuese por la destreza profesional de las muchas mujeres cirujanas que se han agregado a la reserva intelectual de la proeza médica que alguna vez sólo estuvo abierta a los hombres. O cuántos edificios faltarían en el paisaje de nuestras ciudades si no fuera por los gráciles diseños de las arquitectas. Mujeres que crecieron jugando con los diseños de Susie Homemaker están diseñando ahora trasbordadores espaciales para la NASA. Han echado a un lado los juegos de rayuelas con que se entretenían en el pasado y han creado programas de computadoras que han revolucionado muchas industrias.

Ciertamente, hay grandes mujeres y renombradas damas que aún se realizan en sus papeles tradicionales de madre y esposa; son las diosas domésticas del sueño de alguien. No hay nada absolutamente erróneo en esa elección. Pero las mujeres tienen una clara opción ahora y no una sentencia dictada por un jurado de hombres. Ha tenido lugar un cambio irrevocable, no importa cuan lento o gradualmente haya sido.

No hay que ser historiador profesional para saber que hubo una época en este país en que a las mujeres no se las

---

* *Glass ceiling*, concepto acuñado en el discurso feminista para referirse a la barrera invisible que tradicionalmente le impedía el ascenso a las mujeres a los más altos puestos del mundo empresarial. (N. del T.).

respetaba como en la actualidad. El sexismo no se ha acabado como tampoco el racismo, pero no podemos negar que las oportunidades y actitudes son mucho mejores hoy de lo que fueron ayer.

Estos cambios no pueden apreciarse sin considerar cómo evolucionó este nuevo clima; la historia de esta gran nación no está libre de estigmas. Una mentalidad machista no era inusitada cuando se fundó este país, pero eso no exonera a los que consideraban a las mujeres poco más que objetos que los hombres poseían o que se mantenían a la espera de que un hombre los reclamara. De las mujeres que no eran escogidas por los hombres se mofaban como solteronas y eran tratadas con desdén incluso por otras mujeres.

El derecho al voto no lo ganaron fácilmente las mujeres. Mujeres como Susan B. Anthony y Elizabeth Cady Stanton encabezaron la lucha por derechos pendientes durante mucho tiempo, entre ellos el derecho al voto. Lucharon ardiente y fervientemente para tener una voz en el gobierno, para no mencionar el derecho a postularse para un cargo, que no era ni siquiera imaginable en el momento de esa contienda. La violencia doméstica no existía como definición, y los hombres a menudo castigaban a las mujeres como si fuesen niños. Las mujeres no tenían derechos ni privilegios. Nadie a quien contarle, nadie en quien confiar. La mayoría de las mujeres ni siquiera tenía licencia de conducir, con pocos si es que algunos empleos disponibles para sostenerse.

¡Dinero, poder y sexo se convirtieron en instrumentos de cambio para los que aprisionaban a las mujeres en cadenas tanto físicas como mentales! Cuando Betsy Ross cogió aguja e hilo para bordar la bandera, sabía que si bien ella podía coser, no podía votar por aquellos que habrían de representarla.

Si era difícil ser mujer, y lo era, uno sólo puede imaginarse lo que les ocurría a las mujeres de color. Mary McLeod Bethune y otras mujeres negras fueron asombrosas figuras de gran coraje. Tenían dos desventajas en su contra, el ser negras y mujeres. Nada pudo detenerlas de luchar por los derechos que ahora casi pasan inadvertidos, de tan comunes que son. Pero los derechos de las mujeres a ubicarse y reubicarse en el mercado laboral, en la arena política, en el sector financiero y en cualquier otra área imaginable tuvieron que pagarse a un precio excesivo.

## Las mujeres en el mundo

Las mujeres en nuestro país no estaban solas en su ardua lucha para ser reconocidas como ciudadanas acreedoras al disfrute de la totalidad de los derechos humanos. Desde la antigua geisha que murió quemada, temerosa de dejar la casa sin permiso del dueño, hasta la india algonquina que se quedaba atendiendo a los hijos y el jardín mientras los hombres combatían y cazaban, pocas culturas realmente le dieron su lugar a la mujer. Desde las mujeres de China que eran enviadas a otras naciones como novias que se solicitaban por correo, hasta las muchachas de Europa Oriental que eran vendidas como esclavas, las mujeres en la mayoría de las culturas han estado sujetas a los peores abusos que se puedan imaginar. Ya se trate de la marca física y la mutilación genital de las mujeres africanas o de las mujeres judías siendo violadas y degradadas por sus captores nazis durante el Holocausto, la mitad de la especie se ha visto obligada a readaptarse constantemente sólo para sobrevivir.

Nunca olvidaré lo pasmado que me quedé cuando vi por primera vez imágenes de mutilaciones genitales. Fue en mi primer viaje a Kenya en una zona llamada Pekot Occidental, donde los niños escenificaron una obra para mí que me dejó una impresión indeleble en el corazón. Nos sentamos, una simple cortina nos protegía de los inclemente rayos del sol africano, mientras los líderes juntaban a los hombres en un área, a los niños en otra y a las mujeres en una tercera.

Yo había visto actuar a muchos niños en la escuela y en la iglesia, pero ninguna experiencia pasada me preparó para lo que ellos me presentaron ese día. Vestidos con las ropas de sus padres, los niños escenificaron una escabrosa negociación. En una escena, el padre y los otros hombres (también representados por niños) estaban haciendo una transacción por una cabra. Hablaban una lengua que yo no comprendía, pero un intérprete cercano a mi oído se cercioraba de que yo captara la esencia de lo que decían aquellos jóvenes actores, que estaban subastando una hermosa cabrita.

En la próxima escena, el muchacho que hacía el papel de padre en la negociación estaba ahora en casa con una niña que representaba a su mujer. Discutían sobre algo. A través del intérprete, supe que la madre estaba tratando de disuadirlo que se llevara a su joven hija. El «padre» finalmente comenzó a golpear a su mujer con un zapato y la echó de la casa para luego secuestrar a su hija cuando se dirigía a la escuela y llevarla a la plaza del mercado. Allí la entregó como si fuera un fardo de panes de cebada. ¡Ella era el precio que él pagó por la cabra!

Le pregunté al señor que me traducía si eso respondía a un cuadro real y él respondió afirmativamente. Me explicó que el comprador podría ser un hombre de cincuenta o sesenta años. Usualmente la madre de la niña prepararía a su hija para su nuevo marido mediante la mutilación vaginal en la que le cercenarían el clítoris en una operación que amablemente llaman circuncisión femenina ¡pero que parece más bien —según las muchas fotos espantosas que he visto— una castración femenina!

Como soy un hombre con dos hijas y alguien que ha abogado toda su vida por los derechos de las mujeres en todas partes, me quedé escandalizado y asqueado de la manera en que a las niñas les niegan sus derechos más elementales de crecer con sus órganos genitales intactos. Mis médicos, que viajaban conmigo por el país y que les proporcionaban medicinas a nativos que se encontraban sin servicios de salud, me explicaron cuán dañinas e insanas son tales prácticas para el cuerpo de la mujer. Luego supe que muchas niñas mueren desangradas en la selva a causa de estas castraciones, ya que con frecuencia son llevadas a cabo con instrumentos tan primitivos como cuernos de cabra.

De acuerdo, vengo de una cultura diferente y puede que no entienda los detalles más exquisitos de este complejo ritual. Entiendo también que no todos los aspectos de este ritual se llevan a cabo con antihigiénicos cuernos de cabra en un matorral. Sin embargo, basándome en mis propias observaciones, investigación y extensas indagaciones con africanos de muchas tribus, sigo perturbado por la manera en que esto lesiona a las mujeres: provocando infecciones, deteriorando los matrimonios y poniendo en peligro los partos.

Sin embargo, el aspecto más problemático para mí es que, al menos en los casos que vi, los procedimientos se practican con frecuencia en muchachas jóvenes que no son más que niñas, a menudo para el beneficio de hombres mayores que buscan la conveniencia de controlar la pasión de sus novias recién compradas. Me quedé aún más horrorizado de saber que algunas de las mujeres mayores no sólo toleran la práctica, sino que la ven como un timbre de honor. Antes de irme, exhorté a los líderes tribales que le permitieran a las niñas la esperanza de una vida mejor y más productiva. Los reté a reconsiderar los medios de honrar su rica herencia cultural sin poner en peligro a sus niñas y a preparar a sus mujeres para el futuro de lo que, de otro modo, sería un pueblo maravilloso.

Con esa experiencia aún fresca en mi mente, me quedé asombrado de saber poco después de mi visita que al menos una nación africana le había abierto los brazos a su primera presidenta. Sé que esto no se producía como resultado de mi visita, pero, no obstante esta noticia me reafirmó el optimismo de que todo el mundo puede cambiar si le dan la oportunidad. Mientras Ellen Johnson-Sirleaf tomaba posesión como la nueva líder de Liberia, todas las limitaciones se derrumbaban. No pude evitar preguntarme si otra niñita en alguna parte de la selva podría ser la segunda presidenta de algún otro país si se situaba en el lugar indicado y se le daba una oportunidad. Ahora las mujeres allí, y de hecho en todas partes, pueden vivir sin limitaciones de prejuicios sociales e indiferencia basados solamente en el género. El primer rasgón al velo que separa a hombres de mujeres en ese continente se lo dieron cuando ella subió al estrado y asumió el liderazgo de la gente de su país.

## Fe en la igualdad de oportunidades

La educación y las oportunidades son los grandes emancipadores en la lucha por la igualdad. La educación y la independencia económica liberan más que nuestra chequera; abren la mente y el corazón y cambian la manera en que procesamos la verdad. Es cierto que cuando las personas tienen un mayor conocimiento, obran mejor. Es por eso que resulta imperativo para nosotros seguir batallando por educar a las personas en lugar de solamente evangelizarlas.

Me doy cuenta de que esta afirmación puede poner en guardia a algunos predicadores del «fuego del infierno y la condenación». Pero yo te aseguro que el Evangelio es más que tus tres puntos preferidos y un notable versículo bíblico al final. Es más que el conteo de las llamadas conversiones, recogidas de las tarjetas de decisión, en un viaje misionero. Cuando Pablo dice que él se ha hecho de todos, implica que él está insertado en una cultura, que podría compartir su fe en Cristo a través de sus relaciones. No podemos cambiar lo que no comprendemos. Yo no presumo de entender plenamente todos los matices de una cultura, pero aspiro a ver esa cultura preservada sin perpetuar la degradación femenina. Y por la gracia de Dios, eso puede hacerse.

La verdadera religión, la religión buena, tiene la responsabilidad de hacer algo más que sentarse ociosamente y contemplar que abusan de la gente y sólo ofrecer la oración del pecador. Me encanta ver a la gente redimida, pero con demasiada frecuencia la redención de una persona se centra sólo en torno a su confesión. La verdadera redención de una sociedad tiene más que ver con la economía, la ética, la educación y un arraigado sentido del plan creativo de Dios para todas sus criaturas.

Aún recuerdo cuando de niño observaba a las mujeres que venían al púlpito como ujieres para traerle agua al predicador, y él se acercaba al borde y cogía el vaso, puesto que no les permitían subir al púlpito hecho con el dinero que ellas habían recaudado. Recuerdo los tiempos en que a las mujeres no se les permitía hablar o leer nada desde la «mesa sagrada» por la sola razón de ser mujeres. Y no obstante a hombres de notable y cuestionable carácter los invitaban a la oficina del pastor y les permitían predicar un sermón tras otro simplemente porque eran hombres.

En muchas iglesias las mujeres, que componían la mayoría de la congregación, no siempre eran tratadas con auténtico respeto. Las dejaron atrás durante años a la espera de que de se abrieran las puertas. Muchas murieron sin haber sido tratadas más que como ciudadanas de segunda clase, todo ello en nombre de mantener el púlpito puro y libre de la contaminación de la presencia femenina. Me doy cuenta de que la idea de mujeres predicadoras es polémica en algunos círculos religiosos. Yo no convengo con los que no apoyan a las mujeres en el ministerio; pero ése es su derecho. Pienso que se trata de mucho más que predicar. Por la época en que yo crecía apenas si puedo recordar que les dieran a las mujeres algún papel en el liderazgo de la Iglesia.

Esta era una época cuando una mujer bien vestida tenía que usar guantes. ¡Sé que al reconocer esto he revelado mi edad! Pero tal vez tú recuerdes cuando era casi un pecado usar un sombrero de fieltro después del primer día de primavera. ¡O Dios librara a un sombrero de paja después del Día del Trabajo! Esos eran los tiempos cuando la lucha por los derechos civiles estaba en las primeras páginas de prestigiosas publicaciones negras, tales como *Jet* y *Ebony*. ¡Era una época cuando el sombrero pastillero agraciaba la cabeza de una dama, el colorete (que entonces no se llamaba rubor) adornaba sus mejillas, y ella olía a Honeysuckle de Avon! Era una época importante. Dejó una impresión indeleble en mí, ¡e incluso el escribir esto me devuelve el tenue olor de la grasa de pelo Bergamot y el recuerdo de los peines calientes en el fogón de la cocina!

Estas actitudes hacia las mujeres en la Iglesia no empezaron con las antiguas iglesias «de color» (como eran llamadas en ese tiempo) en las que yo me crié, aunque fueron tristemente perpetuadas por esas iglesias. Con las ventanas abiertas, los himnarios en los bancos, los fanáticos de Martin Luther King Jr. tomados de la mano, la congregación se mantenía orando y abanicándose, sudando y orando, pero rara vez utilizó el tremendo recurso intelectual de las mujeres que eran relegadas a las tareas de lavar los forros de los cojines de los asientos del coro y de asar las tortas de boniato que se venderían para ayudar al pastor. Había tanto más para lo que ellas estaban dotadas y preparadas, pero la mayoría de las iglesias les negaban a las mujeres el derecho a administrar o gobernar tanto como a predicar.

## Intervención divina

Muchos pasos de avance se dieron en ese tiempo, pero la Iglesia entendió con dificultad entonces, y todavía le sigue ocurriendo en algunos círculos, su necesidad de servir a su feligresía y de apoyar los sueños de los que la apoyan. Aunque sé que todas las iglesias no eran iguales a las de mi niñez, muchas sí lo eran, y unas cuantas aún lo siguen siendo. Podemos observar trazas de esta clase de discriminación en la Biblia y en su manera de abordar los conflictos entre géneros.

¿Se acuerdan de las hijas de Zelofejad? Eran mujeres que viajaban con los hijos de Israel y quienes no tenían hermanos, pero que lucharon por el derecho a ser reconocidas como legítimas herederas del legado de su padre (véase Números 27:1-11). Hasta Moisés se sentía incómodo de darles este honor, que tradicionalmente se reservaba a los hombres. ¡La Biblia dice que Dios tuvo que hablarle directamente a este gran líder para que se diera cuenta de que las mujeres tenían razón! Esas mujeres eran gladiadoras de la fe que rehusaron ser relegadas a una posición de inferioridad y que prevalecieron después de la intervención divina. ¡A veces es necesaria la intervención divina para que la justicia prevalezca! La intervención divina y mucho de tenacidad humana

hacen una magnífica combinación en la lucha por la libertad de cualquier persona oprimida. Cierto, Moisés fue un
gran líder y un hombre de Dios, ¡pero en lo que respecta a
sus puntos de vista sobre las mujeres, estaba equivocado!

¿O qué me dices del gran debate que existía en tiempos
de Jesús cuando los hombres llevaban a las mujeres sorpren-
didas en adulterio a ser lapidadas? Las arrastraban por las
calles de Jerusalén para apedrearlas por un acto que, sin
duda, muchos de ellos habían disfrutado en privado. Así es
como la religión puede llegar a ser. Con frecuencia está repleta de dobles raseros, según los hombres contaminan los
planes de Dios con prejuicios culturales y erróneas interpretaciones de las Escrituras. No es que sus prejuicios carezcan
de apoyo bíblico. Los hombres siempre encuentran textos
en las Escrituras para apoyar las acciones que quieren perpe-
trar contra otro. Mi pregunta no es si ellos tenían el derecho
a apedrearla. Sino ¿cómo puedes apedrear a la mujer cogida
en flagrante adulterio e ignorar al hombre? Si ella fue sorprendida en el acto, no se encontraba sola. Pero cuando los
hombres juzgan, con frecuencia lo hacen con un doble rasero. Si un hombre comete un error, a menudo lo castigan
con una simple amonestación. ¡Pero cuando una mujer es
sorprendida, la marcan con una letra escarlata y la conde-
nan a una ejecución pública!

Con demasiada frecuencia, las instituciones, incluidos
la Iglesia y los organismos políticos, aman los principios
más que a la gente, la ceremonia más que el servicio, la
condenación más que el consuelo, ¡y los resultados son ca-
tastróficos! Cierto, el mundo religioso con frecuencia ha
controlado a las mujeres, tapándoles algo más que la cabeza.
Algunas religiones ayudaron a oscurecer la mente de mujeres brillantes con normas que les negaban la educación y el
privilegio. En 1 de Corintos 11:13-16, el apóstol Pablo, entre

otros asuntos, lidia con las mujeres que se cubren la cabeza y otras convenciones sociales de la época que trazaban una línea de demarcación muy acusada entre la manera en que se esperaba se comportasen las mujeres y los hombres. Sus ideas, como las de muchos líderes de la actualidad, se basaban en los conceptos de la época en que transcurrió su ministerio. Admito que es difícil que encuentres tu propia voz cuando te hallas sola debatiendo un asunto y hay mucha gente respetable que se te opone. Entiendo que muchos ministros, yo mismo incluido, debatieran cuál era la ocasión propicia, y cuál no, en la cual abordar un asunto como el de los derechos de las mujeres. La cultura y la religión, al igual que la política y la religión, con frecuencia son extrañas parejas.

Que Dios nos dé el valor hoy para abordar tales temas basándonos no en lo que está de moda, sino en la verdad. Si bien algunos líderes masculinos luchan por los derechos de las mujeres y otros asuntos, a menudo lo hacen de una manera que tiene en cuenta lo que se considera cultural o políticamente correcto en ese momento, más que el deseo, a semejanza de Cristo, de liberar al cautivo. En realidad, si a ti te enseñan a caminar detrás del hombre, como enseñan algunas culturas, o te niegan educación, como solían negárselas a las mujeres y a veces aún se las niegan, nuestras hijas y hermanas serán tratadas como inferiores a un hombre. Independientemente de cuáles sean los detalles, los efectos son los mismos: ¡imponer la inferioridad y mantener a las mujeres sometidas de alguna manera!

Al cobrar conciencia de las grandes fuerzas que se oponen a la emancipación femenina, es importante que las mujeres de hoy aprovechen las nuevas oportunidades y avancen con toda premura. Hoy es un nuevo día para las mujeres. Es contra el fondo sombrío de la religión y de la historia que vemos surgir a las mujeres hoy.

## Una gigantesca sacudida

Tan importante como las oportunidades de que ahora dispones es el asunto de asumir nuevos puestos con gracia y disciplina. Es difícil para los que se abrieron camino cuesta arriba no llegar a corromperse por la lucha que tuvieron que emprender para llegar hasta allí. Sin embargo, es importante que sigas ascendiendo sin llegar a contagiarte de cinismo. No resulta fácil mejorar sin amargarse respecto al mucho tiempo que te llevó y a lo que sufriste a lo largo del camino. No obstante, la amargura es un gran impedimento a la creatividad y puede persistir como un veneno contristando el ánimo de quien ha sido objeto de una agresión profunda y artera.

Si Elvis pudiera ver hoy el paisaje de nuestra sociedad, te diría que nuestras casas tanto como nuestros centros de trabajo han sufrido una conmoción. Quiero decir una auténtica sacudida, con alguna grave lluvia nuclear. Pero eso es lo que suele ocurrir cuando tiene lugar un reajuste importante. Permíteme ilustrarlo con uno de los mejores ejemplos que haya experimentado.

Hace unos años me invitaron a ver un juego de baloncesto en la American Airlines Arena de Dallas. Los Lakers jugaban con los Mavericks de Dallas y, caramba, era un juego estupendo. Llevé a mi familia y la pasamos bien. Después un amigo me invitó a reunirme con algunos de los Lakers en el camerino. Aunque no soy un fanático de los deportes, no estaba dispuesto a perder la oportunidad de conocer a tipos como Shaquille O'Neal y Dennis Rodman, aunque tuviera que hacerlo en el ambiente sudoroso de un camerino. De manera que ansiosa y emocionadamente me encaminé hasta allí para conocer a los tipos, que se hallaban en gran medida medio desnudos en medio de un mar de pelos y sudor. Mientras charlábamos brevemente, y un jugador tras otro entraba y salía de la ducha, y los entrenadores discutían en voz baja quién lo había hecho bien y quién no tan bien, yo intentaba encontrar una manera amable de conseguir un autógrafo para mis hijas que esperaban afuera. ¡Era por ellas —realmente era por ellas! De cualquier modo, no me había llenado de valor para pedirlo; ¡no quería parecer un admirador idiotizado o, algo peor aun, un acosador! De repente la puerta se abrió de golpe y entró un bando de reporteros, hombres y mujeres, con cámaras para hacer entrevistas. ¡Yo me quedé pasmado! Las periodistas andaban como Pedro por su casa a través de aquel camerino lleno de hombre escasamente vestidos, si es que no en cueros.

Me quité de en medio cuando empezaron las entrevistas, pero mientras mi amigo me llevaba de regreso a mi familia, le pregunté qué estaban haciendo las mujeres en el camerino mientras los hombres se cambiaban. Un miembro importante de la gerencia de los Mavericks me dijo que las mujeres que estaban con la prensa habían luchado por el derecho a tener igual acceso para entrevistar a los hombres y se lo habían ganado. Ahora bien, en la actualidad, el comportamiento que una vez le habría conseguido a un hombre un arresto o al menos una bofetada —hablo de entrar en una habitación reservada para mujeres semidesnudas— ha sido invertido del todo... ¡y la bofetada ocurriría si a las mujeres les niegan el derecho a entrar en un cuarto lleno de hombres semidesnudos!

Recuerdo esta historia sólo para reforzar el hecho de que están ocurriendo toda una serie de conmociones. Están cambiando las opiniones sobre muchas cosas en el mundo. Al fin y al cabo, no estoy seguro qué aspecto tendrá, pero mientras conducía de regreso a casa esa noche me di cuenta de que ésta no era Kansas, Dorothy. ¡Definitivamente, éste no era ya el mundo de mi padre!

## Ejercicios de calentamiento

Según los papeles tradicionales de hombres y mujeres han estado cambiando en torno nuestro, debes preguntarte qué cambios estás haciendo en tu interior. ¿Qué valores seguirás conservando y cuáles estas dispuesta a perder a fin de alcanzar la próxima etapa de la vida? Éstas son preguntas difíciles sin respuestas verdaderas o falsas. Pero son preguntas que exigen respuestas a fin de maximizar el tiempo histórico en que te ha tocado vivir.

Siempre que hay un cambio como el que estamos experimentando, pasamos años desajustados. Tu reubicación tiene un impacto enorme en la totalidad de la familia. Los niños se afectan. Hombres y mujeres preguntan a menudo cómo debe ser tratada una «dama». ¿Cuándo es él respetuoso? ¿Cuándo es condescendiente? ¿Cómo decirle cuando es caballeroso y cuando te subestima? No hay respuestas fáciles; debes examinar todas y cada una de las situaciones y la naturaleza de tu relación. Ahora los hombres y las mujeres se paran a la puerta de la oficina preguntándose quién debe abrirla primero.

Se está reescribiendo la etiqueta, la palabra *hostigamiento* ha adquirido un nuevo significado, los libros de entrenamiento sobre el protocolo de la oficina y las expresiones políticamente correctas están en todas partes. Una mujer dice: «Puedo abrir la puerta por mí misma, gracias». La otra dice: «Puedo estar en el trabajo, pero aún quiero ser tratada con la deferencia social a la que estoy acostumbrada». Y los hombres se quedan de pie allí confundidos. Así, pues, hermana, ten un poco de misericordia del hermano y dale la oportunidad de resolver si debe tocarse el sombrero o inclinar la cabeza. ¿Debe ser él escrupulosamente educado cuando lo acompañas a cenar o tratarte como uno de sus socios? Con frecuencia las mujeres no se ponen de acuerdo en el protocolo, ¡no es de sorprenderse que los hombres se estén rascando la cabeza! El mundo está en transición, y como ocurre en cualquier transición, hay cosas que se ganan y otras que se pierden. ¡Ganaremos algunas cosas que no tenemos, pero perderemos algunas que lamentaremos!

Lo más importante es que te des cuenta que la revolución está muy avanzada y debes prepararte tanto para las oportunidades como para las responsabilidades. Adiestrar a tus hijas para las ideas del nuevo mundo es tan importante como adiestrar a tus hijos para los papeles vitales que puedan desempeñar en esta nueva era. Personalmente creo que muchos hombres tienen conflictos con su identidad, que históricamente se definía en los papeles de proveer para la familia y dirigir el hogar. En la actualidad ese papel está siendo devaluado por una ideología en la que las mujeres compiten con los hombres en las relaciones amorosas, en lugar de complementarlos.

Sí, tenemos algunas asperezas que limar, pero durante este proceso hay algunos pasos que puedes dar, casada o soltera, joven o vieja, para prepararte para las puertas que se abren ante ti hoy. Al igual que los ejercicios de estiramiento y calentamiento que hacemos antes de un vigoroso entrenamiento, estos consejos te ayudarán adquirir fuerza y agilidad mientras te preparas para correr un nuevo tramo de tu jornada en un camino mucho más ancho.

1. Dado que las mujeres con frecuencia viven más que los hombres y más mujeres no se casan hasta después de los treinta, las mujeres necesitan planificar su independencia económica. El encontrar los zapatos Blahniks que le vienen bien a ese vestido Prada no es tan importante como encontrar el plan de inversiones adecuado que te garantizará el futuro. Ocúpate de tu jubilación hoy, ahora mismo. No te confíes en él ni en el hombre a quien podrías conocer.

2. Date cuenta de que puedes tener que cambiar de caballos en medio de la carrera para lograr llegar en buenas condiciones a la meta. Con esto quiero decir que te concedas la libertad y flexibilidad de pensamiento para cambiar de profesión si la senda por la que ahora transitas no te lleva adonde quieres estar dentro de veinte años. Dependiendo de tu edad y tu capacidad, puedes comenzar de nuevo y prepararte para las puertas abiertas que no lo estaban hace veinte años cuando elegiste hacer lo que ahora haces.

3. Investiga lo que sea necesario para garantizar que recibes el respeto que mereces dondequiera que vayas de compras. Esto significa que cuando elijas un auto, también elijas una agencia cuyo departamento de servicio tiene una sólida reputación de tratar a las mujeres tan justa y equitativamente como a los hombres. En lugar de gastar un tiempo precioso discutiendo con un proveedor de servicio que te trata como «la mujercita» de *La casa de la pradera,* encuentra a alguien que no insulte tu inteligencia ni explote tu chequera.

4. Adquiere pasatiempos que te lleven a rodearte de personas con quienes quieres asociarte. Especialmente desde que la mayoría de los hombres hacen negocios fuera de

la oficina, el ser competente en el salón de conferencias podría no bastar. ¡Una hermana puede tener que tomar unas lecciones de golf para saber por dónde andan los tiros!

5. Cerciórate de que tienes una póliza de seguros que cubre tu hipoteca si te enfermas, te quedas impedida o incapacitada. Puesto que puede que no tengas un compañero, tienes que tener un plan de reserva. No esperes hasta que llegue la crisis y te preguntes por qué no estás protegida de las tormentas. Mira hacia adelante y prepara un puerto seguro donde puedas recobrarte si alguna vez flaqueas física o emocionalmente.

6. No adoptes nuevas tendencias sólo por estar a la moda. No hay nada malo en conservar los valores tradicionales que consideras importantes. No se trata de ser novedosa por amor a la novedad. Es más una expresión de las nuevas opciones. Puedes hacer muchas elecciones y combinaciones de manera muy semejante a como coordinas un ropero: ¡escogiendo las cosas que te quedan bien y que no te limitan! Al igual que lo de tener la torta y comértela a un tiempo, también puedes tener lo mejor de ambos mundos.

7. Enséñales a tus hijas la tecnología de la época de manera que puedan navegar en una sociedad contemporánea. (O en algunos casos, ¡pídeles que te enseñen! Con frecuencia nuestros hijos están aprendiendo a utilizar la tecnología moderna antes que nosotros, así que no te apene pedirles ayuda si la necesitas). Aprende y enseña acometividad, capacidad de negociación, sanos principios de ética empresarial y perspicacia mercantil. Éstas son las herramientas necesarias para el éxito y la reconstrucción de tu vida.

Ahora como nunca antes se está abriendo una puerta para ti. Es momento de que entres por ella. Preparada tanto para el progreso como para el proceso de aparecer fresca y novedosa, estate lista para reubicarte en la vida, en un lugar donde puedas desechar las capas muertas de las pasadas limitaciones culturales y sexistas, para revelar la fuerza radiante que llevas dentro. ¡Éste es tu momento de pensar novedosamente sin perder tus valores tradicionales! ¡Eres mujer, y estás contenta y con muchas ganas de avanzar!

# doce

# Cuando se hacen añicos las zapatillas de cristal: Más secretos sobre el éxito de las mujeres

---

*La mujer sabia edifica su casa,*
*mas la necia con sus manos la destruye.*
*—Proverbios 14:1 (VRV)*

Una reina de belleza coronada recientemente saltó a los titulares con una fiesta extravagante sólo para mujeres en la que menores de edad consumieron bebidas alcohólicas, ella mostró más de sí misma de lo que se considera decente en público, ¡e incluso besó a otra de las participantes en el concurso de belleza! Estuvo a punto de perder la corona y sus beneficios antes de que los funcionarios del concurso le dieran una segunda oportunidad. Esta mujer, que al igual que Cenicienta tuvo una noche de éxito arrollador, estuvo a punto de perderlo todo. En lugar del donaire real y de la dignidad típicamente norteamericana, dejó una imagen de princesa caída que sale a tropezones de sus zapatillas de cristal y deja el coche oliendo como una calabaza podrida. Donald Trump se convirtió en el príncipe encantador que rescató a la damisela en apuros y, con gran gentileza, le dio una segunda oportunidad.

Huelga decir que los medios de prensa hicieron su agosto. Un periodista que reportó la historia comentaba que la mayoría de las reinas de belleza se nos esfuman de la memoria más rápidamente que el nombre de la camarera que nos atendió en el almuerzo de ayer. Las únicas que siguen a la vista del público son las jóvenes cuya mala conducta —ya sea por posar para revistas de hombres de manera inapropiada o por falsificar sus currículos— transforma sus quince minutos de fama en infamia. Desafortunadamente, hay algo de verdad en lo que apuntaba este reportero. Pese al fracaso de estas damas de servir como los arquetipos que queremos que nuestras hijas y sobrinas emulen, podemos definitivamente aprender algo de ellas.

## Que sobreabunde la gracia

Las celebridades son tan humanas como tú y yo. No son más propensas a las consecuencias de una conducta extravagante, ni más exentas de las mismas, que cualquier otra persona. Tal como el caso del incidente de la reina de belleza, constantemente oímos del ganador de un Óscar que fue arrestado por conducir ebrio, de un comediante que hizo un comentario racista o de una celebridad que participa de un negocio sucio. Y la mayoría de las veces, el público es muy benévolo y está dispuesto a concederle a estos personajes una segunda oportunidad.

Es aquí donde creo que puedo aprender de ellos: no parece que estas cosas afecten su nivel de éxito. No se trata tan sólo de que aprendan algo de sus errores (¡incluso si sólo se tratara de cómo evitar ser captado por los *paparazzi* la próxima vez!). Están obligados a rehacer sus vidas después del escándalo. Luego de haber trastabillado metafóricamente a la salida del lavabo de señoras con sus finos zapatos italianos de altísimos tacones y haber dejado un rastro de papel sanitario, estas mujeres se levantan y siguen hacia donde se dirigían.

Hay dos lecciones que pueden aprenderse de tales situaciones desafortunadas y embarazosas. Una es que aplicamos un doble rasero a los bribones célebres y a los que han errado en la Iglesia. Tenemos en nuestra Biblia todas esas estupendas palabras como *redención, reconciliación, restauración, reavivamiento, renovación*, pero cuando una de nuestras personas notables, e incluso no tan notables, comete un fallo, la desterramos. Acaso, en dependencia de los detalles, puede que no sea prudente restaurar a una persona de inmediato a un puesto de autoridad. ¿Pero por qué no permitirles que se rediman, se restauren y se *reubiquen*? En lugar de eso los echamos a los leones en la prensa y más. El mundo ansioso y a veces prejuiciado está siempre dispuesto a devorar el bocado fresco de un personaje espiritual fracasado. Es cierto que lo «secular» siempre está presto a criticar los fallos de lo «sagrado» y a veces nos merecemos el desprecio. Pero cuando las joyas hechas de oro secular se manchan en el ambiente oxidante del libertinaje carnal, pueden restaurarse al parecer más fácilmente que las joyas que adornan las coronas religiosas. Cuando los líderes o celebridades, consejeros y profesionales del mundo secular cometen estos fallos embarazosos, se rehabilitan, rehacen sus vidas y prosiguen hacia la próxima tarea. Sin embargo, ¡cuando los de la Iglesia estamos en la misma situación —y no estamos más exentos de las flaqueza de nuestra humanidad que cualquier otra persona— somos cremados!

De acuerdo, hay ocasiones en que al tratar una situación en la Iglesia se hace absoluta e innegablemente adecuado la remoción de un individuo. Como es el caso de pedófilos en el liderazgo eclesiástico y otros individuos parásitos que resisten la reforma y que deben ser confrontados y no se les debe permitir que dirijan o sirvan donde niños u otros miembros de la Iglesia corran peligro.

Sin embargo, debe haber una distinción entre la manera en que manejamos la debilidad a diferencia de la maldad. La primera es una oportunidad de mostrar la gracia redentora de Dios y dejar que la misma sangre que corre desde el púlpito corra hacia él. Pero la segunda sigue recordándonos el juicio de Dios. Ambos son aspectos de quién es Él y cómo se manifiesta.

En ninguna parte esto se ilustra mejor que cuando Jesús, mediante un ángel, manda a buscar a Pedro, cuyo discipulado se había visto afectado por una completa negación del Señor. Sin embargo, Jesús envía por él y lo perdona, liberándolo para servir a su Iglesia con dignidad y gracia.

Si eres uno de los que han sido echados a la basura y sientes que te encaminas al incinerador, éste puede ser el momento de redención que te lleva del muladar al taller de reciclaje. Mientras la Iglesia persista en destruir a las personas que han fallado, perpetuaremos el mito de que los demás somos inmaculados.

Así como los supuestos justos que vinieron a apedrear a la mujer cogida en el acto de adulterio, no tardamos en darnos cuenta de que no somos mejores o peores que aquellos a los que criticamos. Sabemos en lo más profundo que no tenemos piedras que tirar y, peor aun, nos negamos la oportunidad de estudiar y crecer a partir del trabajo con personas que podrían ofrecernos una plantilla para la recuperación. Silenciamos las voces de los que han estado en determinado lugar, de los que han hecho esto o aquello, e intentamos impresionar a un mundo atareado, que ya ha pasado a ocuparse de la próxima historia, con la severidad con que sostenemos nuestros ideales.

La primera lección que todos necesitamos absorber es cómo salimos de los errores y rehacemos poderosamente nuestras vidas. ¿Cómo sacamos riqueza de la miseria? Algunas instituciones seculares tales como Alcohólicos Anónimos y la Clínica Betty Ford con su amplia gama de tratamientos e instalaciones de recuperación están mucho más avanzadas que las instituciones religiosas que tienen muy pocas opciones y que no le dan segundas oportunidades a nadie. Si no les ofreces opciones y oportunidades a las personas más destacadas, anuncias por consiguiente que no hay misericordia para los menos destacados que observan desde los márgenes del escenario. Lamentablemente, esto no es nada nuevo: «Es que los de este mundo, en su trato con los que no son como ellos, son más astutos que los que han recibido la luz» (Lucas 16:8, NVI).

En segundo lugar, debemos aprender lo que ocurre en el escenario de la vida que da lugar a que hasta los bien intencionados trastabillen, caigan o tropiecen bajo el foco de las grandes oportunidades. Afirmo, simplemente, que el perdón deja un mensaje. Donald Trump y su reina de belleza en desgracia, independientemente del resultado último, nos dejan una lección de vida que las damas deben adoptar y utilizar a fin de prepararse para una vida sin límites: *siempre puedes volver a empezar.*

Con frecuencia en el ministerio de mi Iglesia, en conferencias y en los eventos de *¡Mujer, eres libre!*, me encuentro con mujeres que llevan enormes cargas de culpabilidad, vergüenza, ira, temor y ansiedad por abusos pasados que siguen atormentando su presente e inhibiendo su futuro. Muchas de estas señoras, no importa cuán exitosas puedan ser en lo que respecta a sus carreras y familias, se ven como víctimas fracasadas en lugar de victoriosas supervivientes. Como si no fuera suficiente haber encontrado la fuerza para sobrevivir en un mundo que a menudo no perdona, tienen la carga añadida de sobrevivir a su propio remordimiento, vergüenza y culpa.

No pueden ver más allá de su dolor y las limitaciones de sus propias percepciones distorsionadas para darse cuenta de que pueden liberarse de la carga del pasado y proseguir su viaje a un nuevo ritmo con una carga más ligera. No han entendido lo que Jesús quiso decir con aquello de «mi yugo es fácil y ligera mi carga» (Mateo 11:30, VRV).

Pero la verdad realmente puede liberarte. Y he aquí la verdad: no importa lo que hayas hecho, quién te ha hecho daño o a quién le hiciste daño, no es demasiado tarde. No me importa lo que hayas hecho o lo que no hayas hecho, con quién has estado y de quien te has separado, puedes rehacer tu vida a partir de aquí, ahora mismo. No será fácil, pero yo sé que puede hacerse y sé que tú puedes hacerlo.

Entre las cosas más comunes que las mujeres dan como excusas para no liberarse de las cargas de su pasado es «Ésta es quien soy». Pero yo con frecuencia les digo que ninguna auténtica triunfadora puede permitir que un error, o incluso varios errores, definan quién es ella. No puedes definirte por lo que hiciste. A menudo hay un gran abismo entre lo que somos y lo que hicimos. O te dirán: «Así es como la gente me conoce. No dejarán que rompa con mi manera de ser». Si bien hay algo de verdad en la manera en que las percepciones y actitudes de los demás pueden entorpecernos cuando nos preparamos para rehacer nuestras vidas, te sorprenderías de cuán dispuestos y entusiastas pueden ser los que te rodean cuando se trata de darte una oportunidad.

Si estamos dispuestos a demostrar cuánto hemos cambiado, no sólo por lo que decimos sino por lo que hacemos, lo más frecuente es que otros nos devolverán su confianza. Puede que debamos excusarnos, restituir y enmendarnos para ser tomados en serio, pero si sinceramente tomamos un rumbo nuevo y mejor, los demás lo notarán. No tenemos que proclamar desde las azoteas cuánto hemos cambiado — nuestras acciones hablarán más alto.

Aun ciertas personas pueden intentar encerrarte en tu antiguo papel o definirte por tus pasados errores. Estos hombres y mujeres despliegan sus propias inseguridades cuando no te permiten transformarte y avanzar. Pero estos individuos negativos se encontrarán definitivamente en minoría, de manera que no concentres tus energías en discutir con ellos o en refutarlos. Encauza tus energía en convertirte en una mujer que puede haber tenido un pasado empañado, ¡pero que tiene un futuro de veinticuatro quilates!

## Puedes tenerlo todo

Una autora amiga mía, cuyos libros de inteligentes consejos sobre las relaciones se mantienen durante meses en las listas de los más vendidos, es graduada de una de las universidades más prestigiosas, está casada con un hombre que la adora y es madre de dos hijos sanos y hermosos. Su calendario de comparecencias públicas se reserva con año y medio de antelación. En todos los sentidos, ella es el epítome de una exitosa mujer moderna.

Recientemente compartimos el podio en una conferencia donde se presentó la oportunidad de que me confiara que se sentía desgraciada. Me contó que su vida estaba tan desequilibrada que no estaba segura cómo volver a la normalidad. Eso nos llevó a conversar acerca de tenerlo todo.

Ella viaja en avión entre dos y cuatro veces por semana. Los otros días escribe sus libros y columnas, hace investigaciones, supervisa a su personal e intenta encontrar tiempo libre para su marido y sus hijos. Me hizo sentir como un perezoso por dormir 5 horas cada noche. Toda esta actividad le ha pasado factura, y la ha dejado con los ojos marchitos y la sonrisa a medias.

Como muchas mujeres en su lugar, ella puede tenerlo todo, sólo que no constantemente. Tiene que darse tiempo para descansar y recobrarse. Al igual que muchos hombres y mujeres que traen el sustento a casa y también se ocupan de las tareas domésticas, ella está estresada a tal extremo que podría matarla. También descubre que tiene más cosas en común con los hombres que un empleo y un salario. En el pasado, las mujeres tendían a sobrevivir a los hombres porque no estaban sujetas a tanto estrés laboral. Ya ése no es el caso. El estrés es un asesino que nos lleva a padecer de trastornos de la alimentación, a povorosos índices de depresión, relaciones inestables y aventuras extramaritales.

Te advierto aquí de los efectos secundarios de la notoriedad exitosa y las trampas de tenerlo todo, todo el tiempo. Por favor, date un espacio, tómate un descanso, un momento de tranquilidad para recargarte espiritualmente de manera regular. Cuando tomas ese alimento reparador de

paz y soledad, eres más capaz de perdonarte cuando come-
tes errores, eres más comprensiva con los demás y creas una
atmósfera de apacible sobriedad. Estarás mejor preparada
para crear una estrategia y tu propia red de seguridad que se
llama reubicación, de manera que si tu vida doméstica, tus
finanzas o tu carrera se desploman, tengas algo en reserva
para hacer un aterrizaje de emergencia. La red de seguridad
consiste en aprender a rehacerte en el caso de que sufrieras
un desplome.

La reubicación ha convertido a reinas de belleza en
desgracia en estrellas de cine, a ex cantantes de *rap* en conductores de programas de televisión... a ex conductores de
programas en actores, a ex actores en políticos —la lista es
interminable. Libera una cierta cantidad de estrés cada vez
que te caes de la cuerda floja y sabrás que hay una red de seguridad bien puesta que te espera debajo. El viento puede
pasar silbando a tu lado, tus miembros entrelazarse como
un *pretzel* y la cara hacer una mueca semejante a una más-
cara de Halloween, pero mientras caigas en la red, puedes
terminar por recobrar tu compostura. Luego, al saltar vigo-
rosamente hacia arriba, le sonríes al público y escuchas que
sus gritos de horror se convierten en vítores de júbilo.

La red para ti puede ser un plan alternativo o contin-
gente. La idea fundamental es ¡lo inesperado ocurre!

Mi mamá solía mover una planta de un lugar a otro.
Siempre que hacía eso, era porque no le gustaba la manera
en que la planta se comportaba, y ella sabía que actuar era
mejor que la agonía pasiva. A veces tenía que trasplantar a la
planta problemática de una maceta a otra. En otras ocasiones, un ligero ajuste de una ventana del este a una del oeste
lo arreglaba todo. Pequeños ajustes pueden producir grandes cambios. La capacidad de mamá de percibir cuando la
planta no se estaba desarrollando bien en su ambiente, o no

recibía toda la luz que necesitaba, tenía un sorprendente efecto sobre la planta. Decíamos que ella tenía buena mano. Lo que realmente tenía era un gran instinto para saber cuando hacer lo que era necesario. ¿Tienes tú eso? Si así es, ¿cómo lo usas para alcanzar tus objetivos?

Si hay algo que he aprendido sobre las mujeres, es que todas ustedes son sensibles por naturaleza. No ignoran los instintos y se quedan tan sólo a merced de los hechos. Con frecuencia los hechos pueden indicar cosas que no son ciertas. Así como la evidencia circunstancial en un caso criminal puede no bastar para garantizar el proceso, a veces uno no puede tomar una decisión basándose solamente en los hechos. Escucha tus instintos que te han llevado hasta el lugar donde te encuentras hoy. No los abandones. Sopesa los hechos, pero incluye los instintos también.

Esto es lo que mi madre hacía con su buena mano. Aquel desastre agrícola casi marchito se convertía en una hermosa planta, floreciente y fragante porque el instinto le había dicho a mi madre que ese cambio era el único modo de salvarla.

Yo probablemente habría tirado la planta, pero ella la reubicó y prosperó otra vez, aun después de un fracaso pasado. Si entiendes que tu red de seguridad está puesta por si acaso tu actuación, o la tension de la cuerda, o incluso la agilidad de tu compañero te lleva a caer, entonces sabes que te recuperarás. Con una red eres capaz de hacerlo; como dice la Biblia: «¡caes pero no serás humillado del todo!» ¿Lo entendiste? Bien, entonces estamos listos para abordar ese «otro» aspecto que necesitas para sobrevivir las cuerdas flojas y los altibajos de la vida.

## La belleza en la balanza

Quiero compartir algunas ideas contigo sobre la belleza de una mujer equilibrada. No hay nada más benéfico para ella y para los que la rodean que ser una mujer equilibrada y no irse a los extremos. Algunos de nuestros mejores ejemplos los encontramos en las mujeres exitosas de la Biblia, particularmente la mujer ejemplar descrita en Proverbios 31. En este pasaje de la Escritura, encontramos numerosos atributos usados para describir a una mujer de múltiples talentos que ha logrado ser dueña de sí misma. Tomemos en cuenta tan sólo algunos de ellos:

> Anda en busca de lana y de lino,
> y gustosa trabaja con sus manos.
> Es como los barcos mercantes,
> que traen de muy lejos su alimento.
> Se levanta de madrugada,
> da de comer a su familia
> y asigna tareas a sus criadas.
> Calcula el valor de un campo y lo compra;
> con sus ganancias planta un viñedo.
> Decidida se ciñe la cintura
> y se apresta para el trabajo.
> Se complace en la prosperidad de sus negocios,
> y no se apaga su lámpara en la noche.
> Con una mano sostiene el huso
> y con la otra tuerce el hilo.
> Tiende la mano al pobre,
> y con ella sostiene al necesitado.
> Si nieva, no tiene que preocuparse de su familia,
> pues todos están bien abrigados.

Las colchas las cose ella misma,
    y se viste de púrpura y lino fino.
Su esposo es respetado en la comunidad;
    ocupa un puesto entre las autoridades del lugar.
Confecciona ropa de lino y la vende;
    provee cinturones a los comerciantes.
Se reviste de fuerza y dignidad,
    y afronta segura el porvenir.
Cuando habla, lo hace con sabiduría;
cuando instruye, lo hace con amor.
Está atenta a la marcha del hogar,
    y el pan que come no es fruto del ocio.
Sus hijos se levantan y la felicitan;
    también su esposo la alaba:
«Muchas mujeres han realizado proezas,
    pero tú las superas a todas».

Proverbios 31:13-29 (NVI)

Este pasaje, que según dicen se refiere a la madre del rey Lemuel, un líder de quien sabemos poco más que el hecho de que su madre le fijó normas muy altas para su esposa, podría intimidarte al principio. Por una cosa, esta descripción tiene más de dos mil años, ¡pero suena notablemente contemporánea! Al igual que mi amiga, la autora y conferenciante de éxito, podrías creer que ciertamente puedes tenerlo todo, pero que el precio es tan elevado que simplemente trocarías una serie de preocupaciones y de fuentes de estrés por otras.

No creo sin embargo que ése sea el caso. Ciertamente, la mujer descrita aquí es exitosa en la ejecución de múltiples tareas, pero ten presente lo que falta en esta descripción: el largo tiempo que le llevó encontrar marido, cuántas veces fracasó en sus varios empeños y lo que aprendió de esos errores. De muchas formas, lo que vemos aquí en Proverbios 31 es simplemente un currículo que muestra sus mayores destrezas. Como tú bien sabes, no hacemos un currículo con una lista de nuestras peores hábitos.

Fijémonos en unas cuantas cualidades escogidas de esta lista. Esta mujer claramente trabaja con sus manos: se ocupa de escoger, hilar y tejer la lana; mantiene el jardín y los viñedos; vende el fruto de su trabajo en el mercado; supervisa una casa que incluye marido, hijos y personal («criadas»). Es también una sagaz inversionista de bienes raíces que planifica con antelación y que da generosamente a los necesitados que la rodean. Prevé para las estaciones y siempre viste con elegancia. Es muy amada y respetada. En general —y esto es lo que querría enfatizar aquí para nosotros hoy— su vida está integrada.

No es un accidente que las palabras *integrar* e *integridad* se deriven de la misma raíz, de la palabra latina *integrare,* que significa «totalizado», lo cual, creo yo, es realmente otra manera de decir equilibrado. Éste es el elemento del que mi exitosa amiga carecía en su vida. Tenía una carrera y una vida profesional superdesarrolladas y rara vez disfrutaba de su vida personal. ¡Estaba bailando en la cuerda floja en un solo pie! Su éxito había dejado de ser divertido y satisfactorio porque a fin de trabajar arduamente para sostenerlo, se había visto obligada a sacrificar el catalizador de su éxito: su propio sentido de una identidad sana.

Esas mujeres que parecen tan exitosas a nuestros ojos —las que harían enorgullecerse a la madre del rey Lemuel, las que parecen verdaderamente alegres y en paz consigo mismas, aunque estén al frente de sus empresas y de sus familias— tienen una cosa en común: están integradas. Tienen una integridad respecto a quienes son y lo que hacen, no importa a lo que se dediquen. Ya sea dirigiendo una llamada de conferencia con los ejecutivos de la división internacional de una corporación o preparando una cena festiva para toda la familia, hay una cualidad que las distingue. La podemos llamar gracia, o porte, o encanto, pero la realidad es que se trata de su manera de comunicar quiénes son y cuáles son sus intereses.

Las actrices exitosas con frecuencia emplean una variedad de métodos para interiorizar los variados personajes que representan. Desde maquillaje y vestuario hasta entrenadores de voz y acentos, todos los detalles convergen y se integran en su actuación. Si tomas en cuenta las muchas actrices talentosas que siguen destacándose en su oficio, podrías advertir que a menudo descuellan por su capacidad de representar muchos caracteres diferentes. Desde una criada a una señora, de un pirata a una princesa, estas actrices pueden transformar sus personajes en individuos plausibles que nos impongan su complejidad. Sin embargo, yo sostendría que no importa cuán exitosamente una actriz nos convenza de que es otra persona, algo brota de todas sus actuaciones que las hace singularmente suyas.

De manera semejante, se podría decir lo mismo de una pintora —todos los encantadores cuadros primitivos de Grandma Moses tienen cosas en común del mismo modo que los de Georgia O'Keeffe están unidos por elementos que surgen del tuétano de lo que ella era. Los ceramistas crean estilos artísticos y rasgos individuales que se muestran en sus piezas. Los diseñadores de joyas y las costureras hacen lo mismo. Mira tú, todos somos artistas de la vida, refinando e integrando continuamente nuestras habilidades para producir nuestras más auténticas y hermosas creaciones. Esa es la manera en que nos hace un Creador amoroso y la mejor manera de aprender a vivir exitosamente: de una manera equilibrada e integrada, centrada en un objetivo, pero no finalizada en él, en paz con nosotros mismos de un modo que libere todos los talentos que poseemos.

## Ten en cuenta la estación

Después de la integración, otra característica que creo digna de emulación de la mujer de Proverbios 31 es su capacidad de mantener el impulso. Ahora bien, me doy cuenta de que viéndola como una mujer que ha aprendido a controlar el impulso, estoy infiriendo algo del retrato bíblico. Al igual que el investigador de la escena de un crimen que agrega pistas, deduzco que a fin de que esta mujer sea tan buena como es en tan diversos intereses y empresas, debe saber cómo usar su energía y su conciencia del tiempo y la estación a su conveniencia. Sabe cuándo plantar las semillas y cuándo cosechar las uvas. Saben cuándo cardar la lana y cuándo hilarla. Sabe cuándo hacer un vestido y cuándo venderlo. Sabe cuándo hacer dinero y cuándo donarlo.

Además de vivir una vida integrada, está en sincronía con el flujo de las estaciones y consciente de su impacto en ella y sus circunstancias. Me hace acordar de una muchacha encantadora en la pista de baile cuyo cuerpo estaba en sincronía con su estado de ánimo y con la música. Ella no intentaba opacar a nadie; ni siquiera tenía un compañero con quien compartir el ritmo de la música. Podía ser casada o soltera, madre o hermana, pero estaba entregada por entero a la música y plenamente consciente de quien era en ese momento.

Algunos atletas, como mis amigos Michael Irvin y Emmitt Smith llaman a esto «estar en la zona» o «en el flujo». En efecto, creo que una de las razones fundamentales por las que Emmitt pudo transformar sus patadas en el campo de fútbol en los elegantes movimientos de *Bailando con las estrellas* es que él instintivamente sabía lo que significaba encontrar el ritmo del momento. Si una jugada en el campo de fútbol americano tenía que cambiarse en el último momento a fin de contrarrestar una estrategia defensiva que de repente se mostraba en el campo, Emmitt sabía como ajustar el tempo. De la misma manera, podía ir de un tango a un dos pasos, a un fox-trot, a un vals, con la misma facilidad de alguien que es flexible y adaptable a la música que la vida pone en su camino.

¿Qué tipo de bailarina eres? ¿Has experimentado momentos o temporadas en tu vida en que sabías que estabas exactamente donde debías estar? ¿Cuán lejos te encuentras de ese lugar ahora mismo? ¿Qué te impide estar en sincronía con la estación actual de tu vida? Por supuesto, esto exige la pregunta, ¿cómo describirías la actual estación de tu vida? ¿Te encaminas hacia la nueva vida y el renacer de quien eres como un conejo en primavera? ¿O estás experimentando la cumbre de tu carrera en un ascenso devastador por la escala corporativa? Tal vez te encuentras en un lento camino descendente, un tiempo otoñal de detenerte y observar la belleza de donde has estado y hacia donde te diriges. Equilíbrate, equilibra tus éxitos, baja el otro pie ¡y hazte una pedicura por el amor de Dios! Pasa una tarde en el museo o en un balneario. El equilibrio es parte de tu seguridad y el incorporado garantiza la integridad. Acaso se siente como un frente frío, nevado y ártico que envuelve ahora mismo tu paisaje emocional y circunstancial, congelándote en un invierno. Es sólo el modo que Dios tiene de advertirte que necesitas salir del frío e integrar más variedad a tu vida.

Como ya hemos establecido, saber dónde estas en el presente es vital si has de reubicarte en la próxima estación de tu vida. Y ten presente que si bien nuestras estaciones naturales siguen un orden regular —invierno, primavera, verano, otoño— nuestras estaciones personales pueden variar considerablemente. Yo he tenido muchos brotes primaverales extinguidos por una helada implacable. También he sido testigo de una abundante cosecha otoñal.

De manera que vivir al ritmo de donde estás y prepararte para tu próxima estación no significa necesariamente tener el abrigo a mano sólo porque es enero. Debes ser adaptable y estar lista para aprovechar una oportunidad cuando te salga al encuentro. Debes saber cuándo hibernar y mantenerte al margen de la aventura primaveral del año pasado y cuándo arriesgarte a abrir tu propio camino en un territorio inexplorado. Debes preguntarte si vale la pena invertir tanto esfuerzo en producir una cosecha en particular. Debes estar atenta a cuándo necesites descansar y cuándo es menester esforzarte en trasponer la barrera de la fatiga a fin de alcanzar tu objectivo.

La conciencia de ti misma y las interrogantes que te hagas son decisivas para este proceso de supervisar tu impulso interior. Si te has comprometido a quedarte en casa y criar a tus hijos, entonces puede que no sea el mejor momento para empezar tu propio negocio. Tal vez puedes echar los cimientos mientras aún son pequeños, de manera que para la época en que entren en la escuela, y su horario se haga más flexible, puedas iniciar una aventura empresarial. O si finalmente has alcanzado un nivel de éxito en el cual tu compañía te brinda un mes de vacaciones, entonces necesitarás tomarlas. Es probable que tu empleador sepa que el intenso nivel de responsabilidad de tu trabajo exige que descanses y te recuperes regularmente si has de evitar fundirte.

La mayoría de la gente con quien hablo acerca de controlar sus impulsos, en particular las mujeres, que con frecuencia son intuitivamente conscientes de ello, me dicen que los signos estacionales a menudo son obvios. Simplemente deciden ignorarlos, o negarlos, o intentar imponerles sus propias agendas. Pero así como no puedes ignorar una tormenta que se extienda por la llanura con vientos de cuarenta millas por hora, capas de lluvia y rayos letales, tampoco puedes ignorar ciertas realidades de tu vida.

No tengas miedo de acepar tu estación actual, aun si no es la que particularmente disfrutas, quieres, o reconoces. Puedes estar atravesando por una temporada de pesar o de transición que ahora mismo es particularmente dolorosa. En lugar de oponerte a esta estación y los indicios que ahora mismo te da, permítete experimentar lo que te ofrece, sabiendo que te prepara para una estación más rica por venir. Incluso hay que dejar que el suelo tenga un tiempo de barbecho para que sus nutrientes y minerales se renueven. Sólo entonces puedes volver con un cultivo nuevo y saludable que rinda al máximo las plenas potencialidades de la tierra.

Al cerrar este capítulo, estoy buscando, al igual que el rey Lemuel, a una mujer que esté dispuesta a asumir su destino, armada con las herramientas que necesita para prevalecer. Debe tener clara idea de sus estaciones, estar convencida de su contribución, consciente de sus propias fragilidades y ser lo bastante flexible para adaptarse a reveses inesperados. Si eres esa mujer, o la conoces, o eres el hombre afortunado que está casado con ella, hazle saber que vive en una generación donde el techo de cristal se ha convertido en una zapatilla de cristal. Si tiene el valor de creer, nada será imposible para ella. Quiero que ella sepa que no existen limitaciones aunque haya habido contratiempos y agonías en el pasado. Éste es un nuevo día con nuevas oportunidades. Ella puede tener que descansar a veces, otras veces orar, en momentos perdonar y hasta en ocasiones luchar. Pero, al igual que Cenicienta, ¡si te sirve la zapatilla, póntela!

trece

# Mensajeros de correos: Cómo sobrevivir a las definiciones del éxito

> Viniendo Jesús a la región de Cesarea de Filipo,
> preguntó a sus discípulos, diciendo: ¿Quién
> dicen los hombres que es el Hijo del Hombre?
> Ellos dijeron. Unos Juan el Bautista; otros,
> Elías; y otros, Jeremías o alguno de los profetas.
> —*Mateo 16:13–14 (VRV)*

Los nombres son muy importantes, y para mí, elegir el título de un libro es como para un padre orgulloso escoger el nombre de su primogénito. ¡No me creerías el conflicto que tuve para darle nombre al bebé que está ahora en tus manos! Algunos de los materiales para este libro surgieron de una serie de sermones que prediqué con el título de «Ubicándote para la prosperidad». Naturalmente, creía que un título semejante podría funcionar bien para el material y las lecciones de vida que quería compartir en este libro. Sin embargo, enseguida me di cuenta de cuán emocional, social y políticamente cargado puede estar un término como *prosperidad*.

Como pueden ver, encontré un título que me parece más preciso y que comunica un sentido más claro de donde provengo. ¡No me importó eliminar del título la palabra prosperidad y todas sus connotaciones, denotaciones y detonaciones! En parte, porque no quería arriesgarme a que me situaran en un campo de predicadores que, según algunos, han marginado el Evangelio y lo han relegado en favor de las ideas capitalistas.

Estos oradores, predicadores y movimientos han sido etiquetados, y muchos de ellos incluso han adoptado la manera de ser con que otros los perciben. Y no resulta difícil ser etiquetado. La mayoría de nosotros lo hemos sido por alguien que, por ejemplo, nos estudió a través de una serie de televisión en que hablamos mientras hacía su investigación. Algunos sólo basan su criterio en un sermón o en una noche en que estaban pasando los canales de la televisión y nos oyeron decir algo que ahora utilizan como una etiqueta para definirnos.

Cristo mismo no estuvo exento de ser definido equivocadamente, como ilustra el texto que escogí para iniciar este capítulo. Me sorprende darme cuenta de que Él también tuvo que vivir con las suposiciones que otros tenían acerca de quién era. Sus discípulos le informaban lo que «algunos decían» respecto a él. Al igual que Jesús, tú aprenderás, como he aprendido yo, que tus críticos e incluso los comentaristas corrientes no siempre concuerdan en quién eres o en lo que verdaderamente representas. Esto sucede en gran medida porque su evaluación casi siempre está basada en lo que dijo otra persona, o en lo que leyeron, o en un incidente aislado que oyeron acerca de ti. El llegar a conocer a la gente lleva tiempo (¡pregúntale a alguien que haya estado casado!) y la mayoría de la gente prefiere el fragmento fácil a la ardua tarea de conocer a las personas de primera mano.

Créeme, algo sé acerca de etiquetas —¡me han puesto más que a un paquete que viniera de China! Me han llamado de todo, desde «el próximo Billy Graham» a «el próximo Jesse Jackson» —¡vaya semejante contraste! Alabado por algunos, he visto mi vida amenazada por otros por permitir que el entonces vicepresidente de Estados Unidos hablara en el servicio inaugural de nuestra iglesia, porque opinaban que no debía haber dejado hablar allí a alguien tan liberal. Más tarde fui señalado por aquellos que creían que debía ignorar las invitaciones del presidente Bush a la Casa Blanca, al principio porque algunos creían que él era demasiado conservador; luego cuando se enfrentó a una creciente crítica respecto a la guerra de Irak y a la chapucera respuesta al huracán Katrina.

Permíteme aclarar algo respecto a mis acciones. Como hombre de Dios, odio la guerra. Y estaba horrorizado, y así lo dije abiertamente, respecto a la manera en que se manejó lo del Katrina. Sin embargo, como hombre de Dios, debo hacer algo más que protestar —y, de tener una oportunidad de hacerlo, debo también facilitar un diálogo significativo entre puntos de vista opuestos por el mejoramiento de todos. Llegar a identificarme completamente con una de las partes es un lujo que creo no poder darme cuando los dos principales partidos tienen largas permanencias en el poder cuando los eligen. En una crisis, las acciones deben sobreponerse a la cólera, y con frecuencia debemos echar a un lado nuestras frustraciones y trabajar para rescatar a nuestros prójimos de encima de los techos y del agua, en lugar de gritarles a las cámaras que debe hacerse más.

El verse atrapado entre esas polarizaciones no es un fenómeno nuevo, ni es exclusivamente mi problema. En tu propia vida, debes vivir con la constante crítica de las opiniones contrarias y hacer y ser como Cristo dijo, un pacificador. Incluso si escoges un bando basándote en la firme convicción que sostienes, encontrarás que dentro del mismo grupo no todos comparten ese punto de vista. Créeme, ¡todos los bautistas no están de acuerdo! Todas las megaiglesias no son monolíticas ni están llenas de gente simplista. Sólo porque las personas compartan algunos elementos en común eso no significa que tienen puntos de vista, creencias, métodos y motivos idénticos.

Tales generalizaciones echan las bases de los estereotipos, las fobias y los prejuicios. Es por esto que las etiquetas pueden ser tan perjudiciales para ti mientras avanzas hacia el éxito, y por qué puede resultar aún más difícil evitar las muchas etiquetas que te colocarán. Una etiqueta, aun aquella que connote éxito, no tiene que ser algo que asumas. La gente te pone festivamente una etiqueta para sugerir que eres uno de ellos o ¡para poner un pie dentro cuando te vienen a matar!

Añádase a eso el diluvio de etiquetas tan cargadas de significados en una simple palabra o frase —*evangélico, carismático, pentecostal, conservador, moderado, feminista,* y sí, incluso «predicador de la prosperidad»— y empiezas a ver cuantas cosas distintas «dicen algunos» que soy. Sin duda, tú has pasado por esto en tu propia vida de una u otra manera. Pero uno debe tener presente que siempre que sepas quién eres, no siempre puedes controlar lo que "algunos digan" sobre ti.

## Desprender la etiqueta de la prosperidad

Puesto que en último término no puedo controlar quién quiere señalarme como un profesor de la *prosperidad,* he aprendido a echar a un lado todo el asunto como una obstrucción a mis metas. La razón fundamental de que este nombre tan cargado de connotaciones no me molesta es que no existe tal cosa como el llamado Evangelio de la prosperidad. En primer lugar, la senda a la prosperidad no es una línea recta trazada sobre una gráfica por un gurú motivacional, un magnate empresarial o un consejero de vida, pese a lo que la sección de superación personal de las librerías podría hacernos creer. En segundo lugar, creo que la palabra *Evangelio* en el contexto de la fe tiene sólo un significado. Para el cristiano, hay sólo un Evangelio: la gracia de Dios extendida a través de la muerte, el entierro y la resurrección de nuestro Señor. Nunca debemos confundir los beneficios con el salario. Dios nos ofrece vida eterna, ¡no el uso sempiterno de un Rolls-Royce!

Ves tú, la prosperidad no puede ser un evangelio en sí misma. No existe ninguna biblia, ni ideales ortodoxos que enseñen una manera definitiva de llegar a un cielo capitalista exento de impuestos. No, no existe ningún evangelio de la propiedad. Muchos de los que han sido etiquetados como «predicadores de la prosperidad» lo han sido injustamente, y su verdadero mensaje ha sido excesivamente simplificado por extremistas que enseñan sin equilibrio y por alarmistas que gustan del sensacionalismo sin base. Como en mi caso, uno o dos comentarios en treinta años de ministerio no me convierten en un predicador de la prosperidad —¡no más que cocinar una hamburguesa me convierte en un chef!

Los que realmente han seguido mi ministerio a través de los años saben que mi objetivo siempre ha sido ayudar a los afligidos a través de mensajes como *¡Mujer, eres libre!* y otros por el estilo. Reconozco que he escrito y vendido montones de libros, que he invertido sabiamente, que he comprado y vendido incontables propiedades, que he escrito y producido música, obras de teatro y películas, y que he prosperado. Pero mi método no tiene magia alguna, contó tan sólo con una gran cantidad de trabajo arduo y la gracia de Dios sobre lo que hice y donde invertí mi tiempo y mis recursos. En el ministerio he tratado siempre de alentar y animar a personas que han sido víctimas de abusos emocionales, sociales o sexuales. Sólo un pequeñísimo porcentaje de mi doctrina ministerial se ha concentrado en las finanzas. Cuando las saco a relucir es, por lo general, para decirle a la gente que si Dios me bendijo con algunos talentos y recursos, no obstante lo limitado de los primeros y lo pequeño de los últimos, él puede ayudar a cualquiera —desde ex convictos a ejecutivos— a edificar y moldear sus vidas.

Estoy convencido de que aquellos que se centran en dar como el mecanismo único o fundamental de la obtención del poder económico, le enseñan a la gente una suerte de magia que sólo conducirá a la frustración y el desencanto. Créeme, el camino para salir de la pobreza no es fácil. Uno debe saber que está dotado por Dios para sobreponerse a la adversidad y la injusticia. Exige más que fe —aunque la fe es cierto que ayuda. Pero la fe funciona tan sólo cuando tú la trabajas. No basta que creas, debes darle vida a esa fe trabajando por conseguir lo que crees.

El trabajo duro, la dedicación incansable, la reducción de las deudas, las pequeñas inversiones, la propiedad de una casa y la educación son las herramientas que ayudarán a crear una salud económica estable a largo plazo. Creo lo que dice el Salmo 1 de los que son bendecidos: «todo lo que hace prosperará». Dios no sólo nos bendice cuando damos a las instituciones benéficas y a las causas que le interesan. También nos bendice cuando tenemos planes que se avienen con Su propósito para nuestras vidas. La filantropía puede ser de ayuda a personas y causas, puede incluso dar lugar a bendiciones, pero la prosperidad a largo plazo exige más que una fe pasiva y toda una vida de espera. Exige productividad.

No existe un método infalible para alcanzar las metas de la prosperidad. Oprah llegó por un camino. Diddy llegó por otro. Bill Gates llegó de otra manera. Condoleezza Rice llegó a través de una ruta más académica. De Tony Robbins a Baskin-Robbins, ¿quién puede garantizarte que existe solamente una fórmula? Todas son obviamente distintas: ninguna tiene una metodología que garantice que la misma fórmula funcionará para ti.

Cada ruta hacia una vida equilibrada y próspera es tan individual y única como la persona que emprende el viaje. Para que veas, la verdadera prosperidad no proviene del exterior. Proviene del interior. No tiene que ver con dinero; y sí con una infatigable dedicación al progreso. La prosperidad tiene más que ver con una vida equilibrada y centrada sin perder el control de lo que Dios te ha dado. En jerga cristiana, en esto consiste la mayordomía. La responsabilidad personal cae dentro del mismo ámbito como realización de los dones que Dios nos dio.

No importa cómo lo llamemos, el proceso de aceptar nuestros dones y llevarlos a vías de hecho genera con frecuencia una serie compleja de obstáculos con aquellos que nos rodean. Ellos se esforzarán en reducir la complejidad y singularidad de nuestro arduo trabajo a un puñado de clichés, adjetivos y etiquetas. ¿Puede evitarse esto? No, según mi experiencia y lo que he observado y discutido con centenares de otros individuos exitosos en diversos campos.

¿Puede reducirse a un mínimo y controlarse de manera que no impida tu ascenso y no ayude a los otros obstáculos que te traerán tu éxito? ¡Absolutamente!

## El control del mensaje

Mi amigo John Maxwell enseña que la definición más pura de liderazgo es «influencia». Si eso es cierto, entonces la prosperidad progresiva aumentará parejamente la influencia. La influencia siempre la supervisan los que te rodean, y suele servir como el combustible para tu base de poder. Es muy difícil tenerla y no usarla. Si la usas y otros lo ven, siempre tratarán de determinar cómo pueden cosecharla, extraerla, capitalizarla o, si todo lo demás falla, destruirla.

Si la posees, alguien más la verá. Si la tienes en el trabajo, alguien intentará controlarla y usarla. Si la tienes con el jefe, alguien intentará hacerle llegar un mensaje a través de tu boca. La parte más difícil de la mayordomía del éxito no consiste en adquirir influencia, sino en conservarla sin que llegue a contaminarse por los que buscan utilizar lo que has tenido la bendición de alcanzar.

Si no eres cuidadoso, descubrirás que aquellos con quienes te asocias o incluso los que empiezan a asociarse contigo por sus propios motivos, intentarán apropiarse de tus talentos. Independientemente del grupo que sea, fácilmente puedes convertirte en un muñeco. No, no estoy recurriendo a nombretes, quiero decir, literalmente, un muñeco. Ya sabes, el títere que se sienta en el regazo del ventrílocuo y el muñeco mueve la boca mientras el ventrílocuo es quien realmente habla. ¿Es la voz de otro la que sale de tu boca cuando mueves los labios? A la mayoría de nosotros no le gusta la idea de ser usado de manera tan absoluta por otra persona, pero en la medida en que nos hagamos cada vez más exitosos, el riesgo de que otros hablen por nosotros aumentará.

Medita pues en esto: ¿quién habla por ti? Esta es una pregunta que debe responderse. Y otra de igual importancia es, ¿Quién *te* habla? Cualquiera que te hable y hable por ti puede ser muy útil o muy destructivo. La persona que habla por ti con frecuencia puede tener una agenda oculta que la hace hablar por ti. Necesita pedir prestado tu influencia para hacer llegar su propio mensaje y para cumplir su propia agenda.

Todos nosotros tenemos personas que hablan por nosotros. La madre que hace que un hijo responda al teléfono o le lleve un mensaje a la maestra tiene a alguien que habla por ella. Tu secretaria o tu asistente personal pueden redactarte memos o cartas basándose en su entender de una cierta conversación o una llamada telefónica. Con frecuencia aquellos de nosotros que nos dedicamos a los negocios tenemos unos equipos gerenciales de nivel medio que transmiten los mensajes desde el salón de la junta al personal y a los individuos del personal en particular que deben ser informados o que ejecutarán las decisiones. Inevitablemente, tales personas terminan hablando por uno.

¿Te has fijado en el secretario de prensa que habla por el presidente? Siempre me impresionó mucho Ari Fleischer, que se ocupó de la prensa durante el primer período de George W. Bush. O Dee Dee Myers, la secretaria de prensa de Clinton, que paraba cientos de preguntas de toda una variedad de periodistas. ¿Puedes imaginar la carga de ese trabajo? ¿Quién querría ser responsable de citar erróneamente al primer magistrado de la nación? No tenemos la influencia del presidente, pero en nuestros propios mundos, somos el presidente en alguna medida. ¿Quién es tu portavoz y cuánto puedes confiarle la mayordomía de tus argumentos?

Yo personalmente sé lo que es vivir con las consecuencias de alguien que hable por ti. He concedido entrevistas y me he ido sintiéndome feliz de mi propia eficacia sólo para encontrar a la mañana siguiente que el reportero, deliberada o inadvertidamente, me citó mal o ¡utilizó mi entrevista para dar a conocer sus opiniones a través de mi historia! Esto ocurre con bastante frecuencia.

Casi me he ahogado con el café en más de una ocasión al leer algo en el periódico que se supone que he dicho y que no dije. Alguien me estaba situando donde y como quería por cualquier motivo que estimaba necesario, y de repente yo había perdido el control de mis propios argumentos. Los reporteros mismos pueden no ser objeto de noticias, pero pueden hablar a través de tu entrevista simplemente por la manera en que tergiversan los hechos. Unos pocos hechos que se usen y otros pocos que se ignoren, y ahí estás un año después intentando arreglar el desastre que dejaron los que te han tergiversado.

Permíteme usar un ejemplo más común. ¿Alguna vez alguien te ha preparado tu declaración de impuestos? Si ha sido así, él ha hablado por ti. ¿Has contratado alguna vez a un abogado para que investigue algo o te represente en algún asunto legal? ¿Has contratado alguna vez a un agente de bienes raíces para que venda o compre una propiedad en tu nombre? De ser así, estas personas han hablado por ti. En dependencia de su nivel de competencia o integridad, te has apuntado un éxito o un fracaso.

Para aquellos de ustedes que tienen su propia empresa, quiero que reflexionen sobre algo en particular. Una de las cosas más difíciles de adquirir no es la financiación ni la publicidad ni siquiera las instalaciones, sino gente íntegra que no tergiversen tus ideas. No importa en qué clase de negocio estés; si crece, necesitarás personal que te ayude. El desafío consiste en encontrar gente competente que te represente bien. ¡Con frecuencia la perspectiva de la oficina se pierde en el almacén!

En alguna parte entre la concepción de la idea, el desarrollo del plan y su puesta en práctica, la personalidad y actitud del dueño queda diluida o corrompida por los encargados de ejecutar el plan. De hecho, en muchos casos, estos amanuenses no lo llevan a cabo, ¡lo matan por completo! Muchas grandes ideas, grandes iglesias y grandes compañías fracasan debido a la desconexión entre el visionario y quienes lo representan.

## Entrega inmediata

¿Qué haces cuando quieres enviar un paquete rápidamente y no quieres que se retrase por cuenta de innumerables despachadores y mensajeros? Cuando esto ocurre, pagas algún dinero adicional para que lo entreguen al día siguiente. Del mismo modo, cuando la gente quiere que las cosas se hagan rápidamente, con frecuencia se valen de su influencia para hacer llegar su mensaje de la manera que suponen más expedita. La mayoría de nosotros lo hace bastante inocentemente.

Una madre puede decirle a sus hijos: «¡su padre ha dicho que es hora de irse a dormir!» Y al hacer esto utiliza el papel del padre e invoca su autoridad para transmitir el mensaje de ella. O tal vez en algunos hogares es al revés: «¡Tu madre se va a enojar de veras si no vacías el lavaplatos!». Tales frases son tan comunes como el frío en diciembre. Son las formas en que otros liquidan los problemas cuando necesitan pedir prestada tu influencia.

Ahora bien, estos ejemplos domésticos que cito son por lo general bastante inofensivos. Con frecuencia son expresiones de tu influencia sobre esta persona o una serie de circunstancias en que invocan tu nombre como si fuera mágico y lo pronuncian como una contraseña. Pero no todos los casos son tan inocentes como un padre cansado en el intento de inducir una respuesta positiva de un niño rebelde. Siempre hay una persona en el trabajo que invoca tu nombre a fin de lograr que se haga el proyecto. Es como decir «¡Ábrete sésamo!», usar el nombre de alguien que tiene influencia abre puertas y brinda acceso. «Estoy con la oficina del senador» ¡puede venir de la boca de un portavoz oficial tanto como de un conserje! En la mayoría de las organizaciones uno de los obstáculos al que he tenido que enfrentarme a lo largo del tiempo es a la propensión de la gente a hacer uso de mi nombre como un modo de cumplir sus deseos. Si bien muchos de mis empleados están facultados a usar mi nombre y por consiguiente mi autoridad para alcanzar, a través de ellos, mis objectivos; a veces sucumben a la tentación de usar mi nombre para llevar a cabo su propia agenda, no la mía.

De hecho, algunas personas con frecuencia se sitúan a tu alrededor sólo para adquirir la influencia que tal asociación proporciona. ¡Es sorprendente cómo la gente tratará de montarse en tu auto cuando saben que va hacia alguna parte! He notado que con frecuencia ni siquiera tienen la oportunidad de decir su nombre, tan ocupados como están en decir el tuyo como los niños del cuento de hadas que dejaban caer migajas de pan en el bosque. Lo usan como un modo de decirle a la gente, «¡Mira, soy importante!» o «¿Sabes a quién conozco?».

¿Qué puedes hacer cuando has respaldado tu nombre con integridad, pero otros con menos integridad se enganchan a ti como un remolque al trasero de un auto y siguen el viaje? Desafortunadamente, a veces no hay mucho que hacer. He aprendido que este recurso de mencionar nombres para ejercer influencia a menudo sucede cuando tú ni siquiera estás presente para protestar.

Sin embargo, debes intentar reducir a un mínimo las «entregas inmediatas» de los demás. Si has de evitar y controlar las etiquetas que otros te ponen, debes estar consciente de quién está usando tu nombre y tu mensaje para su propia agenda. Tu nombre y tu reputación se diluyen rápidamente, y tu mensaje se corrompe, cuando estos manipuladores de poder usurpan tu identidad.

## Encartes y volantes

Debes darte cuenta también de que una persona no tiene que haber sido autorizada a hablar en tu nombre para suponer que puede hacerlo. Me he quedado asombrado de cuantas personas empiezan a hablar en tu nombre sólo porque te han visto en su compañía. Estas personas puede que sólo te conozcan de manera casual y les guste proyectar a otros la idea de que te conocen mucho mejor. Y debo advertirte: la percepción es casi tan poderosa como la verdad en la mente de muchos. Es por eso que resulta importante con quién te dejas ver para tu ubicación y reubicación para el éxito.

Créelo o no, sin darte cuenta le das una cierta cantidad de poder a algunas personas de sólo estar con ellas. Con frecuencia te haces culpable por asociación. Si te ven con un miembro de cualquier partido político, ¡el público supone de inmediato que apoyas toda la agenda de ese partido! O si asistes a un evento donde está presente una cierta celebridad, los medios de prensa pueden inferir que condonas el estilo de vida ligero de esa celebridad. Éste es un mundo en el cual hay que elegir cuidadosamente con quien te asocias. La persona con quien compartes puede a menudo usar esa relación, consciente o inconscientemente, para aumentar su propia esfera de influencia. Al igual que el desgaste de la economía, la influencia se va desgastando hasta que queda muy poco de tu poder e influencia originales.

Otros asociados pueden acercarse lo bastante a ti sólo para usarte como un representante de la oposición a su punto de vista en un asunto dado. Luego de mezclarse contigo, regresan a su mundo y expresan su opinión, y de repente te consideran despreciable porque te atreviste a disentir de ellos. Algunas personas incluso te juzgarán y te condenarán sólo por advertir con quien te encuentras e inferir la naturaleza de la relación. Y, desafortunadamente, con frecuencia la conclusión a la que llegan no es halagadora.

En tales casos, las relaciones son como encartes y volantes. Están pegados a algo que tú sí quieres, como un periódico, una revista o una correspondencia personal, porque no te tomarías el trabajo de fijarte en los anuncios si llegaran solos.

O ¿piensa en esos pequeños anuncios que invaden la pantalla de tu computadora como agentes secretos que se escabullen a través de un país extranjero? Tal vez te conectas para buscar un reloj pulsera ¡y te sale al encuentro un anuncio de Viagra! ¡O viceversa!

El que sean tan agresivos no significa que no sean efectivos. Si no fueran efectivos, las compañías no los usarían. Según *America Online*, uno de los mayores proveedores de servicios de Internet para el consumidor, el número total de anuncios *pop-up* asciende a alrededor de cinco mil millones por trimestre —¡eso es potencialmente viente mil millones de interrupciones al año!

Del mismo modo, algunas personas trabajan arduamente para insertarse en áreas de tu vida donde intentan sacarte tu energía, tu atención y tu influencia. Estas personalidades *pop-up* aparecen de improviso en tu escenario, en tu vida, en tu casa, no porque quieran seriamente una relación, sino porque necesitan pedirte prestada tu influencia.

Entérate, estás asociado con alguien o algo porque, en gran medida, estás siendo bendecido de algún modo que les es ajeno y quieren engancharse. Pero ésa no es la peor parte. La peor parte es el bagaje que traen consigo y la situación precaria en que eso te coloca, ya que a menudo heredas sus enemigos simplemente por guardar silencio. De repente te enteras de cosas acerca de ti mismo que tienen muy poco que ver o ningún fundamento con la realidad de la relación, la situación o la circunstancias.

## Etiquetas por correo

La primera vez que supe que contaba con la confianza del presidente y le servía como asesor espiritual fue cuando lo leí en el periódico. De inmediato empecé a recibir llamadas de cualquier Pepe, Paco o María que querían transmitirle al presidente algún mensaje de vital importancia. ¡Me llevó un rato darme cuenta de que la gente realmente creía que él y yo íbamos a Wendy's a comprarnos un emparedado grande con queso!

Estaba asombrado de que un par de almuerzos que fueron exactamente los mismos a los que asistí en otros gobiernos se hubieran convertido en relatos acerca de nosotros: ¡dos ex condiscípulos, departiendo en el club campestre, golpeando pelotas de golf en un balneario y navegando en un yate! ¡Era risible! En realidad, él era gobernador cuando vine a Texas, nos conocimos en un almuerzo y lo conocí tan bien como uno conoce a cualquiera con quien hayas comido una vez y al lado de quien te hayas sentado en un par de reuniones.

No es que estar cerca del presidente Bush o de cualquier figura política sea algo malo. Siempre he creído que es un honor ser invitado a asistir a cualquier acto celebrado por presidentes de cualquier partido. Pero la gente no parece darse cuenta de que tener un almuerzo con alguno de ellos no significa que estés de acuerdo o en desacuerdo con sus políticas. Sin embargo, eso podría darme la oportunidad de mencionar mis perspectivas, y por eso estoy agradecido. He tratado y seguiré tratando de influir y adquirir información que puede revertirse en nuestras comunidades y ayudar a nuestra gente. Creo que, a fin de efectuar un cambio, debes trabajar a veces desde afuera y compartir ideas para que sean tomadas en consideración.

Cuando los medios de prensa se encargan de un asunto o imprimen una historia, con frecuencia no te preguntan cuál es el hecho y cuál es la percepción del mismo. Sencillamente lo escriben, cumplen con su fecha de entrega, ¡y pasan a la próxima historia! Por ejemplo, le paso revista a los medios de prensa y la atención que le están dando a los problemas de inmigración, y de repente cientos de pastores hispanos se disponen a organizar piquetes frente a mi iglesia porque creen que tengo el poder de persuadir al presidente de darles tarjetas de residentes a todos los inmigrantes. ¡Esto está sucediendo al mismo tiempo en que estoy intentando que me reduzcan una multa de estacionamiento (sin éxito, podría agregar) en la oficina del condado! ¿Cómo puede alguien con una modesta influencia política, en el mejor de los casos, ser percibido como una persona influyente con el líder del mundo libre? Una sencilla y poderosa palabra: *etiquetas*.

En tu propia vida, podrías no ser lo que se escribe sobre ti. Podría ser la manera en que se te percibe. Pero quiero advertirte que la percepción y la realidad no son la misma cosa. Todos nosotros hemos tenido personas que dijeron cosas de nosotros que fueron sólo parcialmente ciertas, y a veces no lo fueron en absoluto. Desde nuestros días de escolares con aquello de «se cree que es alguien» hasta el chisme junto al bebedero de la oficina —«¿Oíste que están enganchados?»— todos intentamos vivir con etiquetas y percepciones que la gente con frecuencia usa y tiene sin que existan hechos concretos.

Al igual que el cuño de «correo prioritario» o «primera clase» en un paquete, las etiquetas son lo que la gente usa para catalogarte y, de este modo, manejarte más fácilmente. Te colocan en un grupo. «¿Es el próximo Billy Graham?» «Me recuerda a una Oprah joven». «Él es un poco como Denzel». Y así sucesivamente, todas estas etiquetas ayudan a la gente a describirte. Pero te privan de la singularidad que Dios te ha dado y ocasionan que a menudo te clasifiquen erróneamente durante años, ¡y todo porque hacen suposiciones basándose en asociaciones!

Cuando tales etiquetas se siguen aplicando y propagando, cuando el paquete sigue yendo y viniendo entre su punto de partida y su destino, no tarda en conducir a prejuicios. Racismo, sexismo —escoje el estereotipo que más te cuadre y luego comienza a arrancar las etiquetas. El paquete que encuentres debajo de tantos sellos y calcomanías puede ser muy diferente del que viste cuando llegó la primera vez.

Todos nosotros vivimos con etiquetas que pueden no describir quienes somos, pero sí pueden proyectar una imagen con la que tenemos que vivir. Desde los evangélicos hasta los activistas de derechos en favor de los homosexuales, ningún grupo se reduce a una simple definición. Pero, para la persona que pinta a grandes brochazos es fácil poner una etiqueta y seguir adelante. Las etiquetas raciales, sociales, sexuales y políticas son un medio tan impreciso para describir a una persona como una zona postal garantizarte si esa persona tiene buen o mal crédito. No obstante, muchos de nosotros somos tratados injustamente sólo porque estamos alrededor de otros que sienten o piensan de una cierta manera. Si tienes que llegar a tu destino a tiempo, entonces debes cerciorarte que la etiqueta de correos adecuada sea la primera que vean los demás.

## Manipuladores y portadores

En la medida en que eres más exitoso, una de las limitaciones con la que debes lidiar, una que puede ser más frecuente y complicada porque has adquirido estatura, riqueza y visibilidad a partir de tu creciente éxito, es el efecto de las etiquetas que otros te ponen. Ciertamente, debes hacer todo lo que puedas para mantenerte en control de tu nombre, de tu reputación y de lo que se dice sobre ti. Debes ser diligente en cerciorarte que tus mensajes y misiones no se comunican o se representan erróneamente.

Sin embargo, tú eres sólo una persona, y cuanto más exitoso llegues a ser, tanto más te verás obligado a confiar en otros para sostener tu éxito y avanzar. Puedes necesitar contadores, abogados, colaboradores, despachadores, decoradores, proveedores y otras personas que te ayuden a alcanzar tus diversos objetivos. Sencillamente, no puedes hacerlo todo sin otros en quienes confiar y delegar. ¿Cómo, pues, discernir el método que necesitas emplear para evitar las trampas de las falsas percepciones y de las etiquetas inexactas?

Al acercarme al fin de este capítulo, quiero definir dos

grupos de personas: los manipuladores y los portadores. Algunas personas son como los despachadores de correspondencia. Te manipulan por necesidad y en ocasiones por su propia necesidad de asociación. Inevitablemente estamos siendo manipulados todo el día. Pero si tienes más gente manipulándote que llevándote adonde quieres, ¡entonces terminarás acariciado, pero no avanzarás!

Los manipuladores tocan, sujetan y fastidian. Los portadores se mueven con tu propio impulso. Te insto a rodearte de personas que puedan llevarte y controlar a los que manipulan. No dejes que otros te controlen y secuestren tu misión. Debes recordar que tu abogado no toma las decisiones por ti; él simplemente te proporciona la información y te describe las opciones. Puede aconsejar o recomendar, pero no decide. ¡Tú eres el único que puede decidir!

No permitas que la gente que te rodea te dirija. Es tan fácil hacerlo. A mí me ha pasado y he tenido que vivir con las consecuencias de sus decisiones, con su falta de sabiduría, con su incomprensión de mi perspectiva, o sencilla y llanamente con su manipulación. El objetivo es rodearte de un equipo de personas que se desempeñen con excelencia pero que no intenten dirigir el equipo. Tú debes convocar al juego. Ellos llevan las cartas, ¡pero no las escriben! Escribe tu propio correo, escoge tu propio destino, y al hacer eso, puedes reubicarte en lugar de dejar que otros te reubiquen y te envíen a la oficina de las cartas sin reclamar.

No te sorprendas o te quedes entontecido por los desafíos que surgirán de tu éxito actual. Otros intentarán treparse a él y robarte pedazos y pedacitos de quién eres o convertirte en lo que quieren que seas. Algunos te manipularán hasta matarte, absorbiendo todo lo que puedan de ese contacto. Pero otros te llevarán en hombros, te impulsarán hacia adelante, te facultarán y te alentarán a seguir siendo fiel a lo que eres y a lo que te dedicas. Rodéate de estos portadores y sirve a los demás como las oportunidades te lo permitan.

¡Mantén el impulso mientras creces, no aminores la velocidad nunca!

# catorce

# Manual de vuelo: Para elevarte por el aire y aterrizar con éxito en tu casa

Cuando Jesús llegó a aquel lugar, mirando hacia arriba, le vio, y le dijo: Zaqueo, date prisa, desciende, porque hoy es necesario que pose yo en tu casa.

*—Lucas 19:5 (VRV)*

Tal como compartía en la introducción a esta tercera sección, parte de mi inspiración para escribir este libro surgió de la conciencia de que Zaqueo tuvo la previsión y la tenacidad de adelantarse corriendo a los demás y subirse a un árbol, reubicándose allí para lo que Jesús haría después. Si bien él era claramente alguien que deseaba más, que tuvo que reubicarse más allá de los límites de su propio éxito, creo que la clave para entender este relato surge del sorprendente mensaje que recibe de Jesús.

Cuando el Señor le dice al publicano «es necesario que pose en tu casa», Él lanza una piedra a la superficie tranquila y controlada del pequeño estanque de Zaqueo. No le está dando una bendición de pasada en camino a algún otro evento. Planea detenerse y llegar a conocer a este extraño hombrecito que ha estado dispuesto a subirse a un árbol para echarle una mirada.

En Su respuesta a Zaqueo, Cristo refuerza el concepto de la integración que tanto admiramos antes en la mujer de Proverbios 31. Esta perspectiva integrada y total del éxito nos exige hacer las preguntas difíciles. *¿Cuán buenas son la fama y la fortuna si nuestros corazones están empantanados por el hambre y la fatiga? ¿Cuán bueno es lo que conseguimos en la plaza del mercado si no se traduce en lo que llevamos de vuelta a nuestra cabaña de adobe!* El progreso no es progreso si disminuye el lugar en que vivimos y quienes somos en realidad como personas.

¿Podría ser que usemos este relato de alguna manera metafórica para traer a Cristo de los lugares públicos de nuestras propias vidas al íntimo espacio vital del alma conversa? ¿Podría ser que la quiebra sea reemplazada por la riqueza cuando el espíritu de Cristo mora en nosotros?

## Tarea doméstica

Permítanme afirmar que la verdadera fe no se alcanza hasta que ese encuentro con Dios invade tu espacio espiritual, tu corazón y tu hogar. Lo más difícil de hacer para muchos de nosotros es reconciliar lo que somos en público con lo que somos en privado. Es como si tuviéramos una serie de mellizos dentro de nosotros, aunque no sean idénticos en absoluto. Estos mellizos son en extremo diferentes, y no obstante comparten el mismo espacio como hacen los mellizos fraternos. Uno de ellos es nuestro yo ideal, la persona que queremos ser y que queremos que todos crean que somos. Pero luego está el ser real, que puede ser menos pulido, puede ser limitado y puede carecer de las destrezas para mantener una relación efectiva. La persona real puede tener manchas que intentamos a toda costa mantener fuera de la vista. Al igual que Jacob y Esaú en la Biblia que pelearon entre sí, nuestros mellizos pueden estar en conflicto. Estos dos «yoes» con frecuencia luchan por el control, pelean —no, guerrean— uno contra el otro hasta que nos sentimos afligidos, junto a los que nos aman, por la constante batalla que estamos librando en nuestro interior.

En demasiadas ocasiones el intento de vivir a la altura de nuestro yo ideal nos desgasta y nos causa descontento con nuestro yo real. Esta disonancia es el conflicto interno que libramos diariamente, con frecuencia y sobre todo en casa. ¡Esto lleva las disputas domésticas a un nuevo nivel!

Y la realidad es ésta: todo lo que alimentamos se desarrolla. Si alimentamos la vida del hogar, se hará más fuerte. Si alimentamos la vida laboral, se hará más fuerte. Pero ¿qué hacer cuando necesitas ambas? Puedes llegar a tener una carrera exitosa, pero un hogar desequilibrado significa que todo ha sido en vano. O puedes tener una gran vida doméstica, pero si alguien no provee más que amor, ¡la cena no resulta muy romántica cuando todo lo que tienes es agua!

La única solución viable es el equilibrio difícil de alcanzar que nos da una vida plena y satisfactoria. Pero resulta arduo canalizar nuestra atención y nuestro esfuerzo, de un modo equilibrado, con las muchas necesidades y demandas que exigen nuestra atención. Fácilmente derivamos hacia los extremos en lugar de mantener nuestro equilibrio y habitar en el centro de quienes somos y de quienes queremos ser.

Por lo general, la mayoría de nosotros tiene una propensión a concentrarnos más completamente en ganar *para* el hogar que en ganar *en* el hogar. ¿Podría ser posible que a veces lo que cuesta hacernos exitosos en público sea contraproducente para una sana vida hogareña? La mayoría de las personas exitosas no son aquellas que llegan a su casa a las cinco en punto ni las que toman largas y lujosas vacaciones con sus familias en islas tropicales privadas. Usualmente son los que trabajan hasta bien pasada la hora de la cena para pagar por el estilo de vida que su familia puede haber llegado a dar por sentado. Por otra parte, muchas de las madres mantenidas que conozco —las que han decidido quedarse en casa para criar a sus hijos— parecen extraordinariamente felices, pero conscientes del presupuesto.

Digámoslo abiertamente, los que van a la vanguardia de nuestra sociedad a menudo lo logran a un gran costo de su vida familiar y de su tiempo de renovación personal. En consecuencia, no es infrecuente ver a los que se encuentran al frente de las empresas, aspiran a cargos políticos, administran bancos o incluso pastorean iglesias, sentados en el tribunal de divorcio con documentos sellados, intentando evitar que un fracaso privado se haga público.

Puedes recordar la fingida intervención de nuestro primer capítulo. En ella, escribí acerca de un personaje llamado A. Amante, que confronta al lector acerca de su apática actitud hacia las relaciones de pareja. Es fácil llegar a abrigar sentimientos de despego y de desinterés por otros, y erróneamente suponer que los podemos ocultar. Resulta caro invertir nuestros recursos emocionales en una persona sin ir a la quiebra en otras asuntos emocionales, especialmente cuando uno se ha sentido atraído a amar a una persona necesitada.

Con frecuencia no es la falta de interés en las relaciones lo que causa la quiebra, sino el conflicto por presupuestar nuestros recursos emocionales al tiempo que intentamos alimentar una empresa exitosa. Muchos hombres y ahora también mujeres parecen creer que proveer recursos económicos es un reemplazo a brindar atención y estar presentes en el hogar. Mantener la casa exige no sólo tiempo, sino «presencia» emocional. ¡Usted puede estar físicamente en casa y emocionalmente a miles de millas de distancia! Sé lo que sientes porque he pasado por eso. A veces aquellos de nosotros que nos gusta lo que hacemos en el trabajo, sentimos que no les damos lo bastante de nosotros mismos a los que amamos en el hogar.

La realidad es que la mayoría de nosotros carece del equilibrio que conlleva el ser totalmente efectivo tanto en nuestro negocio como en nuestra vida privada. Ya que el éxito con frecuencia exige sacrificio, algo siempre va a faltar, y para muchas personas lo que falta es tiempo para disfrutar con sus familias o simplemente mantenerse relajado sin conectarse a su «CrackBerry». Por ejemplo, el 24 por ciento de los trabajadores de EE.UU. dice que pasa cincuenta o más horas en el trabajo a la semana, y un 22 por ciento dice que trabaja de seis a siete días a la semana. Según CNN, los obreros norteamericanos pueden estar descuidando su salud, sus relaciones personales y la calidad de su trabajo debido a las largas horas de labor y a una mayor cantidad de estrés en el trabajo.

Puesto que la verdadera prosperidad no significa cambiar el éxito privado por el público, sino más bien equilibrar ambos, es imperativo que tú y yo pasemos un ratito discutiendo cómo podemos mejorar nuestras vidas domésticas. La mayoría de las corporaciones están aprendiendo la dura lección de que una vida doméstica infeliz podría tener inicialmente pocas repercusiones en el centro laboral, pero con el tiempo los que se sienten desgraciados en su casa se hacen menos productivos en el trabajo. En efecto, algunos investigadores informan que el estrés causado por un desequilibrio entre el hogar y el trabajo le cuesta a nuestra sociedad 100.000 millones de dólares al año. Los individuos que se enfrentan a la disfunción conyugal, a los problemas de la crianza de los hijos y a las transiciones de ajustes personales tienden a ser menos productivos en su trabajo, a tomar más licencias por enfermedad y a tener más conflictos con sus compañeros de trabajo.

Luego, si el éxito ha de durar más que el entusiasmo del compromiso inicial y los resultados a corto plazo, tenemos que imaginar un modo de ganar en público sin perder en privado. Y si bien esto no siempre resulta fácil, lograrlo siempre es deliberado. Nadie triunfa en ambas áreas por accidente. Si no nos lo proponemos como una meta, reubicándonos constantemente para alcanzarla, construiremos y compraremos casas, pero perderemos nuestros hogares. Si no ponemos todo nuestro interés en esto, estableceremos la más elevada tasa de crédito a tiempo de comenzar a pagar la manutención de los niños después del divorcio.

Según avanzas en tu exitosa carrera, es muy importante que tu familia te acompañe. Yo he aconsejado a docenas de familias que crecieron, pero en el proceso a menudo terminaron por crecer separados. En los últimos diez años, en Estados Unidos se concedieron más de 10 millones de divorcios. Piensa en esta asombrosa cifra. Según la Oficina del Censo de EE.UU., el número de niños que viven con uno solo de sus padres aumentó en más de un 200 por ciento de 1960 a 2000. De esos niños, cerca del 75 por ciento vive con la madre.* Las parejas casadas que se van distanciando emocionalmente con frecuencia terminan separándose físicamente.

¿Cómo puedo evitar el llegar a ser parte de estas descorazonadoras estadísticas en tanto me hago más exitoso? Creo que debes prestar atención no sólo al tipo de despegue que quieres hacer, sino también al tipo de aterrizaje. No importa cuán exitoso seas, nunca disfrutarás la trayectoria a plenitud sin tener a tu lado a los que amas y sin preparar la pista de aterrizaje.

## La etapa de despegue

En 1903, Orville y Wilbur Wright, ingenieros aeronáuticos norteamericanos, construyeron el primer aeroplano. En Kitty Hawk, Carolina del Norte, el 17 de diciembre de 1903, Orville Wright hizo el primer vuelo exitoso de una aeronave piloteada y autopropulsada más pesada que el aire, llamada el volador (*Flyer*), con la que viajó una distancia de 120 pies.

Hemos recorrido una larga distancia desde entonces, pero para alcanzar grandes alturas todavía se necesita una pista de despegue y el espacio en el cual ascender. Un nuevo 747 tiene un tremendo empuje y fuerza. Puede volar fácilmente a cuarenta mil pies de altura. Lleva cientos de pasajeros y también carga y, no obstante, puede desafiar la ley de la gravedad y levantar su peso y miles de libras adicionales a altitudes que una vez estuvieron más allá de la comprensión humana. Sin embargo, pese a su tamaño y a su empuje, a su fuerza y a su diseño, no puede despegar del

* U.S. Census Bureau, 2000, «Living Arrangements of Children Under 18 Years Old: 1960 to Present», se puede encontrar en la Internet en www.census.gov/population/socdemo/hh-am/tabCH-1.txt).

suelo sin una larga pista. A fin de vencer la ley de la gravedad y comenzar a volar, tiene que recorrer la pista y adquirir
impulso.

Las personas no son diferentes en realidad. Con frecuencia tenemos que «volar» a través de situaciones turbulentas,
desde la política de la oficina al trato injusto basado en fobias y prejuicios. Tenemos que vencer las limitaciones económicas, el que nuestra familia se mofe de nuestros sueños
y mucho más si hemos de alcanzar un nivel de prosperidad
que repercuta en la próxima generación. La mayoría de las
veces, los que nos aman se convierten en algo más que la tripulación y los asistentes de vuelo. Literalmente se convierten en la pista de despegue a través de quienes podemos
correr hacia el éxito y tender nuestras alas ambiciosas para
ver materializarse nuevos horizontes.

La etapa de despegue, como me gusta llamarla, es la
etapa cuando toda la familia tiene una misma visión y una
meta. Cada uno tiene un papel que desempeñar y todos se
sienten conectados con el proyecto. Tan cierto como el
sueño de José que afectó a sus hermanos, la mayoría de nosotros nos vemos obligados a incluir la totalidad de la familia en el sueño que tenemos a fin de obtener el apoyo que
necesitamos para llevar a cabo nuestra empresa. Esto significa que todos los que nos rodean deben «incorporarse» al
sueño a fin de realizarlo. En las primeras etapas del éxito,
toda la familia por lo general participa del proceso. Papá
vuelve a estudiar en clases nocturnas, mamá toma un empleo adicional y los chicos saben guardar silencio mientras
él estudia. Todos trabajan juntos para lograr que el trabajo
se realice. Todos comparten en la medida en que su ardua
labor combinada culmina en realización.

Tengo un amigo cuya madre regresó a estudiar enferme-
ría. Toda la familia la ayudó, revisando tareas, haciéndole

preguntas para cerciorarse de que dominaba la materia, ayudándola en la adquisición de materiales necesarios para obtener crédito adicional por la tarea. Las comidas hechas en casa se convirtieron en comidas de servicio rápido y pasteles de pollo y carne. El lavado terminó por convertirse en un término arcaico para el cual pocos podían encontrar una definición. La rutina normal de la familia se vio drásticamente alterada.

Para el tiempo en que su madre había concluido su tarea, toda la casa sabía algo de medicina y era mucho más educada como resultado de que uno de ellos había logrado realizar su sueño. También tenían un montón de ropa arrugada. Ellos fueron la pista por la que ella corrió mientras ganaba la velocidad necesaria para volar hacia su sueño. Aunque exige sacrificio, un costo intangible que no puede medirse por los dólares de la matrícula y los cargos de la librería de la universidad, la mayoría de la gente pagará su parte cuando te quiere y le importan tus sueños.

Yo he oído incontables historias de gente que ha prosperado y cuyas familias, ya se trate de los más allegados o de las más amplias redes familiares, hicieron un esfuerzo concertado para que uno de ellos tuviera oportunidades que los demás no pudieron tener. Tengo un amigo querido cuya esposa trabajó como un mulo mientras él estudiaba. Con frecuencia exige el empeño unificado de todo el mundo a tu alrededor para revivir una familia cuyas circunstancias se han vuelto sombrías.

El proceso es comparable a una persona obesa que decide que va a bajar de peso. Con frecuencia se hace difícil, si no imposible, sin el apoyo de la familia cuyos miembros (lo necesiten o no) tienen que someterse a una dieta baja en calorías para ayudar a una persona a alcanzar su meta. Es difícil realizar una gran proeza sin contar con un gran apoyo.

Así sucede si la persona decide regresar a estudiar, obtener una licencia de bienes raíces, hacerse contador o cualquier otra cosa.

Pero una vez que se pasa esta etapa, es fácil vivir en dos realidades diferentes. Hay una realidad en el trabajo y luego hay otra realidad en casa. *El verdadero desafío para la gente consiste en no distanciarse.* No se trata de ruptura. El distanciamiento es una situación tranquila y callada. No suele dejar testigos y no tiene fecha de vencimiento. Nadie puede predecir cuando sucede. Es tan callada como la erosión de la margen de un río y tan letal como un envenenamiento con estricnina. Nadie oyó hablar del veneno, pero todos vieron sus efectos. Así se produce el creciente distanciamiento de una familia.

Un señor compartió conmigo cuán avergonzado estaba de traer a su esposa a excursiones de la compañía. Ella no sabía nada de política contemporánea y parecía aburrirse de la plática informal que tenía lugar en los eventos a que su nuevo empleo le obligaba a asistir. Su esposa se sentía en una situación embarazosa e incómoda con las mujeres cuyas vidas parecían salidas de las páginas sociales, mientras ella estaba interesada en los últimos asuntos de la Asociación de Padres y Maestros. Él se sentía avergonzado y su hogar estaba cayéndose a pedazos porque él, y éstas son sus palabras «había desbordado a su mujer». Lo que hacía de esto una dolorosa separación era que ella había trabajado mientras él estudiaba, prescindiendo de cosas que apetecía, por creer en su sueño. Pero una vez que el sueño se logró, sirvió para separarlos en lugar de unirlos.

Sé que dicen que el amor basta para mantener las cosas juntas, pero para parafrasear un verso de una canción de *El violinista en el tejado*: un pájaro y un pez pueden enamorarse,

pero si se enamoran, ¿en dónde vivirían? A menudo el amor
no basta cuando ocurren transiciones y uno de ustedes no
se mueve en la misma dirección que el otro. Y si ustedes no
crecen juntos, entonces aumenta el peligro de tomar direcciones opuestas. Fue casi como si el marido descrito antes
estuviera castigando a su esposa por haber sido leal al sueño
de su esposo hasta el punto de sacrificar su propio desarrollo. Pero aguarda un minuto antes de que lo crucifiques: los
sentimientos de culpa no hacen durar una relación. Cualquiera puede sentir piedad. Pero nadie quiere ser amado
como una obra de caridad. Debemos crecer juntos en amor
si hemos de compartir el sueño y sostenerlo. Puesto que realizar un sueño toma tiempo, debemos aprender a apoyarnos
mutuamente siempre, en particular durante los estanca-
mientos y retrasos que habremos de enfrentar.

## La etapa de la parada

De vez en cuando, todos nosotros no sentimos la necesidad
de hacer un alto, cambiar el aceite o cualquier otra cosa que
conlleve volver a calibrar y poner combustible. Y el punto
donde sabemos que lo necesitamos, pero que también sabemos que no podemos lograr que ocurra, es con frecuencia
donde nos encontramos desalentados y atascados.

Cuando los hijos de Israel salieron para la Tierra Prometida, lo hicieron porque Moisés les había descrito una tierra
que fluía leche y miel. Sin embargo, él no les mencionó que
les llevaría años llegar allí. El progreso más significativo se
produce por etapas o fases. Exige una gran fe soportar las
fases que no parecen ser tan cómodas ni tan gratificantes
como el destino último. Aunque parezca mentira, he llegado
a darme cuenta de que el destino no es el lugar donde se al-

canza el desarrollo y que el aprendizaje es un proceso, no un producto. Aprendemos de todo, desde planificar hasta el ser pacientes, antes de llegar al destino.

A veces llegamos a la etapa de la parada por designio de Dios, y a veces terminamos allí ¡porque uno de nosotros está sencillamente demasiado cansado para mantener el paso y la pasión del éxito! Es más fácil que se entusiasme quien se encuentra en la luz. Más fácil para ellos que para quien lleva la lámpara de aceite. A menudo manejamos estas etapas de distinta manera, en dependencia de si la visión era tan importante para uno como lo era para el otro miembro de la pareja. Con frecuencia los que te aman te siguen los pasos, pero eso no significa que hayan suscrito tu destino. A veces simplemente se trata del rumbo a seguir.

Terminarán por cansarse de las exigencias del camino y necesitarán recargarse de combustible. No están tan motivados por el punto de destino como lo estás tú. Es aquí donde sobrevienen más interrogantes y conversaciones transparentes. Es difícil cuando lo que motiva a uno de ustedes está vaciando al otro. Con frecuencia sucede de tal manera que aquel que resulta motivado se olvida del hecho que el otro se está vaciando. Muchas personas se divorcian o acuden en busca de consejería familiar totalmente sorprendidos. ¡Nunca se enteraron de que había un problema! Sin embargo, posteriormente, mirando en retrospectiva, pueden detectar las señales de que algo andaba torcido.

## Éxito en el vuelo

Si has de tener éxito, sin perder a lo largo del trayecto a las personas que más te importan, he aquí unas cuantas sugerencias. El tener presente estos consejos puede librarte de ganar en un extremo sólo para perder en el otro.

1. **Presenta a tu tripulación**

¿Has notado que un gran solista siempre presenta a la orquesta? Del mismo modo, cuando subes por primera vez a un avión, el jefe de la tripulación suele presentar a todos los que te sirven a bordo. Como el piloto de tu éxito ascendente, debe ser tu responsabilidad ayudar a crear una atmósfera en que habiten las personas que amas. Esto resulta particularmente vital en mujeres exitosas cuya vida laboral las ha llevado a algún lugar donde sus maridos se sienten fuera de lugar. Puede resultar muy incómodo para un hombre llevar del brazo a una mujer que es presidenta de una junta directiva mientras él vende helados para vivir. No hay nada malo en vender helados, por supuesto, y sólo se convierte en un problema cuando comienzan a comparar al marido con los otros hombres en el salón.

Te recomiendo medidas preventivas. Antes que alguien tenga la oportunidad de evaluar a tu cónyuge, cuéntales a tus compañeros de trabajo la historia de cómo esta persona te ha apoyado a lo largo del camino. Explícales que tú eres quien eres hoy gracias a su apoyo y amor. De esta manera puedes cambiar el revés en victoria y presentar la orquesta.

2. **Lleva contigo a los que amas**

Siempre tienes la opción de traerlos o de dejarlos. El incluirlos en las conversaciones en casa los ayuda a sentirse conectados a tu mundo y a darles alguna idea de lo que significa ser quien eres. Les ayuda también a entender tus puntos flacos y lo que ocurre en el trabajo que puede haberte desconectado en casa o haberte perturbado de algún modo. No tienen que convertirse en expertos para adquirir información básica que les permita

participar en una conversación y no sentirse intimida-
dos por tu reciente nivel de éxito y por las personas con
quien ahora te rodeas.

### 3. Que lo principal siga siendo lo principal

Es muy fácil convertir a tu familia —que una vez
te sirvió como reparto secundario y te sostuvo en tu
despegue— en extras. Se convierten en extras en tu nuevo
escenario, actuando de rellenos para tu engrandeci-
miento, perdiendo todo sentido de personalidad, nombres sin rostro en tu producción. ¿Cómo evitas que se
esfumen en el trasfondo de tu vida mientras asciendes a
nuevas alturas? Resulta fácil hablar de conservar nuestras prioridades, pero ¿cómo hacemos para que lo principal siga siendo en verdad lo principal?

¿Recuerdas la película *The Matrix*? Lo curioso acerca
de este filme era la difícil tarea de determinar cuál
mundo era el real y cuál era la *Matrix*. En esta historia
fascinante en que la tecnología se ha desbocado, la *Matrix* se convierte en el mundo simulado que engaña a los
personajes al hacerles creer que se trata del mundo real.
Como peones en este conflicto de poder virtual, los humanos existen en diminutos archivos electrónicos y no
tienen vida «real».

Desafortunadamente, esto puede convertirse en una
alegoría profética de la vida que te espera cuando te haces más exitoso. A veces, si no tienes cuidado, puedes
permitir que el trabajo, el ministerio o cualquiera que
haya sido tu objetivo llegue a ser más importante que el
hogar; cuando, en efecto, se trata del hogar que tú trabajas para edificar. El trabajo es sólo una herramienta que
utilizas para construirlo. Tienes la responsabilidad de
que lo principal en tu vida siga siendo lo principal.

Esto significa que tienes que afirmar continuamente que el mundo que tienes en el trabajo no es el mundo real para a ti, sino sólo un medio para agrandar el mundo real y más importante en el que vives. Este mensaje tienes que repetírtelo una y otra vez, no sea que la vida laboral vaya devorando tu vida personal hasta que ya no quede ningún hogar, y te despiertes un día y te encuentres en una casa que vive para sostener una carrera que más tarde descubrirás que no basta para ser feliz. Construye tu hogar a partir de adentro, y recuerda por qué trabajas largas horas y por quién o por quienes lo haces. No permitas que la prisa por cerrar el último trato o la posibilidad de entrar en una nueva categoría económica eclipse la constelación de estrellas familiares que brillan a tu alrededor.

## 4. Dignifica a los demás con tu atención

Finalmente, invierte alguna energía en los intereses de las personas de tu hogar. Eso ennoblece el alma y te mantiene arraigado, evita llegar a ser tan miope que pierdas de vista las necesidades de tus hijos o de tu cónyuge. Es difícil no amar a alguien que se interesa en nosotros y en lo que hacemos. Si te vas a casar con alguien que recoge basura, aprende algo acerca de receptáculos, camiones y abrazaderas. Cómprate una abrazadera alguna vez y presta atención mientras él y sus colegas comparten el ser quienes son. La gente se aleja, si no físicamente sí emocionalmente, cuando siente que no están en contacto con ellos y con su realidad. Si llega a aprender más el uno del otro, entonces cada uno se desarrollará en la dirección del otro y se encontrarán a medio camino.

## Prepara el aterrizaje

Si has volado muchísimo, entonces sabes cuán picado puede llegar a hacerse el aire mientras el avión desciende del apacible nivel de 36.000 pies. Los vientos y las condiciones meteorológicas pueden crear suficientes saltos y sacudidas para asustar hasta a los viajeros más curtidos. En nuestras carreras, suele haber un poquito de turbulencia en los aterrizajes así como en los vuelos. En parte, porque tú, cuya carrera o cuya vida es en extremo emocionante, necesitas un nivel de realización que parece imposible de obtener desde la tribuna ocupada tan solo por cuatro personas, algunas de las cuales están más interesadas en el trabajo doméstico que en los titulares de la prensa, en los boletines de la escuela que en el *Wall Street Journal*.

Te asombrarías de saber cuántos ministros tienen poco que conversar contigo una vez que se les acaba el repertorio sobre lo que hacen todos los días. Al igual que los atletas que empiezan a envejecer y se retiran del mundo de los deportes, a cualquiera de nosotros le resultaría difícil aterrizar de vuelta en la normalidad. ¡De jugar en el tazón profesional a limpiar la taza del inodoro sí que hay un salto! Luego de sus vuelos a la fama, se encuentran frustrados tratando de alinearse en la pista que los lleva de nuevo a casa.

No es muy diferente con los reclusos liberados de la prisión, entusiasmados por dejar la institución penal, pero preguntándose si podrán ajustarse a la vida del exterior. Las puertas se cierran de golpe detrás de ellos, el mundo se les abre por delante y penetran en una atmósfera que puede ser de alguna manera más atemorizante que la que dejaron atrás. Vuelven a casa liberados, pero también ansiosos. Con frecuencia se despiertan a medianoche, tensos y preocupados, reviviendo escenas y escenarios del pasado, intentando ajustarse a las nuevas expectativas.

Siempre que hayas hecho tu vida fuera de la casa, volver al hogar y ser feliz puede ser una tarea desalentadora. Puede que tengas que abrirte camino hacia un aterrizaje seguro o chocarás y te quemarás. ¿No te has preguntado por qué tantos matrimonios chocan y se queman después de veinte años? La pareja funcionó perfectamente cuando el trabajo y los hijos mediaban entre ambos. Pero cuando desaparecieron todos los obstáculos, no pudieron encontrar un modo de aterrizar el avión.

Todas las águilas se posan alguna vez. Tarde o temprano, incluso las alas que remontan el espacio llegan a fatigarse y el águila querrá posarse. He aquí unos cuantos consejos que podrían ayudarte a tener un aterrizaje apacible.

En primer lugar, es más fácil no aterrizar de súbito. Tú no ves que los aviones desciendan como los helicópteros, que disminuyen súbitamente la velocidad. En lugar de eso, le oirás decir al piloto: «Damas y caballeros, tengan la bondad de abrocharse los cinturones según nos preparamos para descender». Ahora bien, eso es exactamente lo que debemos hacer: prepararnos para nuestro descenso en lugar de intentar estrellarnos.

El prepararse para un descenso gradual exige varias cosas. ¿Existe un plan de jubilación vigente? ¿Dónde vas a vivir y con quién? No puedes esperar hasta que aterrices para preguntar estas cosas. A fin de averiguar lo que debe ser tu plan de jubilación, debes responder una serie de preguntas que puedes haber estado muy ocupado para considerar mientras volabas. Podría ser tan sencillo como determinar qué nuevo estilo de vida quieres llevar. ¿Cuáles son las mejores ciudades para personas jubiladas? No tienes que ser viejo para decidir que ya estás listo para una semijubilación, para reducir un poco la marcha, empezar a pasar más tiempo en el nido y a disfrutar aquello por lo que has trabajado tanto. Pero si no tienes ningún plan, ¡has planificado fracasar! ¿Cuál es el costo de la vida en tu zona y a qué tasa está subiendo? ¿Cuán grande será tu pensión en el momento en que necesites usarla? Todo esto es algo que puede calcularse de antemano. Lo que no puede calcularse es cómo podrás lidiar con la normalidad y con la ausencia del estrés a que muchos de ustedes se han hecho adictos mientras se encuentran en el aire.

Otra importante consideración de índole práctica: ¿Cómo te insertarás de nuevo en las vidas de las personas que te ayudaron a volar? ¿No son ellos a veces extraños conocidos? ¿Te sientes necesitado? ¿Cómo recobrar un papel estable en tu propia casa? ¿Queda alguien a quien amar o has tenido pérdidas tan grandes en esa área que las personas por quienes te esforzaste ya no se encuentran allí cuando estás a punto de aterrizar? ¿Tendrás que desviar tu plan de vuelo previsto y reestablecer nuevas relaciones?

No intentes aterrizar demasiado aprisa. Dales a las personas la misma oportunidad de ajustarse a tu regreso como la que tuvieron para ajustarse a tu partida. Ahora que intentas recobrar la entrada en las vidas de los que amas, ¡no esperes que tu viejo papel haya quedado vacante durante todos esos años mientras tú te dedicabas a ganar dinero y a volar! Ellos pueden sencillamente haberse movido en algunas direcciones que están destinadas a afligirte sólo porque no te resultan familiares.

Ahora bien, no hagas como los delincuentes que regresan a la cárcel simplemente porque no saben cómo reajustarse a su nuevo mundo. Mira tú, te puede entusiasmar una idea y no ser capaz de manejar su realidad. A los ex presos les encanta la idea de ser libres, pero la realidad les resulta difícil. Al empresario le encanta la idea de unas vacaciones en familia. ¡Pero podría sentirse como si lo hubieran arponeado en un episodio de *National Lampoon!*

## Puedes llevarla contigo

Recuerda que debes incorporar a tu familia y tus seres queridos en todas y cada una de las etapas de tu vida, ya sea cuando asciendes, cuando te mantienes a nivel o cuando desciendes. Aprende a llevar a tu casa el entusiasmo de tus logros profesionales y públicos y compártelos con aquellos que están comprometidos contigo y con tu bienestar. Quieren ser parte de cualquier cosa que te concierna, sólo hace falta que los dejes. Concéntrate en las relaciones antes que en los informes de mercado, y ¡dedícale tiempo a los que amas en lugar de dedicárselo a aquellos a los que apenas toleras!

Al igual que el piloto que tiene dificultades en conectar el vehículo en movimiento con el suelo estable, necesitas dirección de la torre de control. Creo que Dios está en la torre para ayudarte a recobrar la alineación de manera que puedas asumir algún equilibrio entre tu yo ideal y el real. Él puede ayudarte a encontrar un lugar estable para equilibrar tu vida turbocargada. Puede aconsejarte en lo que respecta a ajustarte a un mundo del que puedes haber estado desconectado o con el que sólo estabas ligeramente comprometido.

Es por esto que creo que la fe es tan decisiva. Sólo Dios, que se sienta en la torre de control, puede mostrarte como realinear lo que hiciste en el aire con lo que eres en casa. Es a través de Su gracia y dirección que estarás en condiciones de hacer un aterrizaje seguro y satisfactorio. No hablo aquí de morirte, sólo de aterrizar. Aterrizar en los brazos cariñosos de una vida que esté definida por algo más que lo que has logrado. Hablo de personas que esperan por ti y te ven de manera diferente a tus fans o a tus compañeros de trabajo. No se trata de colegas que te quieren por lo que haces. Son personas que te valoran por lo que eres. Es con ellos que quieres aterrizar. Pero no puedes aterrizar si no cuentas con ninguna pista que te sostenga cuando llegue el momento del aterrizaje.

¿De qué le vale a un hombre si ganara todo el mundo y perdiere su alma? Si pierdes lo esencial, ¿de qué te sirven tus logros? El amor y los momentos compartidos son las únicas partes de ti que puedes verdaderamente llevarte cuando partas de esta vida y comiences tu descenso final. No puedes llevarte tus autos deportivos ni las joyas de diseñador, ni tu condominio de lujo en las islas ni tus carpeta de acciones. Sólo las cosas que más importan pueden acompañarte en tu próximo viaje.

Te exhorto a que hagas lo que debes hacer hoy para reorientar tus prioridades y llevar tu búsqueda del éxito a tu hogar. Recuerda a las personas en tu vida por las cuales estás haciendo lo que haces fuera de la casa, y comparte tu corazón, tu tiempo y tus preocupaciones con ellos. Déjalos entrar y mantenlos a bordo en el vuelo contigo. Eso le dará mucho más sentido y satisfacción a tu tiempo en el aire y garantizará un suave aterrizaje en un destino que ya te percibe como el lugar al que perteneces.

# Mantente conectado: Utiliza tu legado para tender un puente

---

Además, el cuerpo no es un solo miembro, sino muchos. Si dijere el pie: Porque no soy mano, no soy del cuerpo, ¿por eso no será del cuerpo? Y si dijere la oreja: Porque no soy ojo, no soy del cuerpo, ¿por eso no será del cuerpo? Si todo el cuerpo fuese ojo, ¿dónde estaría el oído? Si todo fuese oído, ¿dónde estaría el olfato?
—*1 de Corintios 12:1417 (VRV)*

Uno de mis relatos favoritos lo escribió Alice Walker, ganadora del premio Pulitzer y autora de *The Color Purple*. El cuento, titulado «De uso diario», trata de la relación entre una madre y sus dos hijas, que viven en una zona rural del Sur, semejante con toda probabilidad a las colinas de arcilla roja del norte de Georgia donde creció la autora. La mayor de las hijas, la bella y elegante Dee, detesta su origen pobre y pueblerino y se ha hecho de una nueva vida con un empleo, un auto y un novio de la gran ciudad. Su hermana menor, Maggie, que sufrió graves quemaduras en un incendio ocurrido cuando era niña, sigue viviendo con su madre y se acerca a la vida con cautela. Es probable que hayas conocido mujeres como éstas dentro de una misma familia, una de las cuales tiene una desbordante personalidad, en tanto la otra parece conformarse con su vida modesta.

En este relato, Dee viene a casa de visita, la princesa que retorna a sus raíces para reforzar aún más lo lejos que ha llegado. Mientras está allí, le pregunta a su madre por los edredones hechos a mano por su abuela Dee. La joven explica que ella quiere colgarlos como un símbolo de su herencia. De repente la madre se ve frente a un verdadero dilema porque ella le ha prometido los edredones a Maggie como parte de su dote cuando se case con su novio que vive en la localidad. Dee se enfurece y arguye que su hermana sería «lo bastante atrasada para usarlos todos los días», reduciéndolos rápidamente a harapos por el uso.

Maggie, acostumbrada a ver que Dee se sale con la suya en la vida, accede a darle los edredones, y explica que ella sabe cómo hacerlos y puede hacer más. Pero su madre, sin embargo, en una especie de revelación divina, insiste en que estos edredones son de Maggie y le ofrece a Dee otros, cosidos a máquina. Dee se marcha enfadada y su madre y su hermana disfrutan de un raro momento de satisfacción por la justicia de lo sucedido.

Me gusta este relato por muchas razones, entre ellos el extraordinario planteamiento de la manera en que a menudo llegamos a cierto nivel de éxito en la vida y perdemos el contacto con el lugar de donde venimos. De repente pensamos que somos mejores que otros porque salimos del atraso, nos educamos y tenemos un empleo mejor. El relato nos recuerda también que usemos lo que nos ha sido dado y lo que hemos adquirido en lugar de intentar preservarlo como si fueran piezas de museo. Debemos tratar de disfrutar de nuestra herencia todos los días, viviendo el momento presente como un precioso legado que nos ha sido confiado gracias al sacrificio de nuestros antepasados.

## Raíces y ramas

Alex Haley, otro gran escritor, despertó el interés en la genealogía personal con su clásica obra *Raíces (Roots)*. Según él examina las historias personales de sus antepasados, va descubriendo temas comunes de resistencia, sacrificio, esperanza, fe y un profundo y constante amor que no pudo ser restringido por las cadenas ni disminuido por la segregación. Nuevas generaciones de norteamericanos de repente acudieron presurosos a la biblioteca y a la Biblia familiar para armar sus propios árboles genealógicos, desextricando las raíces de unos relatos que en todos sus detalles eran tan convincentes como los de Haley.

Generalmente hablando, la mayoría de los afroamericanos no necesitaba que le recordaran la brutalidad, el abuso y el prejuicio que soportaron sus antepasados. Hemos preservado deliberadamente los relatos familiares, transmitidos oralmente, junto con artefactos tales como cartas, fotos y otras reliquias. Valoramos a la familia y nunca queremos perder de vista todo lo que ha tenido que vencerse a fin de que nos encontremos donde estamos en el presente.

Sin embargo, en la medida en que todos nosotros, de todas las etnias, nos hacemos cada vez más exitosos, la tentación de perder contacto con nuestras raíces —tanto históricas como personales— se cierne ante nosotros como una amenaza. En algunos casos, una persona se encuentra sencillamente demasiado ocupada, demasiado adicta a la emoción del próximo negocio o a la perspectiva de otra promoción, para mantener el contacto con miembros y tradiciones de la familia. El cerciorarse de que todo el mundo se congrege en Navidad o para una reunión de familia ya no le parece una prioridad.

Para otros, que empiezan a encaminarse para realizar sus sueños, no es tanto un asunto de negocio como de ensimismamiento. Con esto quiero decir que ya no sienten que tienen nada en común con aquellos que puedan haberlos criado, sostenido y aplaudido cuando sobresalían. De repente están atrapados en un mundo corporativo de conferencias telefónicas internacionales, vuelos para asistir a reuniones en todo el país y doce horas de trabajo al día. Su cultura empresarial define a los demás por sus diplomas académicos, sus trajes de diseñador y su capacidad de conectarse con otros profesionales que también ascienden.

Cuando esto se convierte en el mundo en el cual medras, puede hacerse difícil, en verdad, regresar a tus overoles y asomarte al campo para disfrutar de los nabos verdes y las empellas de tía Mabel. Puede constituir un reto regresar al barrio y experimentar los penosos recuerdos de tiempos menos prósperos de los cuales surgiste. Puedes sentir incluso que has cambiado de muchas maneras, mientras tus hermanos, primos y amigos de la infancia aún parecen exactamente lo que solían ser.

Lo peor es cuando nuestra familia, en el sentido extenso de este término, y los amigos de la infancia nos ven como traidores sólo porque hemos tenido éxito. Aun si no nos sentimos superiores a ellos, creen que nos lo creemos o que estar cerca de nosotros los hace sentir disminuidos. No nos invitan a reuniones familiares, o si lo hacen, se cercioran de que nos traten como a parias. Esto puede resultar muy doloroso porque aunque prosperamos, a menudo no encajamos con los socios blancos del club campestre ni con las damas de la *Junior League*. Estadísticas recientes muestran que el porcentaje de familias negras en la clase media norteamericana era una de cada diez familias blancas en los años sesenta, y ahora, cuarenta años después, es una de cada tres. Ciertamente, hemos progresado mucho, pero gracias a ese progreso a menudo nos encontramos aislados. Terminamos en una tierra de nadie donde puede resultar difícil encontrar con quién relacionarse y a quién le importe.

Sin embargo, la familia a menudo nos da pie a esto, y si creemos que estamos demasiado arriba para descender a asistir a un evento familiar, entonces nos arriesgamos a poner en peligro las raíces mismas que hasta ahora han sostenido nuestro árbol gigantesco. Una cosa es quedarse atrapado en las raíces de un árbol y esforzarse por ascender hasta las ramas más altas, y otra cosa es llegar tan arriba en el árbol como para pensar que puedes prescindir de las raíces y desvincularte de ellas.

Semejante a lo que Pablo le dice a la iglesia de Corinto acerca de la interdependencia, en lugar de la independencia, debemos aprender que, como el pie y la mano, somos diferentes en muchas cosas pero estamos interconectados para beneficio de ambos. A menudo perdemos de vista la conexión que proporciona la familia y llevamos vidas fragmentadas, desconectadas y totalmente ocupadas. Pero eso no es bueno para la integridad y congruencia que todos necesitamos para sobrevivir y prosperar.

La metáfora te puede parecer obvia, pero si has de crecer, debes seguir recibiendo la nutrición y el apoyo que las raíces le ofrecen al resto de las ramas. Tal vez encontremos el modo de llevar a nuestras familias al mundo en que ahora vivimos de manera que puedan entender mejor quiénes somos y hacia dónde nos dirigimos. Tal vez logremos ser sinceros con nosotros mismos y darnos cuenta de que no importa cuanto puedan haber cambiado nuestra circunstancia y nuestro currículo, hay aspectos de nosotros que siguen siendo los mismos. Como hemos dicho antes, algún día nuestra veloz carrera concluirá e intentaremos aterrizar el avión de nuestro éxito en la jubilación sólo para descubrir que no hay nadie esperando para recibirnos en la terminal.

¿Cómo puedes conservar el vínculo con tus raíces mientras subes cada vez más arriba en el árbol?

1. **Honra las tradiciones familiares tanto como te sea posible.** En la medida en que puedas, trata de conservar las tradiciones familiares de tu infancia. Puede que resulte inconveniente asistir a la comida dominical de la abuela una vez al mes, pero disfrutarás el tiempo con ella y tus otros parientes una vez que estés allí. Si puedes costear el viajar y visitar a tu familia en las fiestas y cumpleaños importantes, hazlo cuando tu trabajo y tu calendario personal te lo permitan. Encuentra un equilibrio entre dónde vas y dónde has estado.

2. **Se sincero acerca del pasado sin revivirlo.** Si es doloroso visitar a tus padres debido a lo que sucedió en el pasado, entonces sé sincero contigo mismo y con ellos. Acaso necesites tomar un sabático de las fiestas familiares durante varios años mientras recibes consejería y te enfrentas a tus problemas. Tal vez tener una conversación de corazón a corazón con uno de tus padres o un pariente que te ha lastimado. Pero sea lo que fuere, no te permitas seguir reviviendo el incidente; el discutir, gritar y llorar probablemente sólo mantendrá las heridas abiertas.

3. **Crea nuevas tradiciones.** Ya sea con tu familia inmediata o con tu familia de amigos íntimos, intenta celebrar la vida de maneras novedosas y creativas que no contengan ningún bagaje del pasado. Tal vez sea como celebrar tu cumpleaños con tus amigas o del modo en que tú y tus hijos reconocen el sabat como día de descanso. Tal vez siempre has querido tener una fiesta de Kwanzaa o ir a bailar el Día de San Valentín. Independientemente de cómo lo hagas, encuentra algunos medios de adaptar esas ocasiones especiales a tu estilo y personalidad.

4. **Honra a los que han contribuido a tu éxito.** ¿Recuerdas las palabras que tu abuela te dijo el día de tu boda? ¿La oración que tu padre decía antes de cenar todas las noches? Tal vez es hora de hacer que un calígrafo te copie esas palabras significativas en un bello papel para que las enmarques. O tal vez es hora de poner la foto de tus hermanos en la cocina donde la puedas ver todos los días. Tal vez es llevar puestas las perlas de tu madre para la gran presentación en el trabajo. Conserva los recuerdos de acontecimientos especiales cuando tu familia realmente te apoyó o alentó tus sueños.

5. **Transmíteles a tus hijos las historias de la familia.** Puede ser a tus propios hijos, sobrinas y sobrinos, o a los jóvenes a quienes les sirves de mentor, pero encuentra un modo de compartir las historias del pasado de tu familia con la próxima generación. Hasta puede ocurrírsete poner por escrito esas historias que son especialmente conmovedoras, significativas o inspiradas, y dárselas como un regalo a un hijo. O quizá sea un álbum de fotos o una exhibición de diapositivas. Recuérdales de lo que están hechos y del vínculo que existe dentro de la familia.

6. **Haz que el tiempo que pasas con tu familia sea sagrado.** Ya seas casado o soltero, tu vida se enriquecerá si encuentras de manera coherente un tiempo para relacionarte con tu familia y realmente compartir con ella. Necesitas hacer más que seguir las rutinas con aquellos que amas. Para tu familia inmediata, podría ser una comida especial una vez a la semana (¡lunes mexicanos!) en medio de tu avalancha de compromisos. Para tu familia extensa, acaso es mantener la tradición de la comida de Pascua que tus abuelos comenzaron. Sea cual fuere la ocasión, reconoce el poder terapéutico y restaurador que emana de pertenecer a un grupo que te valora y te ama.

7. **Comparte tu éxito.** Muchos individuos exitosos se van al extremo opuesto de la arrogancia. En lugar de sentirse superiores a sus familias, siguen siendo humildes y resisten modestamente el compartir sus éxitos. Pueden temer el resultar rechazados e incomprendidos por los que no tienen un contexto para apreciar la nueva cuenta que han ganado o la carta de aceptación que acaban de recibir para hacer un postgrado. Sin embargo, la mayoría de las familias quieren celebrar contigo y apreciarán la oportunidad de estar cerca de ti. Tu espíritu de humildad puede prevalecer aun si llamas a la tía Gladys y le cuentas de tu promoción. Deja que la familia sepa cuánto ha significado para tu éxito su apoyo, sus palabras de aliento y sus ejemplos de trabajo duro.

## Progreso a retazos

La otra lección valiosa que mencioné haber sacado del relato «De uso diario» de Walker no es menos importante que el recordar de donde vienes. Como sabes, lo maravilloso de los edredones de retazos no es el abigarrado diseño de colores que vemos por el frente. No es meramente la tibieza implícita de cada amorosa puntada. No, la auténtica belleza radica en entender que la elegancia del concepto está realzada por la mezcla de diferentes texturas. Piensa por un momento en la manera en que los edredones de retazos juntan tejidos que de otro modo nunca llegarían a tocarse. Son diferentes, pero eso es lo que los hace tan particulares en la relación de unos con otros. ¡Es como una reunión de familia, donde los que tienen y los que no tienen se juntan para expresar los hilos comunes de sus orígenes!

Examinemos más de cerca por un momento la idea de un edredón de retazos. Un cálido y lujoso pedazo de terciopelo verde esmeralda (que sobró de un vestido de Navidad de la infancia) está cosido junto a un simpático cuadrado de franela gris de los fondillos del viejo pijama del abuelo. Apostaría que él nunca soñó que su pijama terminaría conectado a la bufanda roja de la tía Mabel. Todo se suma a un conjunto que hace que la amorosa calidez se transmita con ingeniosa artesanía. Tú no puedes tener un edredón de retazos sin la contribución de las prendas de mucha gente. Algunos tejidos son ordinarios y otros exóticos, pero todos son importantes para hacer del edredón la maravillosa manta ecléctica de la vida que se pretende que sea. Hay una evolución del retazo en la manera en que los vestidos y las piezas de tela que no son útiles encuentran una nueva vida cuando se unen con otras sobras y jirones de tela.

Ya sean edredones o familias, ¿qué une esas piezas disímiles de diferentes formas y texturas? Si alguna vez has examinado uno de los edredones de retazos de la abuela, sabes que la colección de fragmentos variados y dispares se mantiene unida por los hilos sueltos, los extraños diseños de puntadas y los nudos atados en el reverso de las telas acolchadas. Recuerda que todas las familias tienen un reverso, la tuya y la mía. No dejes que el dolor del pasado, las contradicciones del presente o el amable contacto que has tenido con personas agradables en tu nueva vida te aliene del lado «no tan bonito» de tu familia natural, de tu familia espiritual, de tu familia cultural. Podrían no ser tan educados como las personas con las que ahora te codeas, pero son no obstante parte de tu historia. No dejes que el éxito te lleve a cambiar el edredón hecho a mano y usado, legado de toda una vida, por la versión falsa, fabricada a máquina y ampliada digitalmente que tiene de todo excepto de autenticidad y de amorosa artesanía.

Ahora bien, sé que el edredón de retazos de producción masiva no tiene ningún hilo suelto. No tienen nudos en el reverso y parece de primera categoría mirado desde todos los ángulos. La única razón por la que se ve así es porque no es un auténtico edredón de retazos. Mira tú, los edredones de retazos auténticos se hacen con amor y paciencia. Su belleza en el anverso con frecuencia ayuda a camuflar muchos errores en el reverso. Al igual que las largas hebras de un amor perdurable, disimulan los pecados y pasan por alto errores y perdonan indiscreciones. «Sobre todo, ámense los unos a los otros profundamente, porque el amor cubre multitud de pecados» (1 de Pedro 4:8, NVI).

El seguir siendo parte de tu comunidad familiar y retribuirla exige tratar con algunos cabos sueltos y pedazos rotos. Pero «conservarla auténtica» es lo que la embellece. Tenemos una tendencia a querer un pequeño mundo ordenado y bonito que cuente con disciplinados miembros de la familia y positivos ejemplos a imitar. Nos gustaría ver las caras amables y sonrientes de individuos perfectos de intachables modales y encanto impecable que siempre agregan sin quitar, que dan sin pedir. Pero debido a que nosotros mismos nunca alcanzaremos ese estado del todo, nos beneficiaríamos más de ver cómo el reverso se relaciona con el anverso. La falla decisiva del edredón de retazos hecho a máquina es que no nos muestra cómo se mantienen juntas las piezas en este imperfecto mundo en que vivimos. Sugiere que todos los lados de todas las piezas están perfectamente hechos para formar bonitos rectángulos idénticos. Sencillamente no es así. Lo que realmente necesitamos es escuchar a las personas quebrantadas, falibles, imperfectas que triunfaron a pesar del reverso de la vida. Debemos ver los hilos que hay debajo para saber que es posible haber tenido la experiencia de un pasado difícil y aún contar con la posibilidad de un hermoso futuro.

No importa quiénes somos ni de dónde venimos, ¿No es la necesidad del amor y del perdón la verdadera esencia de la fraternidad? ¿No son esos hilos los que nos unen: negros y blancos, ricos y pobres? ¿No es éste el hilo común entre lo secular y lo sagrado, lo joven y lo viejo? Todos tenemos necesidad de suplirnos ciertos elementos de supervivencia en la vida: alimento, agua, aire, abrigo. Pero necesitamos también de otras personas, no importa cuán independientes o autosuficientes podamos creer que somos. Éste es el hilo que nos ata a nuestra comunidad, que nos da unidad en medio de la diversidad. Es lo que une a heterosexuales y homosexuales, demócratas y republicanos, estados rojos y azules, santos y pecadores, desertores de la escuela secundaria y graduados de las más prestigiosas universidades. Todos somos seres humanos moldeados a la imagen de nuestro Creador. No tenemos que relacionarnos en todos los aspectos, ni convenir en todos los detalles, para respetar a cada persona. Todos nos reunimos en la funeraria. Todos necesitamos amar y ser amados. Ninguna familia está compuesta de individuos de un solo tipo. Pero son familia de cualquier modo. Ninguna comunidad puede librarse de toda la influencia externa. Basta mirar a la historia para saber que todos los que intentaron construir sus pequeñas utopías particulares aislándose del resto del mundo se convirtieron en un culto y finalmente se autodestruyeron o fueron destruidos de algún modo. Desde el intento fallido de los discípulos de «tener todas las cosas en común» en el libro de Hechos a la debacle de Guyana, desde el KKK de los sesenta a Waco, ninguno de nosotros puede atrincherarse sin dañar todo el tejido y la textura.

No debemos permitir que la singularidad de nuestros énfasis particulares nos lleve a perder de vista nuestros deseos comunes. Precisamente por haber alcanzado un cierto nivel de éxito, de solvencia económica o de bendiciones materiales, nuestras necesidades —particularmente las intangibles necesidades de amar y de pertenecer— no desaparecen. ¿Quién de nosotros no anhela ser amado y comprendido a diario? ¿Quién de nosotros no quiere ser aceptado o realizado o inspirado por nuestras asociaciones? Muchos de nosotros hemos hecho giros erróneos aun teniendo los planes correctos. Necesitamos tanto la historia que nos precede como el destino que nos aguarda para sentirnos protegidos y realizados.

## Mejor que antes

Tienes extraordinarias oportunidades ante ti, posibilidades aseguradas por la sangre, el sudor, las lágrimas y los dólares de tus padres, abuelos y bisabuelos. No te distancies de tu herencia, sea negra, blanca, hispana, asiática o de alguna otra etnia. Usa los edredones de retazos que tus antepasados cosieron de lo que a ellos les dieron. Caliéntate, consuélate y sostente al recordar lo que te antecedió. Agrega tu diseño exclusivo a este edredón de manera que, cuando lo legues, otros se beneficien de lo que tú has aprendido y de tu manera de vivir.

Cuenta tu historia, muéstrate tal como eres, añade tu propio sesgo. Cose tu sabiduría junto a la de tu abuela y transmítela a otros. Tu vida es parte de una obra maestra intergeneracional, un edredón de vidas vinculadas por algo más que la sangre, un tapiz tejido con el sacrificio, la resistencia y el triunfo. Cuando los hijos de nuestros hijos lo reciban, deberán ver que todos nosotros tenemos una responsabilidad, no tanto en duplicar lo que hicieron nuestros antepasados, sino en dejar nuestra propia huella. No debemos simplemente envolvernos en un capullo de comodidad y beneficiarnos del trabajo de las pasadas generaciones. Somos llamados a agregar algún nuevo elemento al tejido que nos han dado para que las próximas generaciones sepan que ellas también tienen una historia que añadir, un cántico que entonar, un don que otorgar. Contribuir a la comunidad es como hacerle añadidos al edredón de retazos. Dejas un recuerdo detrás para que el mundo sepa que estuviste aquí.

Hay demasiada gente que sólo le interesa recibir lo que le dan sin dejar nada. A ti y a mí nos han dado un gran don. Todas las bisabuelas que alguna vez se frotaban rapé en las encías nos enseñaron algo. El tío Joe podría haber sido un borracho, pero él y tía Sissy recogían niños en el barrio y los querían como si fueran suyos. A pesar de sus fallas, hicieron un aporte significativo. Mamá no podía cocinar tan bien, ¡pero le compró un vestido a una niña necesitada que habría ido al baile de graduación en vaqueros si no hubiera sido por la amorosa bondad de su madrina! Sadie enseñaba en la escuela dominical y Fred fundó una tropa de Niños Exploradores. Eso no suena muy importante hasta que lo juntas todo. Las donaciones silenciosas y los sacrificios indecibles para retribuir algo, para amar a alguien tanto como te amas a ti mismo. Cuando lo sumas todo, forman la oculta unidad de la comunidad, el agente cohesivo de la benevolencia, el adhesivo de la generosidad.

No puedes tener comunidad sin unidad. El mayor desafío es tomar a personas que tienen tantas cosas que los dividen y encontrar una razón que los una. Ciertamente, la vida puede ser fría y hay muchas ocasiones en que podemos elegir ser tan fríos como la vida ha sido con nosotros. Pero si eres sabio, si realmente buscas alcanzar una vida equilibrada y próspera en todas las áreas, entonces te enfrentarás al helado aire del ártico del conflicto y la desilusión con la tibieza del amor infatigable que algo retribuye. Te han dado, así que puedes dar. No te disculpes por lo que te ha sido dado, sólo recuérdalo para añadirle algo y dar algo en retribución. Tu edredón puede parecer pulcro y ordenado, con hermosas puntadas e incluso un diseño confeccionado con recuerdos, pero para la mayoría de nosotros creo que parecerá más como un edredón disparatado, un conglomerado bello y desordenado de diferentes telas, texturas y diseños. Puede haber empezado como un diseño de un anillo de bodas o una explosión galáctica, pero ahora se asemeja a un estallido de rojos, azules, verdes, escocesas, óvalos, algodón estampado y madrás. Al igual que otros antes que tú, que han reconstruido sus vidas y han hecho un edredón familiar propio, tú también puedes cambiar el diseño.

No importa lo que pueda parecer, saca fuerzas de él—otros antes que tú probablemente soportaron pruebas tan duras o peores que ésas a las que ahora te enfrentas. Si ellos pudieron, tú también puedes. Sus triunfos son también los tuyos, tanto como tu éxito les ofrece un nuevo diseño a las futuras generaciones. Finalmente, quiere el edredón de retazos por lo que es: ¡un recuerdo de tu pasado, un cimiento para tu presente y un puente para el porvenir!

## epílogo
# Se exige mucho

---

El que encuentre su vida, la perderá, y el que la
pierda por mi causa, la encontrará.

—*Mateo 10:39 (NVI)*

**M**i primer viaje a Nigeria se grabó indeleblemente en mi memoria por muchas razones. Instintivamente me sentí atraído por el pueblo, el arte, la cultura, la música y la comida de este hermoso país africano —y no es de extrañar, ya que siempre supe que éste era la patria de mis antepasados. La ciudad de Lagos me recordaba cualquier gran urbe en expansión, con rascacielos que iluminaban tenuemente el cielo nocturno y construcciones en progreso que camuflaban a los desamparados que se ocultaban entre las residencias más prósperas.

Tal vez el acontecimiento más memorable de mi visita sucedió mientras andaba por la calle con un grupo de pastores nigerianos. Un puñado de niños corrió tras nosotros, agrupándose a mi alrededor que, con mi traje norteamericano, resultaba un benefactor potencial. Impresas en sus caritas oscuras estaban las huellas de la pobreza, del miedo y del hambre, rasgos que expresaban una pérdida de la inocencia que ningún niño tendría que experimentar. Mientras comencé a hurgar en el bolsillo por cualquier efectivo que pudiera tener a mano, más niños parecían materializarse de los sombríos callejones con sus manitas extendidas hacia mí. Le di billetes y monedas a cada uno, y supuse que seguiríamos nuestro camino. Mis anfitriones nigerianos, sin embargo, se reían entre dientes de mí, y si bien no me sentí ofendido, sí pensé que era un poquito extraño y supuse que estaba cometiendo algún tipo de pifia cultural.

Llené lo que percibí era la mano del último niño y me di cuenta de que varias docenas más de niños me rodeaban ahora. Varios eran parapléjicos, montados en patinetas que les permitían moverse. Muchos más se alineaban detrás de nosotros, desde pequeñitos que apenas podían sostenerse de pie en la acera hasta los que estaban en la preadolescencia. Algunos padecían claramente de enfermedades o lesiones, además de desnutrición. Los ojos se me llenaron de lágrimas ante tal espectáculo, y rápidamente hurgué en mis bolsillos en busca del último centavo o dólar que pudiera encontrar. Me molestaba que no llevara más dinero en efectivo y me preguntaba cómo podía asociarme con las iglesias nigerianas que estaba visitando para socorrer las necesidades de este gran grupo de niños que sufría.

Cuando el grupo de niños se disipó y mis anfitriones y yo nos quedamos de nuevo solos, no pude dejar de advertir que sus comedidas risitas habían dado lugar a una estruendosa carcajada. Empezaba a enojarme un poquito que un espectáculo que me había conmovido tan profundamente provocara la risa en aquellos que estaban más cerca de la situación. De manera que, desde luego, tuve que preguntarles: «Por favor, díganme que es lo que les resulta tan cómico».

«Usted es un hombre generoso y compasivo, obispo Jakes», dijo uno de los nigerianos. «Pero debe darse cuenta de que no hay manera de que pueda socorrer las necesidades de todos los niños de Lagos. Nosotros hacemos lo que podemos, pero no obstante los pobres parecen multiplicarse a un ritmo que ningún ministerio o institución filantrópica puede alcanzar. Nos reímos sólo porque sus compasivas donaciones a esos niños podrían continuar indefinidamente».

Al instante supe de qué hablaba y me di cuenta de que acaba de experimentar uno de los grandes problemas de nuestra Iglesia: cómo concentrar nuestros recursos para ayudar a los que más los necesitan. Tú también sentirás, y sin duda ya lo has sentido, la urgencia de intentar responder a las necesidades de todos. No tienes que dirigir un ministerio o administrar una compañía para llegar a sentirte abrumado por las carencias de la gente y aceptar tu incapacidad de responder a todas ellas. Al comenzar este último capítulo, creo que es esencial que según nos hagamos más y más exitosos, retribuyamos a nuestras comunidades. Pero también sé cuan exigente, agotador e incluso decepcionante puede ser cuando has dado todo lo que puedes sólo para que te critiquen por pasar por alto las necesidades de otros. Ya seas una madre apremiada por las interminables exigencias de hijos insensibles o un joven a quien siempre llaman para que ayude a amigos y parientes, todos tenemos a gente que quiere más de nosotros de lo que tenemos para dar. Todas las mujeres trabajadoras saben muy bien que a veces no pueden ser grandes cocineras, sagaces empresarias, recaudadoras para la logia de las damas y miembros regulares del gimnasio. ¡Es difícil ponerte un refajo sexy para Freddy a medianoche y tener que ponerte tu traje azul marino para el desayuno de las 7:00 AM! El dar puede imbuirte de un cálido sentimiento de gratificación, pero puede rápidamente convertirse en acidez estomacal cuando te das cuenta de que la cola de personas que esperan tu contribución no tiene fin y que rápidamente te atacarán cuando tus recursos se agoten antes de que ellos hayan terminado contigo. Como CeCe Winans canta maravillosamente en «Alabaster Box», «¡Nadie sabe lo que cuesta el aceite de mi frasco de alabastro!». Ser un dador cuesta mucho más que dinero.

## El precio de dar

En Betania, mientras estaba él sentado a la mesa en casa de Simón llamado el leproso, llegó una mujer con un frasco de alabastro lleno de un perfume muy costoso, hecho de nardo puro. Rompió el frasco y derramó el perfume sobre la cabeza de Jesús.

Algunos de los presentes comentaban indignados: «¿Para qué este desperdicio de perfume?» Podía haberse vendido por muchísimo dinero para darlo a los pobres». Y la reprendían con severidad.

«Déjenla en paz», dijo Jesús. «¿Por qué la molestan? Ella ha hecho una obra hermosa conmigo. A los pobres siempre los tendrán con ustedes, y podrán ayudarlos cuando quieran; pero a mí no me van a tener siempre. Ella hizo lo que pudo. Ungió mi cuerpo de antemano, preparándolo para la sepultura».

*—Marcos 14:3–8 (NVI)*

Mi experiencia con los niños nigerianos y las palabras de mi anfitrión me hicieron recordar este diálogo entre Jesús y sus discípulos. Hasta sus propios seguidores criticaron el regalo que esta mujer le presentó a su Maestro; pero Jesús les devolvió el regaño, pidiéndoles que la dejaran en paz, al tiempo que les hacía una observación muy sorprendente, pero sin duda tan cierta, en defensa de su regalo. «A los pobres siempre los tendrán con ustedes, y podrán ayudarlos cuando quieran», dice, «pero a mí no me van a tener siempre».

El reto a que nos hemos enfrentado en la Casa del Alfarero es al que se enfrenta cada Iglesia, cada ministerio, cada institución filantrópica, cada organización caritativa y cada individuo compasivo: como elegir qué necesidades atender y cómo asignar los recursos para cubrir esas necesidades. Durante muchos años, nuestra Iglesia se concentró en atender las necesidades de los desamparados. No sólo organizamos albergues y ferias laborales, sino que hicimos grandes celebraciones donde abundaba la comida, se proporcionaban ropas y había regalos para los niños. Conforme a todos los cómputos estos eventos eran exitosos, pero no tardamos en enfrentarnos a la crítica de que debíamos hacer más para alentar los vínculos de familias, en particular con los hombres de nuestra comunidad. Así fue que empezamos a auspiciar encuentros de padres e hijos varones, seguidos de encuentros de padres e hijas.

¿Qué sucedió después? Puedes suponerlo: las mujeres exigieron que hiciéramos más por ellas, por las madres solteras y por las ancianas. Experimentamos el mismo efecto de avalancha cuando comenzamos a cavar pozos en aldeas africanas para proporcionarle agua potable a la gente del lugar. No tardaron en darse a conocer otras necesidades internacionales: en México, América del Sur, Sudáfrica, el Lejano Oriente. Era como intentar pintar el puente de la Puerta de Oro: tan pronto como terminábamos el gigantesco proyecto, debíamos empezar otra vez. Parecía algo infinito y, pese al bien que hacíamos, las muchas vidas que salvábamos y mejorábamos, otros seguían criticándonos por no hacer más.

## Dar para recibir

Creo que a fin de ser verdadera y plenamente exitoso, debes ser generoso con los necesitados que te rodean. Si quieres reubicarte para un éxito continuo y sostenido, debes incorporar un espíritu generoso y compasivo a tu ecuación. Sin embargo, debes darte cuenta también que las necesidades de este mundo son insaciables.

> La sanguijuela tiene dos hijas que dicen: ¡dame! ¡dame! Tres cosas hay que nunca se sacian. Aun la cuarta nunca dice: ¡Basta! El Seol, la matriz estéril, la tierra que no se sacia de aguas. Y el fuego que jamás dice: ¡Basta!
>
> Proverbios 30:15-16(VRV)

Al igual que el apetito del fuego o el del océano, las necesidades de los que nos rodean son ciertamente ilimitadas. Un incendio nunca llega a un límite donde haya quemado lo bastante y automáticamente se extinga. El océano nunca llega al borde de algún invisible recipiente y rehúsa derramarse en una poderosa inundación. No importa cuán rico, talentoso, emprendedor o compasivo uno pueda ser, nunca podrás librar al mundo de todas las personas sufrientes, hambrientas, desamparadas e indefensas que contiene. Sencillamente hay demasiados problemas importante para llegar a resolverlos todos. Desde el SIDA y el VIH hasta el cáncer de mama, del mal de Alzheimer a la artritis, del analfabetismo al mal de Parkinson, de las víctimas de un tsunami a los desplazados por Katrina, y la lista sigue y se extiende. En el momento en que una enfermedad, un trastorno o una perturbación desaparece, surgen cinco más para reemplazarlo.

Esa cantera inexhaustible no nos absuelve de la necesidad de dar, como algunos podrían sostener. Y puede resultar tentador el pensar, «¿qué importancia puede tener mi magra contribución? Yo soy tan sólo una persona». Pero es el efecto acumulativo de las dádivas de todos nosotros el que ofrece esperanza, salud y ayuda a todos, no sólo a los necesitados. Porque todos somos tocados por la necesidad, si no directamente en el presente, sí a través de los que amamos en el pasado o en el futuro. Estamos obligados a dar a fin de conocer la plenitud de lo que significa prosperar. Al igual que los árboles que repueblan el bosque con sus semillas, debemos prosperar no sólo por nuestra propia comodidad o conveniencia, sino por el bienestar de todos los que nos rodean.

Parte de la razón por la que el Señor nos bendice es para que podamos bendecir a otros. Piensa en José, por ejemplo. Condenado a cautiverio y echado en prisión, fue luego liberado y se convirtió en primer ministro de Egipto. Él sabía que tenía la responsabilidad de retribuir en algo y se preocupó de su familia allá en Israel, anhelando reunirse con sus hermanos a pesar de como lo trataron. Él es sin duda el bendito. Y de esa bendición se deriva una responsabilidad. Se cercioró de que su familia tuviera el alimento que necesitaba en medio de la terrible hambruna que azotaba la región.

A él, a quien mucho le es dado, se le exige mucho. Creo que los que han sido bendecidos tienen una responsabilidad de ayudar a los oprimidos. Esto no quiere decir que esa responsabilidad releve a la víctima de su deber de ser un buen mayordomo de esas oportunidades; sino que tanto el hermano que tiene éxito como los hermanos que aguardan el éxito son mutuamente responsables. Si no creamos una fraternidad efectiva que trascienda nuestras diferencias y se

concentre en las cosas que nos son comunes a todos, entonces nunca conoceremos el verdadero gozo y la satisfacción.

Como líder, he pensado mucho en este asunto. Siento
que incluso en el mundo eclesiástico, las iglesias que tienen
más deben hacer más. El éxito no consiste en dar a fin de in-
timidar al oprimido, ni puede mantenerse si sólo actuamos
como facilitadores de los necesitados, perpetuando sus problemas sin exigir ninguna responsabilidad de su parte. Pedro y Juan tomaron al cojo de la mano, pero el cojo tuvo que
dar un salto. Pedro tenía la fe para levantarlo, pero el hombre debía tener el deseo de saltar.

En la actualidad, algunos nos harían pensar que aquellos que tienen éxito deben hacerlo todo, cuando en efecto
tanto el dador como el receptor tiene que aceptar el compromiso del otro a mejorar. ¿Qué dice el viejo adagio? Dale a un
hombre un pescado, y lo alimentarás por un día. Enseña a
un hombre a pescar, y lo alimentarás de por vida. Debemos
facultar a esos que se esfuerzan detrás de nosotros por pescar y experimentar el mismo nivel de prosperidad que ahora
disfrutamos. Éste es el mejor regalo que podemos darles a
los necesitados: educación, información y asesoría. Si les damos sólo dólares y donaciones, estamos instituyendo básicamente un nuevo sistema de bienestar social en lugar de
facultarlos. Nadie se beneficia en tales casos.

La defensa social sin responsabilidad social produce acción afirmativa para estudiantes que ni siquiera irán a la
escuela. Les proporciona casa propia por primera vez a
personas que rehúsan dejar de alquilar. Intenta ofrecer el
bienestar social como un puente, pero se convierte en una
muleta. José ayudó a sus hermanos, pero no los llevó a cues-
tas. El principio de retribución es muy significativo, y no
sólo para el recipiendario. Compartir las bendiciones que el
Señor ha derramado sobre ti es uno de los privilegios que

distinguen al benefactor del beneficiario. Es una manera de anunciarte a ti mismo que estás lo bastante restaurado para brindar ayuda.

Ésta es una importante declaración de independencia y un signo vital de recuperación. Al igual que un médico no le da de alta a un paciente del hospital hasta que sus signos vitales se hayan restaurado y sea capaz de valerse por sí mismo, debemos dar pruebas, a través de nuestra contribución, de que somos productivos. Esto causa un reciclaje de energías y replica dentro de nuestra comunidad lo que enseña la naturaleza. Todas las plantas le devuelven semillas al suelo; asimismo, todos nosotros no somos verdaderamente prósperos hasta que tengamos lo bastante para retribuir algo.

No estamos interesados en la mera supervivencia; queremos el éxito. El éxito se alcanza cuando hay abundancia, que es simplemente otra manera de describir el lucro. ¿Cómo nos desbordamos? Lo hacemos a través de organizaciones caritativas, lo hacemos a través de actos compasivos de bondad y lo hacemos a través del servicio a los menos afortunados. Ahora bien, debo advertirte que la gente siempre exigirá más, pero esto no se trata de las incesantes exigencias de la gente; como bien dijera Jesús, los pobres siempre estarán con ustedes. No se trata de la causa más en boga que se vale de la culpa para recaudar fondos. Se trata de una conciencia personal de tu responsabilidad de retribuirle al suelo del cual has crecido y has florecido. Se trata de tener la fuerza de voluntad de escoger las causas con las que te sientes más apasionadamente comprometido y dejar que las críticas de los demás te rueden por la espalda.

## Preparado para prosperar

Como el tiempo que hemos pasado juntos en estas páginas llega a su fin, ruego que tengas mucho que devolver debido al éxito que disfrutas en tu vida. Mi esperanza es que cierres este libro sintiéndote inspirado, alentado y mejor equipado para orientarte hacia una vida con la que sólo has soñado. Tantas fuerzas y factores en nuestras vidas pueden inhibirnos, frustrarnos y retrasar nuestro progreso hacia la prosperidad.

Debemos permanecer vigilantes según avanzamos, aprendiendo de nuestros errores pasados y perdonándonos por los fracasos de ayer. Debemos permanecer fieles a nosotros mismos y a los anhelos de nuestro corazón, sin transarnos jamás por menos que la plenitud de nuestras posibilidades. Finalmente, debemos mirar más allá de nuestras definiciones corrientes de éxito y garantizar que nuestras vidas estén equilibradas con bendiciones que trasciendan carrera, trabajo y finanzas.

Debes recordar que no importa dónde te encuentres, no es demasiado tarde para volver a empezar, para comenzar de nuevo o para ascender hasta un nivel más alto. Tienes todo lo que necesitas para rehacer tu vida, echar a un lado las limitaciones de los demás y prosperar. Como un roble poderoso o un hermoso rosal, estás destinado a la grandeza, a crecer en madurez, a florecer con una belleza interior que aún no se ha dado a conocer. Adelante, mis hermanos y hermanas, echen a andar, ¡la felicidad sin límites les espera!

# Agradecimientos

Uno no puede rehacer su vida sin el apoyo, aliento y compromiso de los que te rodean, que comparten la visión de quién eres y adónde vas. Del mismo modo, un empeño de esta magnitud sólo pudo lograrse a través de las muchas contribuciones de aquellos a mi alrededor que me conocen y comparten mi deseo de alcanzar tantas vidas como sea posible con este urgente mensaje. Este libro ha madurado no sólo como el fruto de mi visión y mi labor, sino gracias a la dedicación de muchos individuos que trabajaron junto conmigo. Sin las muchas personas dotadas que me mantuvieron encaminado y a tiempo, no sería capaz de intentar la realización de tan diversas aspiraciones.

Estoy encantado de trabajar con mi nueva familia editorial en Atria Books y agradecidísimo por sus incansables esfuerzos para hacer que este proyecto sobrepasara todas nuestras expectativas. Estoy en deuda con Judith Curr, Carolyn Reidy, Gary Urda y Christine Saunders por hacerme sentir tan acogido y por captar lo que este libro se propone. A Michael Selleck y Larry Norton, su arduo trabajo en favor de este proyecto se aprecia más de lo que ustedes suponen. Sue Fleming, gracias por tu enérgica contribución.

Mi gratitud a Malaika Adero por su destreza editorial y el mejoramiento de mi estilo literario más bien singular en estas páginas. Le estoy agradecido a Dudley Delffs por compartir su pericia y por permitirme utilizarlo como una caja de resonancia de mis ideas.

Mi profunda y permanente gratitud para Jan Miller y Shannon Marvenen de *Dupree, Miller, & Associates*. Jan, tu fe en mí y en la concepción para transmitir mi mensaje me sigue asombrando. Gracias por tu pasión y tu dedicación a la excelencia en lo que me atañe. Shannon, tus esfuerzos incansables y la solución positiva de los problemas hicieron aquí una contribución decisiva. Mis más sinceras gracias a ustedes dos.

Finalmente, mi constante gratitud fluye del manantial de apoyo que me ofrecen mi esposa y mis hijos. Serita, has compartido este viaje conmigo y has cambiado lo necesario para cumplir tu destino como una mujer fuerte y hermosa, cuyo compasivo corazón alcanza a muchas vidas, pero a ninguna más que la mía y la de nuestros hijos. Gracias por estar presente y por ver quién soy y hacia dónde vamos. ¡El viaje continúa!

# Referencias bíblicas

### Capítulo once: La ruptura del techo de cristal

221    «¿O qué me dices del gran debate que existía en tiempos de Jesús»: Juan 8:1-11 (VRV)

### Capítulo doce: Cuando se hacen añicos las zapatillas de cristal

235    «Pero la verdad realmente puede liberarte»: *véase* Juan 8:32.

### Capítulo catorce: Manual de vuelo

271    «Al igual que Jacob y Esaú en la Biblia, que pelearon entre sí»: *véase* Génesis 25:22.

279    «Cuando los hijos de Israel salieron para la Tierra Prometida»: *véase* Éxodo 13

### Capítulo quince: Mantente conectado

293    «Semejante a lo que Pablo le dice a la iglesia de Corinto»: *véase* 1 de Corintios 12

### Epílogo: Se exige mucho

310    «Piensa en José, por ejemplo»: *véase* Génesis 37-50

310    «A él, a quien mucho le es dado»: *véase* Lucas 12:48